LE
DALAÏ-LAMA

Catalogage avant publication de Bibliothèque et Archives nationales du Québec et Bibliothèque et Archives Canada

Marcello, Patricia Cronin

Le dalaï-lama : une vie de combat et de paix

Traduction de: The Dalai Lama, A Biography.

ISBN 978-2-89585-171-4

1. Tendzin Gyatso, dalai-lama XIV, 1935-   . 2. Tibet historique. 3. Dalaï-lamas - Biographies. I. Titre.

BQ7935.B777M3714 2012   294.3'923092   C2011-942893-8

Translated from the English Language edition of The Dalai Lama: A Biography, by Patricia Cronin Marcello, originally published by Greenwood Press, an imprint of ABC-CLIO, LLC, Santa Barbara, CA, USA. Copyright © 2003 by the author(s). Translated into and published in the French language by arrangement with ABC-CLIO, LLC. All rights reserved.

© 2012 Les Éditeurs réunis (LÉR)
pour la mise à jour et la traduction française.

Les Éditeurs réunis bénéficient du soutien financier de la SODEC et du Programme de crédits d'impôt du gouvernement du Québec.

Nous remercions le Conseil des Arts du Canada de l'aide accordée à notre programme de publication.

Nous reconnaissons l'aide financière du gouvernement du Canada par l'entremise du Fonds du livre du Canada pour nos activités d'édition.

Édition :
LES ÉDITEURS RÉUNIS
www.lesediteursreunis.com

Distribution au Canada :
PROLOGUE
www.prologue.ca

Distribution en Europe :
DNM
www.librairieduquebec.fr

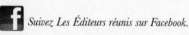 *Suivez Les Éditeurs réunis sur Facebook.*

Imprimé au Québec (Canada)

Dépôt légal : 2012
Bibliothèque et Archives nationales du Québec
Bibliothèque nationale du Canada

PATRICIA CRONIN MARCELLO

LE DALAÏ-LAMA

UNE VIE DE COMBAT ET DE PAIX

Traduit de l'anglais par Jean-Louis Morgan

LES ÉDITEURS RÉUNIS

INTRODUCTION

En 1959, le dalaï-lama fuyait le régime communiste de son Tibet natal, le pays du mythique territoire de Shangri-La. Situé au cœur des montagnes de l'Himalaya, le Tibet est la région du monde où l'air est raréfié, les températures glaciales et la végétation plutôt rare. Le Tibet est également une terre de rituels solidement implantés dans le bouddhisme.

Depuis l'âge de deux ans, le dalaï-lama vécut d'abord dans une stricte isolation dans son pays et ne communiquait qu'avec sa famille immédiate et ses serviteurs. La tradition le maintenait donc virtuellement prisonnier jusqu'à ce que la violence le force à s'expatrier par amour pour son peuple. En effet, nombreux sont les Tibétains qui croient que le Tibet ne peut exister sans le dalaï-lama.

L'homme a retrouvé sa liberté personnelle et intellectuelle de manière transitoire en Inde depuis 1959 et a mis sur pied un gouvernement en exil particulièrement développé. Ce système démocratique vise à assurer l'autonomie d'un Tibet capable de s'administrer sous un gouvernement guidé par le bouddhisme, religion qui imprègne tous les événements de la vie quotidienne tibétaine. En novembre 2010, comme il l'avait déjà laissé entendre à plusieurs reprises, le dalaï-lama, âgé de 75 ans, déclarait avoir l'intention de quitter un an plus tard sa fonction politique à la tête du gouvernement tibétain en exil.

6

Alors que le dalaï-lama parcourt le monde pour chercher des appuis pour un Tibet qu'il défend, le prix Nobel de la paix 1989 est devenu entre-temps une célébrité mondiale. Émissaire plein de compassion, il prêche l'esprit du bouddhisme et, même s'il ne cherche pas à faire preuve de prosélytisme, a incité plusieurs personnes de haut calibre à adopter sa vision spirituelle ainsi que les principes de sa religion. Son charme et son charisme attirent de nombreuses personnes qui voient en lui le semblable du pape ou de l'archevêque de Canterbury et le considèrent comme un être très intelligent, chaleureux et ouvert. Pourtant, ses admirateurs n'ont pas idée combien ce penseur a pris ses distances avec le protocole tibétain traditionnel.

En effet, étant donné que le dalaï-lama n'est pas seulement considéré comme un dieu-monarque par tous les Tibétains mais également comme le cœur et l'âme de son pays, il convient d'examiner sa vie en jetant un regard objectif sur l'histoire ancienne du Tibet, car c'est seulement à travers ce prisme que l'on peut comprendre pleinement le rôle de cet homme.

Dans cet esprit, l'information de ce livre a été puisée à quatre sources principales : des ouvrages sur la question ; des magazines et articles de journaux ; de la correspondance et des documents gouvernementaux, ainsi que des interviews avec des spécialistes récemment rentrés du Tibet.

La plupart des documents étrangers et gouvernementaux ont été recueillis sur Internet. Les sources sont indiquées dans les notes.

CHAPITRE 1

LA NAISSANCE DE LHAMO DHONDUP

C'est dans une rude et glaciale province du nord-est du Tibet, dans une construction au plancher en terre battue recouvert de paille, que le quatorzième dalaï-lama, Lhamo Dhondup, naquit le 6 juillet 1935. Son arrivée dans le monde fut aussi banale qu'une fournée de pain, mais son avenir devait devenir aussi important pour le Tibet que le Christ l'est dans la tradition de Noël. Pour le peuple tibétain, le dalaï-lama n'est pas seulement la réincarnation d'un dieu vivant, mais également l'âme du pays en personne. C'est donc à partir de ce jour de juillet que l'avenir du pays, sa force spirituelle et son peuple reposèrent dans les mains de cet enfant encore inconnu.

Le nom de Lhamo Dhondup signifie « Déesse qui exauce les vœux ». Contrairement aux coutumes occidentales, qui veulent qu'un enfant porte un nom de famille et un prénom, au Tibet seule l'essence du nom est significative. Toujours selon la coutume tibétaine, l'arrivée de ce nourrisson ne provoqua aucune manifestation particulière. Il s'agissait tout bonnement de la naissance d'un petit garçon issu de parents paysans, qui serait probablement destiné à passer sa vie dans un monastère. Tel était le sort d'un grand nombre de ses semblables ayant vu le jour en ce pays à cette époque.

8

Sa famille immédiate ne fut même pas consciente sur-le-champ de la naissance de cet enfant, car sa mère s'était contentée de se mettre à l'abri dans une grange pour accoucher. La plupart des gens de la famille ne furent conscients de la présence d'une nouvelle bouche à nourrir que par ses vagissements et ses pleurs mais, le temps passant, les voisins furent informés et apportèrent de petits cadeaux comme des coupons de tissu, des couvertures et du pain. Toutefois, ces gestes de bienvenue ne sortaient aucunement de l'ordinaire pour le village de Takster et les origines du nouveau-né n'étaient pas plus nobles que celles de ses semblables.

Le voyage d'une mère

La mère de Lhamo Dhondup, Diki Tsering, naquit en 1901 sous le nom de Sonam Tsomo dans le village de Churka, sis dans la province orientale d'Amdo, au sein du Tibet historique. Alors qu'elle avait cinq ans, sa famille s'installa dans une grande ferme située à Guyahu, également dans l'Amdo. Étant donné qu'on n'instruisait pas les filles au Tibet à cette époque, elle fut immédiatement affectée aux tâches domestiques et on lui enseigna néanmoins à prier en lui précisant que son avenir résidait dans le mariage et dans un dur labeur. En tant que bouddhiste, elle apprit que pour s'accomplir il lui fallait subir une vie de souffrance et elle acceptait ces principes.

Les parents tibétains surveillaient les petites filles avec la plus grande attention. Les parents de Diki Tsering la cantonnaient à la maison et elle ne pouvait que très rarement s'éloigner de la terrasse ou du jardin. Dès l'âge de sept ans, en plus de se charger de sa toilette personnelle,

elle devait faire le thé et le pain de la famille, même si pour remplir ces tâches il lui fallait monter sur une chaise pour atteindre le feu.

À 13 ans, comme le voulait la coutume, sa famille arrangea son mariage avec Choekyong Tsering. Malgré le fait que la famille du fiancé tenait à ce que l'on conclût l'union sur-le-champ, celle de la promise insista pour qu'elle ne se marie pas avant l'âge de 16 ans. Lorsque le temps fut venu, ce furent les astrologues qui fixèrent la date de la cérémonie, comme ils le faisaient pour tous les événements importants de la culture tibétaine, fortement ancrée dans une spiritualité et des croyances complexes. Nombre d'entre elles s'appliquent notamment au mariage.

Juste avant la cérémonie, les beaux-parents de Diki Tsering lui donnèrent en cadeau un trousseau, car la coutume voulait qu'une fois l'union célébrée la fiancée ne porte que des vêtements offerts par la famille de son futur mari. Le jour du départ de sa fille pour la maison de son époux, sa mère brûla toutes ses affaires en psalmodiant une complainte devant les flammes afin de souligner la perte de son enfant.

Pour atteindre la ferme de la famille de Choekyong Tsering à Takster, le voyage de Sonam Tsomo dura neuf heures par des sentiers muletiers. Le jour de son arrivée, dans un geste de respect, on lui fit cadeau d'une écharpe de cérémonie blanche – ou *kata* –, mais elle n'eut pas le droit de voir son mari pressenti. On l'alimenta et on lui fit amplement fête avec des chants, mais il lui fallut encore attendre deux jours pour qu'elle rencontre son futur. C'est alors que le nom de Sonam Tsoro se changea en Diki Tsering, qui signifie « Océan de chance ».

Une famille aux membres prometteurs

Dans l'ancien Tibet, la vie d'une bru était pour le moins rigoureuse car on exigeait d'elle une vingtaine d'heures de travail par jour. Comme bien d'autres belles-filles avant elle, Diki Tsering dut accepter les brimades et les humiliations d'une belle-mère acariâtre la forçant à accomplir les corvées ménagères, en plus de s'occuper des récoltes et des animaux de la ferme. Mais après quelques années de dur labeur, le statut de Diki Tsering s'améliora et, par la suite, lorsque ses beaux-parents cessèrent de travailler, elle prit le contrôle de la maisonnée.

Choekyong Tsering avait un caractère bien trempé, était droit, honnête et de bonne humeur. Parfois emporté, il savait se montrer bienveillant et peu rancunier. Il aimait jouer aux jeux de hasard et chevaucher de rapides montures. Il était également guérisseur, bien qu'il ne pratiquât pas régulièrement cet art dans les champs. Lorsque Diki Tsering devint la maîtresse de maison à la disparition de ses beaux-parents, Choekyong Tsering assuma le rôle de propriétaire de l'exploitation agricole.

Avant la naissance de Lhamo Dhondup, le couple eut quatre enfants : Tsering Dolma, qui naquit en 1919 ; Thubten Jigme Norbu, en 1922 ; Gyalo Thondup, en 1928, et Lobsang Samten en 1933. Deux autres devaient naître après Lhamo Dhondup : Jetsun Pema en 1940 et Tendzin Choegyal en 1946. Diki Tsering porta seize enfants durant sa vie, mais seulement sept d'entre eux atteignirent l'âge adulte.

Bien avant que la famille eût appris le sort exceptionnel réservé à Lhamo Dhondup, la destinée avait également honoré un autre enfant de la famille. En effet, son frère aîné, Thubten Jigme Norbu, avait été élevé à un poste influent par le treizième dalaï-lama, Thubten Gyatso, le leader spirituel et politique du Tibet à cette époque. Bien que l'influence de Thubten Jigme Norbu ne se révélât pas aussi importante que celle de son frère cadet, sa personne fut toujours hautement respectée par le peuple tibétain.

L'hommage dont bénéficia le deuxième enfant de la famille se manifesta lorsqu'on proclama qu'il était la réincarnation du précédent grand lama du monastère local. La réincarnation est un principe central de la religion bouddhiste, à laquelle appartient la grande majorité des Tibétains. Ils croient en effet que l'on se réincarne plusieurs fois, qu'on renaît, jusqu'à ce que l'on atteigne l'éveil spirituel ou « bouddhéité », que l'on appelle aussi « illumination ». Un esprit capable de choisir l'endroit et le moment de sa réincarnation est connu sous le nom de *tulku* ou « maître vivant » ; il se présente sous la forme d'un lama réincarné. On donne souvent aux tulkus le titre de Rinpotché, ce qui signifie « le Précieux ». Nombre de ceux-ci sont des moines qui, selon la tradition, laissent des signes permettant de découvrir leur prochaine réincarnation. Seul le dalaï-lama peut proclamer un tulku.

Le précédent Rinpotché de Takster était l'oncle maternel de Choekyong Tsering, qui dirigeait le monastère de Kumbum, près du village. Kumbum, qui signifie « palais des mille images », était le plus important monastère de l'Amdo. Cet édifice religieux avait été construit vers 1440 en mémoire du lieu de naissance de Tsonkapa, le fondateur de la plus grande secte bouddhiste, les Gelugpas ou « adeptes de la Voie de la vertu ».

Lorsque le vieux Rinpotché de Takster disparut, la mère de Choekyong Tsering souhaita que Diki Tsering tombe enceinte d'un enfant mâle en espérant qu'il soit la réincarnation de son frère décédé, mais elle fut furieuse de constater que le premier enfant de son fils était une fille. Les conseillers du dalaï-lama découvrirent un autre bébé qu'ils pensaient être le lama réincarné, mais celui-ci mourut avant d'atteindre sa première année. Pour des raisons obscures connues seulement du treizième dalaï-lama, ce dernier avait hésité à nommer ce bébé comme successeur du Rinpotché de Takster et, lorsque ce petit garçon trépassa, tout le monde accepta l'erreur du dalaï-lama comme étant une sorte de prémonition de sa part. Lorsque Thubten Jigme Norbu naquit, sa grand-mère exulta et, peu après le premier anniversaire de l'enfant, le treizième dalaï-lama expédia une lettre à ses parents en nommant l'enfant Rinpotché de Takster, le déclarant comme étant la réincarnation du religieux disparu. Plus tard, on l'envoya à Kumbum pour se soumettre à la vie monastique.

Un foyer humble sous de fortes influences

Au début des années 1920, les jeunes gens recevaient très tôt une éducation religieuse. Même si les familles nombreuses étaient la norme, les parents, souvent trop pauvres pour élever leurs enfants, envoyaient au moins un garçon au monastère. Bien que plutôt rare dans les districts provinciaux, à Lhassa, la capitale du pays, il était coutume pour les grandes familles d'envoyer les filles dans un couvent où elles bénéficiaient non seulement du vivre et du couvert, mais apprenaient aussi à lire, à écrire et étaient éduquées suivant les préceptes du bouddhisme.

Les garçons qui demeuraient chez eux œuvraient aux champs avec leur père et étudiaient l'agriculture et l'élevage. Les filles continuaient à s'occuper des travaux ménagers et à se préparer au mariage. Dans l'ancien Tibet, la naissance d'une fille était considérée comme une malchance, voire comme une malédiction, car les filles ne contribuaient pas au développement économique et n'étaient que des consommatrices. Aussi, dans les familles pauvres, on les noyait fréquemment dès leur venue au monde.

Un tel mépris pour le caractère sacré de la vie était dû à des conditions de vie précaires et à une mort planant constamment sur la population. Un jour, à cause de la famine qui régnait en Chine, un couple de mendiants transportant le corps de leur bébé mort cogna à la porte de la ferme de Choekyong Tsering. Diki Tsering leur donna des aliments et leur demanda si elle pouvait les aider à ensevelir leur enfant. Lorsqu'elle comprit qu'ils n'avaient pas l'intention de l'enterrer mais bien de le manger, Diki Tsering vida le garde-manger de sa famille et offrit toutes ses provisions à ces pauvres gens. Ce genre de charité déteignit sur Lhamo Dhondup qui apprit quelques années plus tard qu'il était la réincarnation du dieu de la compassion.

La vie du jeune garçon débuta donc à Takster, dans le Tibet oriental, à la limite de la frontière chinoise. Situé sur

14

une piste caravanière, Takster débuta comme un village de nomades composé de tentes noires en poil de yacks, des ruminants à longue toison de la région de l'Himalaya. Un ruisseau coulait près du bourg et les nomades trouvaient de beaux pâturages où ils pouvaient cultiver de l'orge, de l'avoine et des légumes et où ils finirent par prendre racine. En 1935, Takster comprenait environ trente maisons.

Dans chacune d'elles, on pratiquait le bouddhisme de l'école Mahayana, qui vise à atteindre les plus hauts stades du Nirvana ou libération de l'esclavage imposé par la condition humaine. Ses adeptes cherchent à éradiquer le péché et l'illusion, qui sont des karmas (à l'origine des causes et des effets) négatifs et de parvenir à l'Éveil, Illumination ou bouddhéité qui est accordée à tous les êtres sensibles après être passés par plusieurs vies.

Chaque foyer bouddhiste possède un autel avec l'image du Bouddha, des textes écrits et un stupa (ou *chorten* chez les Tibétains). Ces derniers sont des structures comportant un dôme qui peuvent être de taille importante ou miniatures, dans le cas d'un autel domestique, et contenir des reliques d'un lama disparu. Les offrandes familiales déposées chaque jour au pied du Bouddha sont accompagnées de fleurs et d'un éclairage fourni par des lampes à beurre (de petits bols de beurre de yack dans lequel baigne une mèche). On trouve des autels dans les villes, dans les palais comme dans les fermes. Tous concourent à réduire le stress des fidèles en plus de leur permettre d'inspirer leurs gestes quotidiens.

La ferme où vivait Lhamo Dhondup et sa famille était petite. S'ils n'étaient pas de simples paysans, ils n'étaient pas non plus des nobles. Ils faisaient pousser de l'orge et du blé noir, qui constituaient les principales céréales cultivées au Tibet à cette époque, ainsi que des pommes de terre. L'irrigation n'existant pas, les fermiers dépendaient des précipitations et étaient souvent victimes de la grêle ou de la sécheresse. La vie était donc rude mais, suivant les vieilles traditions du bouddhisme, les habitants de l'Amdo l'acceptaient telle quelle. Un bel esprit de famille et un toit sur leur tête étaient déjà considérés comme des bénédictions du ciel.

Le corps de ferme familial de Choekyong Tsering se trouvait au milieu d'un groupe de trois maisons à flanc de colline, un peu à l'écart du village de Takster. Construite en pierres liées par de la boue, la maison d'un étage était entourée d'une muraille de pierre comportant un portail que l'on fermait la nuit. Le toit plat de la maison était recouvert de tuiles turquoise et était muni de gouttières creusées dans du bois de genièvre pour évacuer l'eau du bâtiment dans la cour. Le devant de la maison présentait l'apparence d'un mur aveugle à l'exception d'une porte de bois décorée de tridents et de dragons. Dans la cour, on trouvait un arbre solitaire et un mât de dix mètres au bout duquel flottait un drapeau de prières de trois mètres couvert d'incantations. (La croyance bouddhiste veut que, chaque fois que l'étendard bat au vent, les prières montent vers le ciel.) Les animaux n'avaient pas le droit de séjourner dans la cour hormis un petit chien noir et blanc et un mastiff tibétain.

À l'intérieur de la maison, Choekyong Tsering avait doublé la porte de peaux de mouton pour amortir les bruits. On entrait directement dans la cuisine, où la famille

passait le plus de temps. On distinguait des poutres support-
tant au plafond un réservoir d'eau en terre cuite recouverte
d'une glaçure verte. Du côté Nord, on retrouvait la
chambre des parents et une pièce de prières renfermant un
autel ; à l'Ouest, un poulailler, une réserve et une chambre
d'amis. Au sud de la maison étaient situées les étables qui
abritaient huit vaches, des poules, des moutons, des
chèvres, des chevaux et des yacks en plus de sept bêtes de
somme appelées *dzomos,* un croisement entre les yacks et les
vaches. Diki Tsering trayait les vaches et, souvent, donnait
un bol de lait chaud au petit Lhamo Dhondup qui, dès
l'âge de deux ans, fut responsable du ramassage des œufs.

Les pièces étaient sommairement meublées de quelques
buffets colorés. Les chambres comprenaient un *kang* ou
espace surélevé pour dormir fait de briques d'argile et de
sable et chauffé au foin, aux bouses et au bois. Les kangs
étaient recouverts de tapis en guise de matelas puis de
draps.

Dans sa prime enfance, Lhamo Dhondup s'endormait sur
l'un de ces lits avec sa mère. Plus tard, il passait la nuit en
compagnie de ses frères et sœurs dans la cuisine, près du
poêle, sur le plancher de bois. Toutes les pièces de la
maison étaient recouvertes d'un tel plancher, sauf la cuisine,
en terre battue, qui n'en était que partiellement pourvue.
Le couloir entre les pièces était pavé de pierres plates ainsi
que la cour du bâtiment.

La vie quotidienne au Tibet

La ferme familiale produisait normalement suffisamment
de nourriture pour toute la maisonnée qui fournissait

l'essentiel de la main-d'œuvre. Choekyong Tsering employait cependant cinq journaliers appelés *yulegs*. Pendant les semailles et la moisson, il engageait de quinze à quarante hommes supplémentaires appelés *nyohogs*. Diki Tsering, qui s'occupait du ménage et des enfants, n'en travaillait pas moins aux champs.

Lorsque la famille accumulait des surplus agricoles, Choekyong Tsering les échangeait pour du thé, du sucre, des cotonnades et autres marchandises non produites par la ferme. Ce genre de troc était courant dans la campagne tibétaine ; même des nomades de passage dans les villes troquaient leurs chevaux contre des céréales. Choekyong Tsering était connu pour sa capacité à sélectionner et à élever de beaux chevaux.

Après une dure journée aux champs, la famille se réunissait pour partager la *tsampa*, le repas tibétain traditionnel composé de farine de grains d'orge rôtis accompagnée de beurre de yack clarifié, de thé ou de bière tibétaine (*chang*). On roule la tsampa en petites boulettes avec les doigts ou on peut consommer la farine telle quelle, ce qui exige une humidification permanente de la bouche pour ne pas s'étouffer. Les Occidentaux ont un peu de difficulté à se plier à ces coutumes sans faire de dégâts[1] mais, en y ajoutant de la viande et des légumes, la tsampa fait également un ragoût fort honorable.

Le thé au beurre de yack est la boisson nationale. Tout Tibétain peut en ingurgiter quotidiennement une soixantaine de petites tasses pour se nourrir et se réhydrater. Pour le préparer, on mélange du beurre de yack avec du thé noir très fort et du sel. Étant donné que l'on récupère le thé compressé en blocs, pour donner une certaine cohésion à la poussière de thé on ajoute parfois un peu de bouse de yack au tout. Un visiteur récemment revenu du Tibet me décrivait le thé local comme ressemblant à du bouillon de poulet (à cause des corps gras du beurre) assez musqué[2].

La tsampa et le beurre de yack se servent à chaque repas et font partie des aliments tibétains traditionnels avec les boulettes de viande (ou *momos*) et une soupe épaisse faite de pâtes de millet (ou *thulkpa*). Les Tibétains prennent deux repas par jour et, lorsqu'on sert de la viande au repas du soir, il s'agit de yack ou de mouton que certains paysans mangent parfois crus. Le poisson et la volaille sont considérés comme des aliments trop impurs pour être consommés. Quant aux légumes, mieux vaut les oublier, car à part les pommes de terre, rares sont ceux qui poussent facilement sous ce rude climat. Contrairement aux Occidentaux, les Tibétains n'absorbent pratiquement pas de sucre.

L'habillement n'a également rien à voir avec celui des Occidentaux. À une certaine époque, toute la famille était vêtue de genres de kimonos appelés *chubas*, qui sont encore portés avec des vêtements plus contemporains. Les chubas sont serrés à la taille par une large ceinture tissée de fils multicolores avec une prédominance de rouge. « Les chubas peuvent être de peaux de mouton ou de soie, écrit l'auteur tibétain Rinchen Lhamo. On peut les porter longs ou courts, selon l'ajustement à la ceinture. Les femmes les portent jusqu'aux chevilles et les hommes légèrement au-dessus des genoux[3]. » En hiver, les chubas sont souvent doublées de fourrure ou de coton. Alors qu'à Lhassa les femmes arborent des tabliers aux vives couleurs, celles-ci peuvent différer selon les régions. Sous la chuba, on porte des chemises brodées de coton ou de soie et des pantalons de même substance. Les hommes mettent parfois des pantalons en peaux de mouton.

Les chaussures varient selon les régions. Bien qu'hommes et femmes portent des bottes montant jusqu'aux genoux, leur couleur et leur style changent selon les provinces. Ces bottes sont sans talon, à semelle de cuir de yack. Elles peuvent être confectionnées en feutre, en tissu ou en cuir, et ont une fente en arrière pour les enfiler plus facilement. On les attache en haut par une jarretière.

Dans tout le Tibet, les bijoux ne constituent pas seulement un ornement pour les femmes, mais font partie de leur trousseau. Traditionnellement, les femmes portaient des bagues à chaque doigt et avaient les oreilles doublement percées de trous pouvant avoir jusqu'à trois millimètres pour recevoir de lourdes boucles d'or ou d'argent. Certaines femmes sont munies de quatre ou cinq colliers, enjolivés de morceaux de corail et de turquoises. Le Tibet se trouvant très loin de la mer, les décorations d'origine marine étaient très prisées.

Tout comme l'habillement, la langue tibétaine est variée et comporte des dialectes. Le Tibétain a longtemps été un moyen de communication exclusivement oral jusqu'à ce que les caractères sanscrits, importés de l'Inde, fassent leur apparition au VIIe siècle. Étant donné que de nombreux caractères ne peuvent être immédiatement traduits en anglais, leur écriture en caractères occidentaux diffère souvent. Le dalaï-lama dit ne pas se rappeler ses premières années à Takster. Ses premiers souvenirs font état d'un chameau et des lieux d'aisance communaux. En ses propres termes, il expliqua aux journalistes de CNN qu'au milieu de son « engagement », il lui avait suffi de voir un grand chameau approcher pour prendre la fuite. « C'est ainsi que mes "grands travaux" se sont trouvés interrompus », a-t-il dit en riant[4].

Cette anecdote est un indice de l'esprit bon enfant et peu prétentieux qui l'habite. Son nom, Lhamo Dhondup, signifie, nous l'avons vu, « Déesse qui exauce les vœux », et cette signification semble représenter chez lui l'incarnation du dieu de la compassion. Plusieurs signes se sont manifestés en relation avec sa naissance, qui indiquaient qu'il était voué à un destin exceptionnel.

Les signes indicateurs de son futur état

Avant sa naissance, la famille de Lhamo Dhondup eut à subir de durs revers. Tout d'abord, les treize beaux chevaux de son père contractèrent une maladie mortelle qui représenta une sérieuse perte pour tout le monde. Puis, au lieu de la pluie bienfaisante, ce fut la grêle qui s'abattit sur les récoltes, ce qui provoqua une disette qui dura trois ans. La famille de Lhamo Dhondup demeura à Takster, alors que ses voisins émigraient vers d'autres endroits du Tibet. Grâce à la bonté des moines du monastère de Kumbum, qui lui donna des lentilles, des pois et du riz, toute la maisonnée survécut à cette crise.

Deux mois avant la naissance de Lhamo Dhondup, Choekyong Tsering fut en proie à un drôle de vertige qui lui faisait perdre connaissance chaque fois qu'il se levait. Toutefois, lorsque Diki Tsering rentra à la maison après son accouchement, son mari fut guéri de sa mystérieuse maladie.

Lorsqu'elle lui apprit qu'elle avait enfanté d'un fils, Choekyong Tsering fut transporté de joie en pressentant qu'il s'agissait là d'un fils peu ordinaire. Aussi décida-t-il immédiatement d'envoyer plus tard l'enfant au monastère.

Un couple de corneilles ne tarda pas à s'installer sur le toit de la ferme. Les bouddhistes croient que ces volatiles sont la manifestation de la déesse protectrice Maha Kali, ou « la Grande Noire », et ces oiseaux sont associés à la naissance de plusieurs dalaï-lamas. Lorsque le campement de nomades du premier dalaï-lama, Gedun Drub, fut envahi par des brigands, ses parents ne purent se sauver avec tous leurs enfants et suffisamment de nourriture pour survivre. La mère du nouveau-né cacha ce dernier et, le jour suivant, lorsque les parents revinrent, ils le retrouvèrent en parfaite santé, gardé par une grande corneille noire. Ces oiseaux furent également associés à la naissance des septième, huitième et douzième dalaï-lamas. Après que Lhamo Dhondup fut nommé lui-même dalaï-lama, la présence de corneilles sur son toit fut déclarée comme étant un signe indiscutable de son état en ce bas monde.

D'autres signes qui se manifestèrent pendant l'enfance de l'élu semblent aussi indiquer la même conclusion. « Il était constamment en train de faire ses bagages avec ses vêtements et ses petites affaires, écrivit Diki Tsering. Lorsque je lui demandais ce qu'il faisait, il me répondait qu'il se préparait à se rendre à Lhassa et qu'il nous emmènerait avec lui[5]. »

Elle se souvient également de ses petites habitudes comme ne jamais laisser toucher à ses tasses de thé par qui que ce soit sinon sa mère. Il abominait les gens chicaniers

22

et il n'avait pas deux ans qu'il essayait de battre ces importuns avec des baguettes. Il détestait également que l'on
fume et enrageait de voir des personnes se mettre à aspirer
la fumée du tabac. Sa famille considérait son comportement
autoritaire comme étant le signe d'une personne destinée
à accomplir de grandes choses.

C'était écrit dans les astres, mais le parcours du petit
homme n'avait pas encore commencé et son destin l'attendait au pied de la chaîne de l'Himalaya.

Notes

1. Peter Snow Cao, « Lebrang Monastery », *Spoke Notes*, Bike China
    Adventures, <http ://bikechina.com/spoke98.htm>, 1999.

2. Sal Towse, entretien réalisé par l'auteure, 2 janvier 2002.

3. Rinchen Lhamo, *We Tibetans*, J. B. Lippincott, Philadelphie, 1926,
    p. 89.

4. Cité par John Christensen, « The Dalai Lama: Man of Peace Takes
    His Place on World Stage », *CNN Interactive*, *CNN In-depth
    Specials, Visions of China, Profiles: The Dalai Lama*, 1999,
    <http ://cnn.com/SPECIALS/1999/china,50/inside.china.profiles.
    dalai.lama>.

5. Diki Tsering, *Dalai Lama, My Son: A Mother's Story*, Penguin,
    New York, 2000, p. 89.

À LA RECHERCHE
D'UN QUATORZIÈME MAÎTRE

Avant la naissance de Lhamo Dhondup, le peuple tibétain avait coutume d'appeler le dalaï-lama Thubten Gyatso ou « le Grand Treizième ». Il avait amélioré les normes déontologiques administratives, telles que la réduction des emprunts officiels au gouvernement pour des fins privées, la réforme du système féodal tibétain, et avait décrété l'abolition de la peine de mort. Il avait également mis au point des politiques qui créaient des surplus économiques et travaillait à l'établissement d'une petite armée s'inspirant de celle de l'Empire britannique pour sécuriser le pays contre toute éventuelle invasion chinoise. Son règne avait commencé en 1895 et il fut le premier dalaï-lama à assumer intégralement ses responsabilités de chef politique et spirituel depuis 1758. En effet, les neuvième, dixième, onzième et douzième dalaï-lamas moururent tous avant d'atteindre leur maturité.

De nombreux historiens croient que la Chine ne fut point étrangère à la disparition prématurée de ces infortunés dirigeants. Depuis le début du XVIIIᵉ siècle, les Chinois assuraient leur suzeraineté sur les affaires internationales des Tibétains, tandis que ces derniers conservaient une relative souveraineté sur leurs affaires intérieures. Mais les gouvernements interrègnes se contrôlaient plus facilement que les dalaï-lamas, et la Chine avait souvent utilisé sa

24

suzeraineté pour tirer avantage de la situation, et ce, jusqu'à nos jours. Même si les Tibétains continuaient à considérer leur pays comme étant indépendant, la Chine ne se gênait pas pour intervenir dans leurs problèmes internes et, si les ressortissants de ce pays désapprouvaient l'immixtion de l'empire du Milieu dans leurs affaires, ils avaient besoin de la protection militaire chinoise. Cette alliance fragile se maintint toutefois jusqu'au début du XXe siècle.

C'est vers cette époque que se déroulait la géostratégie dite du Grand Jeu qui avait pris place entre la Grande-Bretagne et la Russie pour affermir leur supériorité dans le « ventre mou » de l'Asie. Au cours de cette lutte, les deux puissances européennes cherchaient une prépondérance s'exerçant notamment sur le Tibet, ce qui, bien sûr, ne faisait guère l'affaire de la Chine. La pensée historique a évolué plus récemment. En effet, si la Grande-Bretagne et la Russie furent des concurrents farouches dans leurs visées expansionnistes, la seule intention de la Russie semblait être de soustraire le Tibet à l'influence britannique. La Grande-Bretagne, pour sa part, avait intérêt à promouvoir l'indépendance du Tibet dans le but d'en faire un État tampon entre l'Inde et la Chine. Quant aux Chinois, ils avaient toujours manifesté de l'intérêt pour le Tibet en considérant ce pays comme une extension du leur afin de pouvoir y déplacer certains surplus de population. De plus, le Tibet recèle du minerai aurifère, même si l'altitude rend son exploitation difficile.

Dans ces circonstances, le treizième dalaï-lama vit là une occasion de se protéger de l'impérialisme britannique et pensa que le temps était venu de s'affranchir pour de bon de l'écrasant voisin.

Vers la fin du XIXe siècle, la Chine avait perdu deux guerres : celle contre le Japon et celle contre l'Angleterre. Humiliés par ces défaites, certains Chinois se soulevèrent contre les étrangers vivant sur leur territoire, et ce fut la révolte des Boxeurs en 1900, qui provoqua également la disparition de la dynastie des Qing. Une fois de plus, ce fut la défaite. Les Boxeurs, représentant les valeurs de la vieille Chine exploitée, furent manipulés par les Qing, commirent des exactions et furent écrasés par les puissances occidentales qui leur firent payer cher leurs débordements. De plus, la Chine fut forcée de verser des indemnités dépassant les 65 millions de livres sterling (jusqu'aux années 1930), d'offrir des concessions commerciales et de supporter l'occupation de troupes étrangères sur le sol chinois. La guerre des Boxeurs précipita la chute de la dynastie décadente des Qing en 1912.

Le dalaï-lama de l'époque s'imaginait qu'étant donné l'évolution de la Chine ce pays ne pourrait plus exercer sa suzeraineté sur le Tibet ou, dans le cas d'une attaque, le protéger. Pourtant, dans la vingtaine, il croyait fermement que son pays devait s'affirmer, se moderniser et éventuellement déclarer son indépendance.

À la recherche de défenseurs, le dalaï-lama dépêcha des émissaires en Europe afin d'évaluer les conditions globales. Parmi ceux-ci se trouvait Agvan Dorjiev, un bouddhiste mongol originaire de Bouriatie, en Sibérie. Il avait étudié au monastère de Drepung au Tibet au cours des années 1870 et devint plus tard l'un des enseignants du jeune dalaï-lama. Cette « délégation » tibétaine de 1901 en Russie permit à Dorjiev de rencontrer le tsar Nicolas II, entretiens

qui furent abondamment commentés dans la presse mosco-
vite, au grand dam des autorités britanniques.

Batailles perdues

Étant donné l'invasion des Russes et leur occupation terri-
toriale en Asie centrale au cours de la moitié du XIXᵉ siècle,
les Anglais craignaient de se faire encercler en Inde
advenant le cas où le tsar déciderait de se faire le protecteur du Tibet. Les Britanniques envisageaient également
des débouchés dans cette région. Le colonel sir Thomas H.
Holdich écrivait alors :

« Le Tibet regorge d'or et il est impossible de s'imaginer
que la position exceptionnelle que ce pays montagneux
occupe dans l'échelle des valeurs aurifères puisse passer
inaperçue dans l'esprit de ceux qui cherchent à exercer
quelque influence politique à Lhassa. Le Tibet n'est pas
seulement riche au sens propre de ce mot ; il doit être
fabuleusement riche, peut-être davantage que tout autre
pays au monde[1]… »

En 1903, en raison de l'alliance appréhendée entre le
Tibet et la Russie, les Britanniques passèrent à l'action. Une
expédition militaire de 200 hommes, dirigés par le colonel
Francis Younghusband, entra dans Khampa Dzong[2], juste
à la limite de la frontière tibétaine. Les Tibétains opposèrent peu de résistance. Ils se contentèrent de dépêcher des
fonctionnaires subalternes qui demandèrent aux Anglais de
se retirer.

En janvier 1904, n'ayant fait aucun progrès sur le plan
diplomatique, les Britanniques décidèrent de poursuivre

leur progression en poussant vers Gyantsé, au nord du pays. Ils avaient renforcé leurs effectifs de 3 000 hommes. Alors que les forces britanniques se préparaient à avancer, un contingent tibétain était en train de se rassembler à Tuna, à 80 kilomètres à l'intérieur de ses frontières. Constatant la vétusté de l'équipement militaire des Tibétains, Younghusband tenta à plusieurs reprises de discuter de la situation avec son homologue tibétain, mais il ne reçut pour seule réponse que l'ordre de quitter le territoire national. Les Tibétains étaient supérieurs en nombre aux Britanniques, mais leurs armes primitives, de vieux flingots et des épées, ne faisaient pas le poids contre les armes modernes anglaises. Younghusband déclara qu'il n'attaquerait pas à moins d'être provoqué.

Selon les Britanniques, ce furent les Tibétains qui tirèrent les premiers puis se ruèrent en chargeant à l'épée. Lorsque la fumée se dissipa, plus de 300 Tibétains étaient morts et plusieurs étaient blessés. Les Britanniques entrèrent alors dans Gyantsé et, après deux autres engagements avec les forces tibétaines, ce fut au tour de Lhassa, la capitale, de capituler. Quelque 480 autres Tibétains perdirent la vie malgré le fait que Younghusband ait toujours continué à demander, sans résultat, à ses adversaires de capituler.

Le dalaï-lama prit la fuite au Tibet et se rendit en Mongolie, car il craignait d'être capturé par les Britanniques. Ce geste incita son régent et ses autres adjoints à agir en son nom. Malgré leurs lourdes pertes et l'incapacité dans laquelle ils se trouvaient pour contrer l'avance britannique, les Tibétains furent impressionnés par le franc-jeu de Younghusband. Aussi ne tardèrent-ils pas à rétablir de bonnes relations entre les deux antagonistes. L'accord commercial anglo-tibétain signé le 7 septembre 1904 comprenait des compensations en terrains et en argent, le droit pour les Britanniques d'ouvrir des comptoirs et l'engagement pour le Tibet d'exclure chez lui l'influence de tout autre pays que l'Angleterre.

L'entente stipulait clairement que le Tibet demeurait indépendant sur le plan de ses affaires internes. Cela n'empêcha pas les Chinois d'essayer de reprendre sans succès le contrôle en 1910. Lorsque la dynastie Qing s'effondra en 1912, le dalaï-lama expulsa les Chinois de Lhassa et déclara officiellement l'indépendance totale du Tibet.

Malgré cela, Thubten Gyatso était conscient du fait que son pays avait beaucoup de rattrapage à faire. En plus d'une armée archaïque, le Tibet maintenait très peu de liens avec les autres nations et, par conséquent, ne bénéficiait d'aucun soutien en cas de besoin.

Le Tibet historique était un territoire enclavé en raison de sa position dans la chaîne himalayenne qui comprend le mont Everest, le plus haut sommet de la terre (8 848 mètres au-dessus du niveau de la mer). Difficile d'accès pendant la belle saison, ce pays était pratiquement impossible à atteindre à cause des cols obstrués par la neige. Pendant plusieurs siècles, on nomma Lhassa la « Cité interdite », et une certaine mythologie entoura le Tibet que l'on désigna parfois sous l'appellation de Shangri-La, un monde utopique fermé aux étrangers qui entretenaient des perceptions erronées à propos de cette terre mythique.

Subissant peu les influences extérieures, le Tibet se cantonnait dans sa propre culture. Malheureusement, il était facilement victime de nations plus avancées sur le plan technologique et ne pouvait se défendre efficacement, comme on le vit lors de l'expédition britannique du colonel Younghusband. Le treizième dalaï-lama commença un processus de modernisation mais, à la fin de sa vie, il était loin d'avoir atteint ses objectifs.

En 1932, au cours de sa dernière intervention politique, il fit cette prédiction :

« Ici, au centre du Tibet, la Religion et l'Administration séculière risquent fort d'être attaquées par des forces externes aussi bien qu'internes. À moins que nous ne puissions défendre notre propre pays, le dalaï-lama et les panchen-lamas, le père comme le fils courent le risque d'être broyés et laissés sans nom. En ce qui concerne les moines et les religieuses, leurs monastères, couvents et autres propriétés seront détruits. Les dirigeants religieux et administratifs se feront saisir leurs terres et leurs propriétés. Ils devront se mettre au service de l'ennemi ou traîner sur les routes comme le font les mendiants. Notre peuple en souffrira et vivra dans la terreur. Les jours comme les nuits ne seront qu'une lente et interminable souffrance[3]. »

Signes de réincarnation

Si le treizième dalaï-lama ne spécula guère sur la date de la prochaine immixtion d'une puissance étrangère dans les affaires du Tibet, il semblait savoir que cela arriverait dans un futur proche et causerait bien des tourments à son successeur. Certains Tibétains soutiennent qu'il avait choisi le moment de sa mort, comme les bodhisattvas le font. Rappelons que ces derniers sont des saints hommes qui ont atteint tous les degrés de la perfection, sauf l'Éveil de la bouddhéité. Comme ils sont parvenus au Nirvana spirituel, ils peuvent revenir sur Terre pour aider leur prochain à connaître éventuellement l'Éveil. Peut-être que le Grand Treizième avait décidé que sa réincarnation dans le corps d'un lama plus jeune et plus robuste permettrait de mieux affronter les épreuves que le monde réservait à son pays.

Le 17 décembre 1933, un an après ses prédictions catastrophiques, le dalaï-lama mourut à l'âge de 58 ans, après avoir contracté un virus aussi anodin que celui d'une de nos banales grippes. Plusieurs années devaient s'écouler avant que ses prophéties se réalisent et il fallut attendre l'avènement du nouveau chef capable de continuer son œuvre. La vie se poursuivit au Tibet comme elle se déroulait depuis des millénaires.

Les Tibétains préparèrent donc les funérailles du dalaï-lama. Contrairement à celles des citoyens ordinaires, les siennes devaient être fastueuses et son corps préservé afin que tous puissent le voir.

Au Tibet, les paysans étaient incinérés ou voués à vivre dans un état intermédiaire entre la mort et la réincarnation appelé *bardo thödol*, au moyen de « l'enterrement aérien ». Au cours de ce rituel, la famille et les proches font appel au service d'un moine. Le corps du défunt ou de la défunte est enveloppé de bandelettes de tissu et emmené sur une montagne. Une fois le cortège arrivé là, un sacrificateur démembre et sectionne le cadavre sur une grande pierre plate et en abandonne les morceaux aux oiseaux de proie. Il s'agit pour les morts d'accomplir un dernier acte de générosité en nourrissant vautours et corneilles.

Les dalaï-lamas ont droit à un traitement plus élaboré et plus fastueux. Le Grand Treizième fut embaumé, habillé de brocart d'or et assis dans la position du lotus dans le Norbulingka, le palais d'été à Lhassa. Les gens défilèrent pour présenter leur hommage au défunt et pour déposer à ses pieds des *katas* ou écharpes de soie blanche avec la ferme conviction qu'il leur reviendrait comme est revenu sur Terre chaque dalaï-lama avant lui.

Généralement, un *tulku* (réincarnation d'un lama ou d'un maître disparu) revient dans les deux années suivant son décès. Le présent dalaï-lama l'explique en ces termes :

« Leur réincarnation se manifeste lorsque les conditions sont favorables et cela ne veut pas dire qu'ils quittent le Nirvana pour cela. C'est un peu comme la lune qui se reflète sur les lacs et les mers calmes de la Terre lorsque les conditions sont propices, alors que ce satellite poursuit sa course immuable dans le ciel[4]. »

Les dalaï-lamas sont donc des tulkus, mais également des bodhisattvas. Ces appellations font allusion à leur désir de revivre de manière à permettre aux autres d'atteindre l'état d'Éveil. Les bodhisattvas ont aussi la capacité de diriger ceux qui se trouvent encore dans le monde physique afin de progresser vers leurs tulkus. Certaines conditions se présentent normalement entretemps pour indiquer aux officiels tibétains quels sont les candidats potentiels.

Certains signes relatifs à sa réincarnation se manifestèrent lorsque le Grand Treizième fut exposé. Le premier fut que sa tête pivota. Alors qu'elle faisait face au sud, sans raison elle se tourna toute seule vers le nord-est au cours de la nuit. On la replaça mais, le jour suivant, elle se tourna encore vers cette direction. Cela signifiait que le corps dans lequel il s'était réincarné se trouvait donc dans la région mentionnée. D'autres signes indiquaient également le même endroit. Un champignon en forme d'étoile apparut en pleine nuit sur le pilier nord-est de la tombe du dalaï-lama que l'on était en train de construire au Potala, le palais d'hiver du souverain. De curieuses formations nuageuses surgirent au Nord-Est dans le ciel, comme des éléphants transpercés par des arcs-en-ciel. Pourtant, de tels signes ne suffisaient pas pour se lancer sérieusement à la recherche du successeur du Grand Treizième.

La magie des dalaï-lamas

Avant que l'on puisse organiser un groupe de recherche, l'Assemblée nationale devait nommer un régent. Ces personnages étaient des moines de haut rang que l'on choisissait généralement pour diriger le pays jusqu'à ce que le dalaï-lama ait atteint sa majorité et puisse prendre les affaires de l'État en main. Les régents n'étaient pas les chefs spirituels du pays. Ils n'étaient pas non plus vus comme des « dieux vivants » dans l'esprit où les bouddhistes considéraient les dalaï-lamas.

Même si le Grand Treizième avait fait ressortir la nécessité pour le régent d'avoir des compétences administratives et gouvernementales et de posséder des notions sur le monde extérieur, les dirigeants tibétains s'obstinèrent pour suivre l'ancien rituel. Ils insistèrent pour que le régent soit choisi parmi les lamas de trois grands monastères, soit Drepung, Sera ou Ganden. Ils pouvaient ainsi s'assurer que le chef d'État par intérim n'avait aucune connaissance administrative.

L'homme qui fut désigné par tirage au sort fut Reting Rinpoché et, le temps de son mandat (de 1933 à 1941), il s'arrangea pour ne pas tenir compte des conventions que le Grand Treizième avait eu tant de mal à établir, notamment l'interdiction de ne pas utiliser les ressources gouvernementales pour satisfaire ses intérêts personnels ou ceux de personnages haut placés.

Sa première décision de régent fut de commander un mausolée couvert d'or pour le regretté lama. Sa seconde responsabilité était de découvrir l'héritier du dieu vivant. Il entreprit un voyage au lac sacré de Lhamo Lhatso, à 145 kilomètres au sud-est de Lhassa, où il espérait avoir une vision.

Le Tibet a plusieurs lacs sacrés, mais Lhamo Lhatso est le plus réputé. Les Tibétains croient que la déesse Palden Lhamo a promis au premier dalaï-lama qu'elle veillerait sur ses successeurs. Près de soixante ans plus tôt, c'est grâce à de telles visions que l'on avait pu désigner le treizième dalaï-lama.

Dans son livre *Portrait d'un dalaï-lama*, sir Charles Bell raconte comment se déroule le processus divinatoire.

« L'eau du lac est bleue et on la regarde du haut des collines. Puis le vent se lève et change la couleur de l'eau qui prend une teinte blanchâtre. Un trou se forme dans cette eau blanche, qui devient bleu-noir. Des nuages s'amoncellent au-dessus de ce trou et, sous les nuages, vous pouvez voir des images montrant des événements qui se dérouleront dans l'avenir[5]... »

Au cours de sa veille, Reting Rinpoché eut une révélation importante. Flottant sur les eaux, il aperçut les lettres de l'alphabet tibétain *Ah*, *Ka* et *Ma*. Il vit également un grand monastère avec un toit de couleur jade et dorée d'où partait une route crayeuse menant vers l'est et bordée de curieux caniveaux pavés de carreaux turquoise. Il vit aussi un chien brun et blanc dans la cour. Il nota soigneusement la description de sa vision et la mit sous pli cacheté pour garder le tout confidentiel.

Puis il consulta l'oracle de Samye. Au Tibet, la magie fait partie de la vie et elle est vue comme une des sciences naturelles. Par fidélité à la tradition mystique, on trouve des oracles dans tout le Tibet et on les considère comme des canaux de l'information divine. Les dirigeants tibétains interrogent automatiquement les oracles pour toutes décisions ou situations importantes. L'oracle de Samye confirma que Reting Rinpoché avait effectivement eu connaissance d'indices relatifs au quatorzième dalaï-lama. Tout ce qu'il restait à faire était de les découvrir.

Après approbation par l'Assemblée nationale, trois groupes de recherche constitués chacun d'une quarantaine de membres furent dépêchés en direction de l'est, du nord-est et du sud-est. Bien que les personnalités officielles fussent persuadées qu'*Ah* indiquait la province d'Amdo, on n'en engagea pas moins de trois groupes pour deux raisons. La première était pour ne rien laisser au hasard. La seconde était pour désorienter les Chinois. En effet, des seigneurs de la guerre en provenance de Chine dictaient leur loi dans certaines régions du Tibet, y compris dans l'Amdo. Si jamais les Chinois apprenaient que l'on recherchait le dalaï-lama dans les régions qu'ils contrôlaient, cela aurait donné à l'empire du Milieu une autre occasion de s'immiscer dans les affaires intérieures du Tibet. Les responsables tibétains avaient donc choisi d'agir en secret afin d'éviter tout conflit avec leur envahissant voisin.

Au cours de ces recherches pour le moins clandestines, chaque groupe transportait avec lui des objets ayant appartenu au treizième dalaï-lama ainsi que des doubles de ces objets qui n'étaient pas sa propriété. L'oracle de Samye avait conseillé aux chercheurs de prendre avec eux un jeu de deux chapelets[6], un jaune et un noir ; deux petits tambours rituels appelés *damarus*, un décoré et un autre, sans ornements ; enfin, deux bâtons de marche, l'un avec une poignée de bronze et l'autre de fer. Au Tibet, il est commun pour les petits enfants de se souvenir des gens et des objets de leur vie antérieure alors que d'autres peuvent même réciter de Saintes Écritures apprises à l'occasion de leurs réincarnations précédentes. Les chercheurs de lama avaient l'intention de présenter ces objets aux candidats possibles au titre de dieu vivant et de découvrir la véritable réincarnation du regretté Grand Treizième qui, selon leur expérience et la tradition, devait choisir les objets ayant appartenu au disparu.

Les débuts d'un périple mystique

La délégation qui se dirigea vers le nord-est était commandée par Kewtsang Rinpoché, un grand lama du monastère de Sera. Cet individu et son groupe voyagèrent plusieurs jours puis s'arrêtèrent à Nachku Dzong, un fortin où ils passèrent une dizaine de jours pour se réapprovisionner. Ensuite, ils se présentèrent au monastère de Sog Tseden, franchirent les montagnes de Mala, puis arrivèrent à la résidence du panchen-lama, le deuxième personnage en importance dans ce pays.

Le panchen-lama donna aux membres du groupe de recherche les noms de trois garçons candidats possibles au titre de dalaï-lamas. Tous trois vivaient près du monastère de Kumbum, renommé pour son dôme orné d'or et de cuivre et ses toits décorés de tuiles vert jade. Le groupe était convaincu que la lettre *Ka*, aperçue dans la vision de Reting Rinpoché, faisait allusion au monastère de Kumbum.

Près de Kumbum, des personnalités officielles tibétaines conseillèrent aux chercheurs de présenter leurs hommages au seigneur de la guerre chinois et gouverneur musulman local, de manière à pouvoir continuer à circuler librement. Le groupe se procura de l'or, de l'argent, de la laine, de la soie et de l'encens et en fit don au premier magistrat en signe de respect. Bien qu'il demeurât suffisant et distant, satisfait des cadeaux qu'il avait reçus, le gouverneur Ma Pu-Feng leur donna formellement la permission de vaquer à leurs affaires dans la région.

Lorsqu'ils découvrirent la maison du premier candidat, on leur apprit que le garçon était mort. Le second candidat prit la fuite à leur approche. Ils décidèrent que ce n'était pas là le comportement d'un dalaï-lama et se désintéressèrent de son cas. Alors qu'ils se rendaient vers le troisième candidat au village de Takster, ils se retrouvèrent à une fourche sur une piste de montagne.

Un garçon chinois les croisa et leur conseilla de prendre la route inférieure. En suivant celle-ci, ils arrivèrent à Karma Rolpai Dorje, un petit village où le treizième dalaï-lama s'était reposé en passant lors d'un voyage le menant de Mongolie à Lhassa, en octobre 1906. Les moines et les villageois l'avaient salué, et dans la foule se trouvait un garçon de neuf ans, qui n'était nul autre que Choekyong Tsering, le père de Lhamo Dhondup. Les villageois se souvinrent plus tard que, en observant le village de Pakster, le treizième dalaï-lama avait été frappé par l'aspect paisible qui s'en dégageait et qu'il avait remarqué, et trouvé particulièrement agréable, une maison avec de curieuses gouttières en bois de genévrier et des tuiles de couleur turquoise. Il avait également laissé une paire de bottes à Karma Rolpai Dorje, un geste signifiant qu'il avait l'intention de revenir dans la région.

Le groupe de recherche vit dans les indications du garçon chinois comme une sorte de présage, peut-être la manifestation d'une divinité tibétaine car, lorsqu'ils baissèrent les yeux, leur regard s'arrêta sur une maison avec des tuiles turquoise en bordure du toit. Les gouttières étaient sinueuses, et un chien tacheté se trouvait dans la cour. Même s'ils avaient découvert une ferme ressemblant à la vision qu'en avait eue Reting Rinpoché, les voyageurs modérèrent leur enthousiasme et choisirent de se montrer prudents.

Afin de pouvoir entrer en contact avec le garçon de manière informelle, Kewtang Rinpoché se vêtit de peaux lainées et fit semblant d'être un serviteur, tandis qu'un autre membre du groupe, Lobsang Tsewang, joua le rôle du maître. Ils arrivèrent après une petite tempête de neige, à un moment où la famille pelletait dans la cour. Kewtang Rinpoché expliqua au père que le groupe s'était égaré et demanda qu'on les héberge pour la nuit. La mère leur

38

donna du thé, du pain et de la viande de yack séchée, et indiqua la chambre d'invités à Lobsang Tsewang. Les autres voyageurs furent logés dans la cuisine, près du chauffage.

Gyalo Thondup se souvient de cette visite. « Ces visiteurs semblaient avoir beaucoup de serviteurs. L'un d'entre eux aida ma mère à empiler des bûches près du poêle ou transportait mon petit frère, Lhamo Dhondup, autour de la cuisine. L'enfant semblait sympathiser avec cet homme[7]. »

Indices d'une spiritualité hors du commun

Alors que les voyageurs, assis sur le kang, prenaient le thé avec leurs hôtes, le petit garçon, qui était âgé de deux ans, alla trouver Kewtang Rinpoché, fouilla dans l'une des poches de sa tunique et en sortit le chapelet du lama. L'enfant déclara que cet objet lui appartenait et demanda pourquoi Kewtang Rinpoché le portait sur lui. Le lama se montra aimable avec l'enfant. Il lui expliqua que cet article de piété était très vieux et lui offrit de lui en donner un plus récent à la place. Le garçonnet se fâcha et insista pour qu'on lui laisse le vieux chapelet. Kewtang lui rétorqua qu'il le lui donnerait s'il devinait comment il s'appelait. « Lama de Sera », lui lança le petit garçon, comme s'il avait deviné qu'il venait du monastère de Sera. Kewtang Rinpoché fut d'autant plus surpris que, lorsqu'il demanda à l'enfant de lui indiquer qui était son « chef », il mentionna Lobsang Tsewang. Plus déconcertant était le fait que le chapelet que réclamait le garçon avait appartenu au treizième dalaï-lama et que le petit répondait à l'homme dans le dialecte de Lhassa, que pratiquement personne ne parlait dans l'Amdo.

Tôt le lendemain matin, les voyageurs remboursèrent leurs hôtes de leur hospitalité et se préparèrent à poursuivre leur périple. Alors qu'ils se mettaient en route, le petit garçon, en pleurs, insista pour les suivre et ils ne réussirent à le calmer qu'en lui promettant solennellement de revenir.

Trois semaines plus tard, les voyageurs respectaient leur engagement et, cette fois-ci, décidèrent de soumettre l'enfant à une série d'épreuves. Sur le kang d'une des pièces, ils installèrent une table basse sur laquelle ils disposèrent les objets qu'ils avaient amenés de Lhassa. Tout d'abord, Kewtang Rinpoché demanda au garçon de choisir entre deux chapelets noirs identiques, dont l'un était celui que l'enfant avait réclamé lors de leur dernière visite. Le garçon prit le bon chapelet qu'il se passa autour du cou. On procéda au même rituel avec le chapelet jaune.

Ensuite, on lui demanda de choisir parmi les bâtons de marche. L'enfant commença par poser ses mains sur les deux puis s'arrêta sur l'un d'entre eux. On apprit plus tard que les deux bâtons avaient appartenu au treizième dalaï-lama, mais que l'un d'eux avait été donné à un ami et, par la suite, à Kewtsang Rinpoché.

Restaient les tambours. L'un d'entre eux était en ivoire, mais sobrement orné. L'autre était abondamment décoré de tissus précieux et très coloré, ce qui aurait dû attirer normalement un jeune enfant, mais ce dernier opta pour le tambour le plus simple en disant : « C'est le mien[8] ! » Le groupe de chercheurs avait désormais la ferme conviction que la preuve existait que le *Ah* de la vision de Reting Rinpoché faisait allusion à l'Amdo, le *Ka* à Kumbum et le *Ma* à Karma Rolpai Dorje. Bien que ces correspondances puissent ne pas sembler logiques avec notre alphabet occidental, elles prennent tout leur sens avec l'alphabet tibétain.

Il ne restait plus qu'à faire l'inspection physique du garçon. On avait pu repérer huit indices différents chez les précédentes réincarnations du dalaï-lama. Si on les relevait chez cet enfant, son identité serait un peu plus confirmée. Parmi ces signes, on signalait de grandes oreilles, deux petites excroissances de chair entre les omoplates, des sourcils s'incurvant vers le haut, des marques ressemblant aux rayures d'un tigre sur les jambes, des yeux allongés et un dessin suggérant un coquillage dans la paume de la main. Le garçon affichait trois de ces marques caractéristiques.

Sonam Wangdu, l'un des moines du groupe, fut très touché par ces découvertes. Il déclara : « Nous étions si émus que nos yeux étaient emplis de larmes de bonheur. Le souffle coupé, il nous était impossible de demeurer assis tranquillement sur le tapis ou de faire quelque commentaire que ce soit[9]. » Les membres du groupe de recherche étaient persuadés d'avoir trouvé le « Grand océan » de sagesse et de compassion. Quant au petit garçon, Lhamo Dhondup, il se retrouvait désigné comme étant le quatorzième dalaï-lama du Tibet.

Il faut dire que, pour les Tibétains, le dalaï-lama est beaucoup plus qu'un simple chef d'État. Il est le bouddha vivant, un dieu-roi, un être censé avoir atteint l'Éveil. Ils croient également qu'il est l'incarnation du bodhisattva de la compassion, Chènrézi ou Avalokiteshvara, dont la tête explosa en mille fragments lorsqu'il prit conscience de l'énormité de sa tâche qui consistait à travailler au bonheur de tous les êtres vivants doués de sensations. Tel est le vœu par lequel le dalaï-lama vit.

Découvrir ce dernier n'était que le début d'un long parcours pour atteindre son trône. Le transporter à Lhassa, où il devait être couronné, ne serait pas une mince affaire. Lhamo Dhondup devrait traverser bien des épreuves avant de parvenir à sa vraie place dans sa société. Restait à transiger une fois de plus avec Ma Pu-Feng, une première lutte de pouvoir et d'autorité mettant en cause de grands trésors du Tibet.

Notes

1. Sir Thomas H. Holdich, *Tibet, The Mysterious*, Frederick A. Stokes, New York, 1906, p. 329.

2. Dzong est le mot tibétain pour « forteresse » ou « fortin ».

3. Cité dans *Portrait of a Dalai Lama : The Life and Times of the Great Thirteenth* de sir Charles Bell, Collins, Londres, 1946, p. 430.

4. Le dalaï-lama du Tibet, *My Land and My People* (« Mon pays et mon peuple – Mémoires »), McGraw, 1962, réédition, Warner Books, New York, 1997, p. 30.

5. Cité dans le livre de Charles Bell *Portrait of a Dalai Lama: The Life and Times of the Great Thirteenth*, Wisdom Publications, Londres, 1967 (réédition), p. 87.

6. Grains enfilés servant à compter les prières.

7. Cité dans Kundun : *A Biography of the Family of the Dalai Lama*, par Mary Craig, Counterpoint, Washington, D.C., 1997, p. 15.

8. Tenzin Gyatso, *Freedom in Exile: The Autobiography of the Dalai Lama*, Harper Collins, New York, 1990, p. 12.

9. Cité dans *In Exile from the Land of Snows* de John Avedon, Knopf, New York, 1984. Réédité par Harper Perennial, New York, 1997, p. 7 de la réédition.

CHAPITRE 3

LA ROUTE DE LHASSA

Une fois déclaré dalaï-lama, Lhamo Dhondup était appelé à devenir le dirigeant suprême de son pays. Ses subordonnés étaient, en ordre d'importance, ses premiers ministres, qui gouvernaient en son absence ; le cabinet, qui administrait toute l'information séculière ; l'Assemblée nationale ou Congrès tibétain ; son chambellan, un moine aux hautes fonctions responsable du personnel. Le gouvernement contrôlait le centre du Tibet avec Lhassa comme capitale.

Dans les régions excentrées, c'étaient souvent les armées les plus fortes qui imposaient leur gouvernement. Étant donné que les frontières entre le Tibet et la Chine n'avaient pas été précisément définies, les paysans et les nomades tibétains se trouvaient facilement dominés par la force des armes. Si l'on se fiait aux dispositions de Ma Pu-Feng, le seigneur de guerre chinois et musulman qui sévissait dans la province d'Amdo en 1931, transférer Lhamo Dhondup à Lhassa allait exiger des démarches pleines d'embûches.

Ma Pu-Feng s'autoproclama représentant de la « Première République de Chine », bien que l'on puisse fortement douter qu'il ait réellement détenu ce pouvoir. Il est plus plausible qu'il se soit arrogé le titre sans l'assentiment du gouvernement chinois et qu'en compagnie de ses complices il s'en soit servi pour piller la population.

Kewtang Rinpoché et ses compagnons étaient certains d'avance que Ma Pu-Feng leur chercherait noise en prenant Lhamo Dhondup en otage pour le rançonner… ou pire. Ils craignaient que ce matamore n'utilise le petit garçon pour se faire bien voir de la Chine qui, depuis des siècles, cherchait à annexer le pays. Au cours du dernier millénaire, la Chine n'avait jamais réussi à asservir le Tibet. Avant cela, paradoxalement, on relève que c'était le Tibet qui dominait la Chine.

Avènement de la dynastie Yarlung

Organisées en communautés familiales, les premières populations du Tibet jurèrent allégeance à des chefs de tribus régionaux. À cette époque, les communautés se battaient les unes contre les autres et nul nationalisme tibétain n'unissait le pays.

Niatry Tsenpo, le premier roi du Tibet, fut proclamé souverain de la vallée du Yarlung, située dans la région centrale d'Ü-Tsang, en 127 av. J.-C. Bien que la légende prétende qu'il soit descendu du ciel, il s'agissait en fait d'un roi indien nommé Rupati qui se réfugia dans les montagnes de l'Himalaya après avoir été vaincu au cours de la guerre du Mahabharata[1]. Traverser les cols himalayens constituait à l'époque un exploit que peu d'hommes tentaient et auquel encore moins survivaient. Émerveillés, les chefs de tribus locales en déduisirent que Rupati ne pouvait être que d'origine divine et décidèrent de l'introniser. Il est le premier souverain dit de la dynastie Yarlung. Quarante et un monarques lui succédèrent au cours du millénaire suivant.

L'une des premières descriptions par des étrangers que l'on ait conservées des Tibétains se trouve dans les documents de la dynastie Tang, qui régna sur la Chine de 618 à 907.

« Il existe des centaines de milliers d'hommes prêts à prendre les armes et, pour lever des troupes, ils utilisent une flèche en or (signe d'autorité). Leurs armures et leurs casques sont excellents. Lorsqu'ils les portent, ils sont entièrement protégés, à l'exception des interstices leur permettant de voir. Leur arc et leur épée ne les quittent jamais. Ils valorisent la force physique et méprisent la vieillesse[2]. »

Unis, les Tibétains représentaient une force avec laquelle il fallait compter et ils étaient craints dans le monde asiatique de l'époque.

Les Tibétains prirent contact avec les enseignements du Seigneur Bouddha grâce au vingt-huitième roi de la dynastie des Yarlung. Lorsque ce dernier prit connaissance d'un volume sur le sujet vers 173 avant notre ère, le peuple tibétain pratiquait le Bön, une religion d'origine animiste (attribuant aux choses une âme analogue à l'âme humaine). Les Bönpos, ou pratiquants du Bön, étant solidement implantés dans leur communauté, il fallut un certain temps pour que le bouddhisme détrône cette croyance.

C'est sous Songsten Gampo, le trente-troisième roi de la dynastie de Yarlung (de 609 à 649 de notre ère), que le Tibet devint le plus puissant pays d'Extrême-Orient. Les troupes tibétaines avaient conquis le Népal, le Bhoutan, la Haute-Birmanie et avaient envahi certaines parties de la Chine occidentale qu'elles avaient transformées en colonies tibétaines sujettes à une taxation de 50 000 rouleaux de soie par année.

Songsten Gampo dépêcha également un ministre et 17 lettrés pour étudier le sanskrit parlé et écrit en Inde. Lorsque les érudits revinrent à Lhassa, ils inventèrent une écriture brahmique typiquement tibétaine inspirée de l'alphabet sanskrit. Grâce à ce langage écrit, le roi promulgua un code de conduite comprenant seize règles d'obéissance et dix règles applicables aux services religieux.

Le roi introduisit donc le bouddhisme à la cour tibétaine. Bien que la plupart des habitants du pays fussent monogames, la polygamie était tolérée pour les deux sexes et le roi Songsten Gampo avait plusieurs femmes. Lorsqu'il épousa une princesse chinoise et la fille du roi du Népal, il consolida les relations avec les pays limitrophes aux flancs est et ouest du Tibet. Les deux femmes étaient de ferventes bouddhistes. En plus de sa dot, la princesse chinoise apporta une monumentale statue dorée du Bouddha et Songsten Gampo construisit le premier temple – Jokhang – pour l'abriter. Le roi se convertit et le bouddhisme commença à jouer un rôle important dans la vie tibétaine ainsi qu'à la cour. Il reçut le titre de Premier roi religieux.

En 754, Trisong Detsen, le trente-septième roi de la dynastie de Yarlung, monta sur le trône et amena le Tibet au summum de son influence. Connu sous le nom de Deuxième roi religieux, il permit la diffusion du bouddhisme en engageant 108 érudits indiens pour traduire les textes sacrés bouddhistes du sanskrit en tibétain. Vers 779, il construisit également Samye, le premier monastère de son pays. Au cours de son règne, les sept premiers moines tibétains furent formés, ce qui devait mener à l'adoption générale par la population d'un mode de vie fondée sur la religion du Bouddha. Il invita ses sujets à ranger leurs armes et à adopter les préceptes de la sagesse bouddhiste qui respecte notamment toute forme de vie indépendamment de son importance. En effet, pour les bouddhistes, la vie d'un insecte est aussi essentielle que celle d'un homme. Trisong Detsen encouragea donc la paix dans son pays, même si cette philosophie ne fut pas toujours bien reçue à son époque.

Cette recherche de sérénité se poursuivit sous le règne de Ralpachen, nommé Troisième roi religieux, lorsque des relations diplomatiques s'établirent avec la Chine. Un pilier érigé entre 821 et 822 à l'extérieur du temple de Jokhang comporte une inscription parlant des deux pays comme étant des nations souveraines. Il y est écrit :

« Le Tibet et la Chine doivent respecter les frontières qu'ils ont tracées. Vers l'est se trouve le grand pays qu'est la Chine, et vers l'ouest s'étend sans conteste le grand pays qu'est le Tibet. Dorénavant, nulle partie ne devra se livrer à des actes de guerre ou se saisir de portions de territoire de l'autre [...] Cette entente solennelle ouvre une ère de paix où les Tibétains seront heureux au Tibet et les Chinois en Chine[3]. »

Ralpachen émit également un décret précisant que sept foyers étaient nécessaires pour soutenir chaque moine. Plusieurs temples furent construits et d'autres maîtres bouddhistes invités au Tibet pour faciliter l'éducation religieuse de la population.

Toutefois, la période faste de ces grands rois religieux ne tarda pas à prendre fin. En 838, Ralpachen fut assassiné et son frère, rageusement opposé au bouddhisme, devint le quarante-deuxième et dernier roi de la dynastie de Yarlung. Il détruisit les institutions établies par ses prédécesseurs, expulsa les moines des monastères et fit régner le chaos dans le pays. Pendant plus de trois cents ans, le Tibet fut réduit à une mosaïque de factions tribales antagonistes.

Une histoire de parrainage

Le bouddhisme ne retrouva pas son influence sur la population tibétaine avant le onzième siècle, lorsque l'érudit indien Atisha le remit à l'honneur en 1042. Il était l'auteur de *La lampe sur la voie de l'Éveil*, qui contribua à la renaissance de la doctrine bouddhiste et dissipa plusieurs malentendus qui existaient à l'époque dans les croyances.

Au XIIᵉ siècle, le bouddhisme avait largement supplanté le Bön en tant que religion traditionnelle et était devenu le seul facteur commun entre les factions d'une société tibétaine fragmentée qui ne cessaient de se faire la guerre. La réunification du pays se fit au prix de l'indépendance lorsqu'en 1207 les chefs tribaux du Tibet décidèrent de payer tribut à Gengis Khan, un seigneur de guerre et fondateur de l'Empire mongol qui avait massé ses troupes à la frontière. Une simple entente de trente-deux ans stipulait qu'en échange de taxes les Mongols s'engageaient à ne pas envahir le pays. En 1239, le Tibet n'ayant pas versé son tribut annuel, le petit fils de Gengis Khan, Godan Khan, s'empara du territoire, brûla le monastère de Reting et massacra cinq cents Tibétains.

Malgré ces exactions et la déclaration de leur suzeraineté, les Mongols décidèrent de ne pas s'imposer au Tibet autrement que par leur système de taxation et de répartir le pays en districts. Ils n'avaient aucunement le désir de détruire la culture et la religion tibétaines mais, au contraire, de s'en inspirer.

En tant que bouddhiste, Godan Khan voulait recevoir l'enseignement religieux de Sakya Pandit, le chef de la Sakya ou Secte blanche. À cette époque, la Sakya était l'une des trois sectes du bouddhisme mahayana, l'école de pensée à laquelle appartient la branche tibétaine de cette religion (les autres formations sont la secte Nyingma ou « Ancienne école » et la Kagyü, l'École de tradition orale ou Secte rouge). Lorsque Sakya Pandit accepta d'aider le khan, il bénéficia d'une autorité spirituelle sur tout le Tibet central. Ainsi commença le parrainage religieux que le Tibet exerça avec les autres nations. Au temps de son alliance avec les Mongols, le Tibet s'associa vaguement avec la Chine jusqu'à ce qu'en 1279, Kubilaï Khan supprimât finalement la dynastie Sung et l'incorporât à la dynastie Yuan. Pourtant, le Tibet ne demanda jamais à faire partie d'un empire mongol unifié et on le laissa libre d'administrer ses affaires internes.

En 1368, le parrainage entre la Mongolie et le Tibet fut aboli lorsque les Chinois nationalistes chassèrent le dernier empereur mongol. Même sans protecteur militaire, le gouvernement tibétain n'approcha aucunement les dirigeants chinois pour établir les termes d'une nouvelle collaboration. Le Tibet maintint donc son indépendance pendant les trois siècles suivants.

50

La voie du dalaï-lama

Pendant cette période d'autonomie, nombreuses furent les querelles internes entre monastères rivaux. D'autres sectes avaient remarqué la prépondérance des Sakyas, sous influence mongole. Dorénavant, de concert avec les Sakyas, les autres factions entrevoyaient la possibilité pour un chef de se distinguer. Aucun d'entre eux ne se manifesta avant que le grand lama et dirigeant Tsonkapa vît le jour en 1357.

Celui-ci arriva de l'Amdo dans le Tibet central en 1372 et fut consterné par le déclin moral des communautés religieuses, surtout dans le domaine du célibat, qui aurait dû constituer un idéal monastique. Il commença à recommander des réformes, prôna une stricte vie monacale visant la bouddhéité. Ce personnage charismatique attira de nombreux adeptes, ce qui lui permit plus tard de fonder le monastère de Ganden, en 1409.

Ceux qui se réclamaient de lui formèrent une nouvelle secte, celle des Gelugpas, connue également sous l'appellation de Secte jaune ou secte des Vertueux. Ces derniers rejetaient les animosités et la violence qui s'étaient manifestées entre moines rivaux au cours des années passées et condamnaient les comportements licencieux. Ils étaient revenus sur la voie spirituelle des enseignements bouddhiques, fondés sur une stricte moralité.

Après la mort de Tsonkapa, en 1417, le poste de chef de la secte des Gelugpas fut assumé par un de ses disciples, Gedun Drub, qui contribua à étendre l'influence de la secte vers le sud. Il érigea en 1445, près de la ville de Shigatse, le célèbre monastère de Tashilhunpho, la future résidence des panchen-lamas. Durant son temps, ses adeptes fondèrent également d'autres grands monastères tibétains comme Ganden, Drepung et Sera. Lorsque Gedun Drub mourut en 1474, ses disciples admirent qu'il avait atteint la bouddhéité après une longue et noble vie.

En 1475 naquit un enfant qui, plus tard, se souvint de certains éléments de sa vie antérieure. Il reconnaissait des objets qu'il n'avait jamais vus et les grands lamas virent chez lui la réincarnation du premier dalaï-lama. Lorsque l'on déclara que le garçon était la réincarnation de Gedun Drub, le système faisant appel au tulku ou « corps émané » pour choisir un successeur entra en vigueur. Bien que mis en place à l'origine par la secte Kargyu, le système Gelugpa servant à retrouver le prochain lama par l'entremise d'un tulku devint prépondérant. Grâce à l'influence des Mongols, cela aida les fidèles de la secte Gelugpa à diriger le Tibet jusqu'au XXe siècle.

CHAPITRE 4

LA VIE MONASTIQUE

Sa Sainteté mit pied au Norbulingka, l'un de ses nouveaux lieux de résidence, en octobre 1939. Bien que le Norbulingka fût le traditionnel palais d'été du dalaï-lama, il devait y demeurer jusqu'à ce qu'il s'installe officiellement au Potala, le palais d'hiver et siège du gouvernement tibétain. Son investiture ne devait avoir lieu qu'après le nouvel an tibétain, en février, aux alentours de la pleine lune. Le dalaï-lama avait donc la possibilité de s'amuser un peu plus longtemps à n'être qu'un enfant, même si sa nouvelle vie n'avait plus grand-chose à voir avec celle qu'il avait connue dans sa modeste maison de Takster.

Situé à deux milles terrestres de Lhassa, le Norbulingka fut construit à l'instigation du septième dalaï-lama Kelsang Gyatso (1708-1757). Le monarque prisait les forêts avoisinantes et, chaque été, il se baignait dans les eaux thermales près de ce lieu. En 1755, il érigea un palais, le Kelsang, et en fit sa résidence d'été, comme ses successeurs d'ailleurs.

Le huitième dalaï-lama, Jampel Gyatso (1758-1804), décida d'agrandir de manière importante le site de Norbulingka en faisant ériger trois temples et un mur d'enceinte autour de la section sud-est du palais. Il fit planter jardins et vergers dont des espèces venaient des quatre coins du Tibet et engagea une équipe de jardiniers professionnels pour s'en occuper.

54

Sous le treizième dalaï-lama, on construisit de nombreuses annexes et on améliora les jardins. En 1930, celui-ci encouragea l'établissement de trois palais supplémentaires dans le secteur de Chensel Lingka, au Nord-Ouest. Il convient toutefois de préciser que ces « palais » étaient en fait des maisons confortables.

À l'époque de Lhamo Dhondup, le nom générique de Norbulingka incluait ce bâtiment proprement dit ainsi que le Chensel Lingka. La moitié Est comprenait trois sections : le palais, l'opéra et les bureaux du gouvernement. Le palais regroupait deux édifices, la section réservée à l'opéra, une scène en plein air et des jardins. Tous les ans, on y célébrait le Festival de l'opéra. Une cour où l'on pouvait pratiquer l'art du débat contradictoire à la tibétaine ainsi que des thermes et de plantureux jardins complétaient ces installations.

L'un des endroits les plus remarquables était le lac du Palais, au sud-ouest des bâtiments. Au centre du plan d'eau, trois îles étaient rattachées les unes aux autres et à la rive par des ponceaux. Un palais était édifié sur chaque île et, au sud du lac, on trouvait un pavillon pour chevaux et une rangée de constructions abritant des objets de valeur offerts en cadeaux par les empereurs chinois et les nations étrangères.

La partie ouest du parc incluait trois sections : celle du palais, la forêt et les champs. Dans le secteur nord on trouvait des étables pour le bétail et les moutons, tandis qu'au milieu des champs on pouvait voir une plate-forme utilisée par l'oracle de Nechung pendant ses exercices divinatoires. Cette étendue herbeuse était également utilisée pour des courses de chevaux et des concours de cerfs-volants.

L'ensemble du Norbulingka se trouvait entouré par deux murs d'enceinte. Le plus intérieur délimitait l'espace où le dalaï-lama et sa suite avaient le droit de circuler. Entre cette limite – surnommée « le Mur jaune » – et l'autre mur vivaient les dirigeants ainsi que la « famille royale », c'est-à-dire celle du dalaï-lama.

Seules les personnes portant des vêtements tibétains avaient le droit de pénétrer dans le Norbulingka et des gardes du corps se tenaient devant les portes pour s'assurer que ceux qui arboraient des chaussures ou des chapeaux occidentaux, très populaires au Tibet à l'époque de Lhamo Dhondup, ne puissent entrer dans le parc. Les nobles de haut rang se faisaient présenter les armes par les gardes, tandis que les Tibétains de moindre extraction n'avaient droit qu'à un salut.

À l'extérieur du mur jaune, les portes étaient fortement protégées et seuls le dalaï-lama et ses gardes pouvaient les franchir. De temps à autre, des chenils étaient aménagés dans le mur, tandis que de féroces mastiffs tibétains quadrillaient le périmètre aussi loin que leur laisse en poil de yack le leur permettait.

Adaptation à un nouveau foyer

Le dalaï-lama était arrivé au Norbulingka lorsque les arbres et les plates-bandes fleurissaient, ce qui eut le don de le ravir. Pourtant, à peine la famille fut-elle installée que sa mère fut déroutée par ses actions.

« Je ne comprenais pas pourquoi Sa Sainteté brisait les sceaux de nombreuses malles qu'il avait trouvées dans ses appartements. Finalement, il trouva ce qu'il cherchait. Alors que je lui demandais des explications, il m'a dit qu'à l'intérieur d'une boîte qu'il avait dénichée il y avait une dent. Lorsqu'il l'ouvrit, je découvris que c'était exact. Il s'agissait d'une dent ayant appartenu au treizième dalaï-lama[1]. »

Peu après, les voyageurs furent reçus à l'occasion d'une cérémonie de bienvenue où on leur servit du thé et des pâtisseries. Après quoi, la famille de Lhamo Dhondup fut dirigée vers ses quartiers, situés dans un corps de ferme appelé Gyatso, à l'extérieur du mur jaune.

À Gyatso, les parents du dalaï-lama furent surpris de trouver différents cadeaux comme du thé, du beurre, de la soie, du riz, de la farine, des tapis et des brocarts. On mit également du personnel à leur disposition, comme des interprètes, des palefreniers, des porteurs d'eau, des servantes, des secrétaires et des cuisiniers.

Trois moines furent nommés au service du dalaï-lama : le Maître des rituels, celui des cuisines et celui des tuniques. L'enfant-roi s'attacha particulièrement au Maître des cuisines. Il lui suffisait d'apercevoir l'ourlet de la robe de ce dernier sous une porte pour se sentir rassuré.

Le petit garçon aimait aussi les jardins d'été, la course à pied et le canotage. Les jardins, remplis de peupliers, de saules, de genévriers, de pommiers, de poiriers, de pêchers, de noyers et d'abricotiers étaient de merveilleux endroits pour jouer et savourer des fruits sur l'arbre. Le lac principal était peuplé de carpes. Lobsang Samten accompagnait souvent le dalaï-lama dehors ; les deux garçons pêchaient à l'aide d'un filet, mais s'empressaient bien vite de relâcher leurs prises. Ils considéraient les poissons comme des animaux familiers. D'ailleurs, ces créatures étaient si peu farouches qu'au seul bruit des rames elles remontaient à la surface dans l'espoir qu'on leur donne quelque nourriture.

Les responsabilités du trône

Cette vie pastorale se poursuivit pendant quatre mois, jusqu'à l'intronisation officielle du dalaï-lama, le 22 février 1940. Après consultation avec l'Assemblée nationale et les astrologues de notoriété publique, le régent avait arrêté cette date, jugée propice. Pendant qu'on se préparait, des invitations parvenaient aux dignitaires de pays étrangers.

Le jour de la cérémonie, le dalaï-lama se rendit au Potala, le plus important bâtiment au Tibet. Commencé au XVIIe siècle par le roi Songsten Gampo, le Potala fut utilisé à plusieurs fins, en premier comme résidence d'hiver du dalaï-lama et comme siège du gouvernement du Tibet. Le Potala est situé sur un lieu appelé la « Colline rouge » et, durant la guerre, il faisait office de forteresse. Parmi ses 130 000 mètres carrés de superficie – ce qui est énorme – , on trouve les sépultures de huit dalaï-lamas, des palais, des chapelles, des cours intérieures, des salles de réunion, des tours et de fort beaux exemples de l'art tibétain, sans compter des trésors artistiques en provenance des quatre coins du monde.

Les édifices les plus importants du Potala sont le Palais blanc et le Palais rouge. Le Palais blanc abrite des dortoirs, un séminaire bouddhiste, des bureaux, une imprimerie et les quartiers d'hiver du dalaï-lama. Trois volées de marches desservent l'intérieur du bâtiment, mais l'escalier du milieu est réservé exclusivement au dalaï-lama. Des décorations murales gigantesques ornent l'entrée du palais. Elles illustrent la construction du Potala et du temple de Jokhang.

Dans le Palais rouge, la Grande salle de l'Ouest est enjolivée d'images décrivant la vie du dalaï-lama, surnommé le Grand Cinquième, et comporte aussi de fines colonnes sculptées. On trouve également trois chapelles dans le Palais rouge ; l'une d'entre elles renferme les trois monuments coiffés d'une coupole dorée contenant les restes momifiés des cinquième, dixième et douzième dalaï-lamas. À l'ouest de la Grande salle se dresse le monument du Grand Treizième, recouvert de près d'une tonne de feuilles d'or. Devant ce trésor, il y a une peinture symbolique et sacrée – en fait un mandala – comprenant plus de 200 000 perles et pierres précieuses.

L'origine du nom « Potala » est incertaine. Toutefois, lorsqu'il traduisit des écrits bouddhistes de l'indien au tibétain, le ministre de Songsten Gampo évoqua un séjour mystique du dieu de la compassion en Inde appelé Riwo Potala. Les dalaï-lamas étant censés être des incarnations du dieu, il n'était que normal de donner ce nom à leur lieu de résidence. Le nom familier du Potala est le « Palais des mille pièces ».

La cérémonie d'initiation du dalaï-lama se tint dans la « Salle de toutes les bonnes actions des mondes temporel et spirituel », située dans la partie est du palais. Des heures avant son arrivée, les dignitaires avaient disposé les cadeaux royaux parmi lesquels une brique d'or en provenance de l'hôtel de la Monnaie de Calcutta, deux chevaux, dix sacs d'argent, trois fusils, une montre en or avec sa chaîne, des jumelles, un panier de pique-nique, six rouleaux de draps fins et une défense d'éléphant longue de près de deux mètres.

La procession commença par le défilé des serviteurs chargés de l'habillement et de l'alimentation du dalaï-lama, tous vêtus de tuniques vertes et de chapeaux rouges ornés de passementerie. D'autres préposés portaient de grandes bannières destinées à éloigner les esprits malfaisants. Des personnalités chinoises, de grands lamas et l'oracle d'État suivaient, tout comme les lamas dirigeants du Potala, habillés de tuniques rouges, ainsi que des hommes en uniforme. Ces derniers étaient les porteurs attitrés du palanquin du dalaï-lama. Ensuite venaient le régent, vêtu de soie dorée, chevauchant un cheval caparaçonné avec art conduit par deux valets de pied, puis la famille de l'enfant-roi et de nombreux moines et lamas provenant de différents monastères et lamaseries.

Les chants graves se combinaient aux sons des trompes tibétaines (*dung chen*) de trois mètres de long. On entendait le tintement des clochettes, le son aigu des trompettes d'argent et le battement de tambours de tous genres, du *damaru*, facile à manipuler, à la version locale de la grosse caisse.

Dès son arrivée, l'enfant fut hissé sur le trône du Lion – le siège du dalaï-lama – construit selon les caractéristiques spécifiées dans les écritures sacrées tibétaines. En bois sculpté, ce trône est doré, incrusté de pierres précieuses et soutenu par huit piliers représentant des lions dorés, symbole national du Tibet. Étant donné que nulle personne ne peut être assise plus haut que le dalaï-lama, le trône est d'une hauteur s'échelonnant entre un mètre quatre-vingts et deux mètres quinze et rembourré de cinq coussins tous recouverts de brocart de différentes couleurs. Vu le froid qui sévissait ce jour de février, le dalaï-lama avait été enveloppé dans des couvertures. Devant le trône, on trouvait sur une petite table les sceaux officiels du jeune roi.

Pour ouvrir la cérémonie, le régent offrit les trois symboles du Mendel Tensum : une représentation du Bouddha de la vie éternelle (ou Prière de longue vie), un livre d'écritures concernant le Bouddha, rappelant le devoir pour le dalaï-lama d'expliquer et de propager le bouddhisme et, finalement, une boîte à plusieurs étages contenant une relique sainte représentant pour le souverain le désir profond d'avoir des pensées similaires à celles de l'Éveillé. Différents dignitaires firent cadeau de katas au nouveau chef d'État qui bénit les moines en leur touchant le front avec le sien. Il bénit également le premier ministre – un laïque – en lui palpant la tête des deux mains.

On présenta au dalaï-lama une herbe sucrée dans une petite tasse d'or comme un symbole de chance. Cette herbe fait partie de toutes les cérémonies tibétaines. On distribua ensuite à l'assemblée du thé et du riz, également sucré. Entre-temps, les moines s'engagèrent dans un débat tandis que des mimes et des musiciens amusaient la foule. Finalement, cette dernière reçut des fruits et des gâteaux tibétains en guise de dessert.

La cérémonie se poursuivit avec le régent qui offrit à nouveau le Mendel Tensum au dalaï-lama au nom du gouvernement tibétain. Sa Sainteté reçut ensuite la Roue dorée (ou roue du Dharma) et la Conque blanche, symboles des pouvoirs spirituels et temporels. Après quoi, chaque dignitaire offrit le Mendel Tensum devant le trône du Lion ainsi que des souhaits de bonheur et des cadeaux au nouveau dirigeant du pays. Le processus dura plus de cinq heures. Malgré la rigueur du protocole, le jeune dalaï-lama n'afficha aucun signe d'impatience et ne cessa de se montrer attentif.

Les bénédictions terminées, le dalaï-lama reçut les sceaux de sa charge et, pour le premier acte officiel de celle-ci, s'en servit pour officialiser des documents contenant des ordres destinés à des monastères. Malgré ses quatre ans et demi, l'extraordinaire petit garçon semblait heureux et bien installé dans sa vie de roi.

Peu après cette cérémonie, le dalaï-lama et son frère Lobsang Samten furent emmenés au temple de Jokhang et faits moines. La tête de Lhamo Dhondup fut rasée et son nom changé par le régent. Lhamo Dhondup deviendrait dorénavant Jamphel Ngawang Lobsang Yeshe Tenzin Gyatso, ce qui signifie : « Saint homme à la bienveillante gloire, au verbe puissant, plein de compassion, érudit défenseur de la foi et océan de sagesse. » Il ne serait désormais connu que sous le nom de Tenzin Gyatso, le quatorzième dalaï-lama.

Difficultés d'adaptation

La famille du dalaï-lama devait vivre dans une maison neuve, mais leur petit garçon devait demeurer au Potala. Cet immense palais était fort impressionnant pour l'enfant qui trouvait difficile son adaptation à un bâtiment qui, pour lui, faisait davantage figure de musée que de lieu de résidence. Le Potala était froid l'hiver et dégageait des odeurs nauséabondes en été à cause d'un réseau d'égouts déficient. De plus, tout y était sombre et le palais était rempli de lamas dont beaucoup auraient pu être les bisaïeuls de l'enfant.

On lui réserva la chambre du Grand Cinquième au dernier étage, soit le septième du Palais blanc. « À l'intérieur, tout était vieux et en pleine décrépitude, se souvient-il. Derrière les draperies recouvrant les quatre murs, on retrouvait la poussière de plusieurs siècles[2]. » Il décrivit également l'autel qui se dressait au fond de la pièce et où l'on trouvait des lampes à beurre (des écuelles de beurre rance au milieu desquelles brûlait une mèche). On y déposait aussi chaque jour des offrandes de nourriture pour le Bouddha. Malheureusement, ces aliments attiraient les souris qui couraient la nuit sur les tringles des rideaux au-dessus du lit du dalaï-lama et ne se gênaient pas pour uriner sur ses couvertures.

L'adaptation de sa famille n'était pas plus facile, notamment parce qu'elle ne parlait pas le dialecte utilisé à Lhassa. Il existe en effet une multitude de dialectes tibétains (plus de 200 répartis en une vingtaine de groupes) et l'on ne se comprenait souvent pas d'une région à l'autre. Takster Rinpoché écrivit :

« Lobsang Samten n'avait que deux ans de plus que le dalaï-lama. Par conséquent, leurs champs d'intérêt étaient assez similaires. Ils s'entretenaient exclusivement dans le dialecte de Lhassa alors que les autres membres de la famille

utilisaient celui de l'Amdo et ne s'habituaient que lentement au haut-tibétain. Toutefois, en présence du dalaï-
lama, nous nous efforcions pour parler dans le dialecte
raffiné de Lhassa en essayant de commettre le moins
d'erreurs possible[3]. »

En tant que ruraux, Diki Tsering et Choekyong Tsering
avaient du mal à jouer aux aristocrates. Ainsi, Diki Tsering
continua à porter sa robe régionale tissée par ses soins et ne
ressentit jamais le besoin de se prétendre une grande dame
de Lhassa, ce qui lui attirait les critiques des noblaillonnes
locales. Elle avait toutefois une bonne amie, une certaine
Madame Lalu ; celle-ci aplanissait les différends que Diki
pouvait développer avec les dames des classes réputées
supérieures.

Pour sa part, Choekyong Tsering se laissa quelque peu
influencer par son nouveau mode de vie. En qualité de chef
de famille, il fut nommé *kung*, titre équivalent à celui de
duc en Occident. D'ailleurs, Diki Tsering reprochait
souvent à son époux d'apostropher ses domestiques avec
un peu trop de véhémence. De plus, dès sa nomination, il
exigea que le cabinet du dalaï-lama lui verse des sommes
importantes en monnaie sonnante.

En juin 1940, le cabinet offrit à Choekyong Tsering deux
domaines qu'il pouvait prendre comme résidence selon son
bon plaisir. Non content de les accepter, il en demanda
encore d'autres. Bien que Diki Tsering fût appréciée de
tous ceux et celles qui la connaissaient, aux yeux du cabinet
les parents du dalaï-lama formaient un élément indissocia-
ble. Aussi, on ne sera pas surpris d'apprendre qu'un haut
fonctionnaire tibétain se permit un jour de commenter la

64

situation en ces termes : « Les parents du dalaï-lama se sont encore plaints qu'ils ne pouvaient pas vivre comme ils le souhaitaient avec les revenus de deux domaines. Aussi nous en ont-ils réclamé trois autres[4]. »

Il faut dire que, pour les deux parents de l'enfant-roi, la vie avait radicalement changé. Ils étaient dispensés des éreintants travaux de la terre et des soins à donner aux animaux. Choekyong Tsering entretenait encore une écurie de chevaux et devait assumer les frais de pensionnat de Gyalo Thondup à Taïwan. Diki Tsering, qui détestait l'oisiveté, se levait aux aurores, accomplissait deux cents prostrations puis récitait ses prières. Elle passait le plus clair de son temps dans les jardins du domaine où elle vivait, et était couchée à 21 heures.

Le dalaï-lama avait également de la difficulté à s'adapter à sa nouvelle vie dans le Potala. Durant la journée, pendant que Lobsang Samten suivait ses cours, le petit garçon, trop jeune encore pour aller à l'école, déambulait dans l'immense Potala et explorait les incroyables salles recelant des trésors. Il appréciait particulièrement celles où étaient entreposées les armures, les armes et toutes sortes de mécaniques. Malheureusement, les mécanismes finissaient souvent en pièces détachées, car le dalaï-lama, de nature curieuse, les désassemblait afin de voir comment ils fonctionnaient. Certaines de ces merveilles étaient des cadeaux offerts par les tsars de Russie. Les gardiens de l'enfant se désolaient de voir leur maître démonter ces délicates machines, mais ils s'émerveillaient aussi de la facilité avec laquelle l'enfant parvenait à les réassembler.

Il n'y réussissait pas toujours cependant et, un jour, alors qu'il remontait une vieille horloge, le mécanisme se dérégla et se mit considérablement en retard par rapport à sa vitesse normale. Ceci eut pour résultat de fracasser les dents du peigne de la boîte à musique du mécanisme et d'envoyer, comme autant de projectiles, des lamelles d'acier dans toutes les directions. Le dalaï-lama eut le réflexe de se fermer les yeux et de se mettre à l'abri pendant la dizaine de secondes où l'horloge lança dans les airs ces petits shrapnels. Il se déclara heureux de ne pas avoir été éborgné.

La solitude faisait partie de son existence. Il devint ami avec de vieux moines et des hommes d'entretien. Nombre d'entre eux étaient peu éduqués et avaient abouti là après avoir servi dans l'armée tibétaine. Leur devoir consistait à faire le ménage et à s'assurer que les planchers soient toujours bien astiqués. Le dalaï-lama, qui adorait s'amuser à glisser sur les lattes de bois, exigeait que ce travail soit accompli le plus parfaitement possible.

À la fin de la journée, le dalaï-lama attendait souvent son frère à la porte de sa chambre. Ils se chamaillaient continuellement mais dépendaient l'un de l'autre pour briser leur solitude, car ils étaient les seuls enfants du palais. Pourtant, le temps n'allait pas tarder où le dalaï-lama allait devoir assumer les responsabilités de son éducation et former son esprit afin de pouvoir être à la hauteur de sa charge.

L'étude des textes anciens

L'éducation du dalaï-lama commença officiellement à l'âge de six ans et fut surveillée par trois tuteurs. Le premier était le régent Reting Rinpoché, qui avait eu des visions près du lac sacré et avait contribué à faire désigner le dalaï-lama comme nouveau chef tibétain. Le tuteur le plus jeune était un certain Tathag Rinpoché, un lama de haute spiritualité et d'aimable caractère. Les leçons terminées, ce dernier s'entretenait de choses et d'autres avec l'enfant à la manière d'un grand frère. Il s'agissait là d'une compagnie des plus appréciées. Le troisième tuteur était Kewtsang Rinpoché, celui qui avait dirigé la délégation de recherche. Il assurait l'intérim lorsque ses deux collègues étaient absents.

Au Tibet, le programme d'études ignorait à peu près les matières scientifiques et se concentrait depuis des siècles sur des valeurs intellectuelles et morales. L'élève tibétain bénéficiait cependant d'un large spectre de connaissances : la lecture et l'écriture, la mémorisation, la danse, la musique, l'astrologie, la poésie et la rédaction. Les études supérieures comprenaient le sanskrit, les soins de santé, les arts plastiques, l'artisanat, la métaphysique, la dialectique, la philosophie et la religion.

Les enfants tibétains commençaient par apprendre à lire et à écrire, comme le fit le dalaï-lama, en copiant des textes. Tout d'abord, il se familiarisait avec les caractères tibétains en apprenant quotidiennement par cœur un verset des Écritures sacrées. À huit ans, il se mit à étudier l'écriture tibétaine simplifiée grâce à son professeur qui écrivait à la craie sur un tableau. L'enfant devait ensuite recopier le texte. Ce n'est qu'après huit mois d'étude et d'amélioration du processus d'écriture qu'on lui permit d'utiliser du papier, matière précieuse au Tibet où, étant donné le peu de forêts, il convenait de se montrer parcimonieux.

Après avoir appris le graphisme de l'écriture tibétaine, l'enfant pouvait, une fois cette étape passée, s'initier à la grammaire et à l'épellation. En tout, il fallait environ cinq ans pour apprendre à écrire. Bien que l'on considérât la lecture et l'écriture comme des connaissances méritoires, au Tibet, l'éducation visait avant tout l'étude des écritures bouddhistes, car la philosophie du Bouddha imprègne intégralement la journée de ses disciples.

La journée du dalaï-lama débutait à 6 heures du matin. Il s'habillait et priait pendant une heure. On lui apportait alors son petit-déjeuner qui se composait d'un bol de tsampa sucrée au caramel ou au miel et d'une tasse de thé. Il commençait à étudier peu après.

La salle de classe du dalaï-lama se trouvait sur une véranda adjacente à sa chambre. Bien que froide, cette pièce était bien éclairée. Il se souvient s'être amusé d'un vieux moine qui, dans la pièce d'à côté, psalmodiait des mantras, s'endormait, puis se réveillait soudainement pour reprendre ses chants monotones.

S'efforçant de résister à la tentation de bâcler ses études, le dalaï-lama commençait sa journée par des exercices d'écriture, puis de mémoire. À 10 heures, il faisait une pause pour siéger à des réunions gouvernementales. Les gardiens du protocole s'attendaient à ce qu'il y assiste depuis sa nomination tout en sachant pertinemment qu'il était trop jeune pour en apprécier l'importance. Ces réunions se tenaient dans une salle non loin de sa chambre et, lorsqu'elles se terminaient, il revenait sur la véranda pour poursuivre ses cours.

68

Le jeune tuteur du dalaï-lama vérifiait alors que son élève avait convenablement appris par cœur le texte des écritures qu'il avait étudié plus tôt dans la matinée. Il lui lisait et expliquait le texte qu'il devait mémoriser le jour suivant. À midi, une cloche sonnait et une conque résonnait, ce qui signalait non seulement la mi-journée mais aussi le temps de s'amuser pour l'apprenti-monarque.

Ce dernier, grâce à son rang et à la générosité des gouvernements étrangers, avait à sa disposition plusieurs jouets de prix. C'est ainsi que le président américain Franklin D. Roosevelt lui avait fait cadeau d'une montre en or et de deux oiseaux chanteurs et que les Anglais lui avaient offert un jeu de construction mécanique. Des dignitaires indiens lui avaient envoyé des jouets provenant de plusieurs pays. Parmi les objets que l'enfant appréciait le plus, on dénombrait un train se déplaçant grâce à un mouvement d'horlogerie ainsi que des soldats de plomb. Les Chinois lui avaient fait parvenir des rouleaux de soie, présents devant lesquels l'enfant n'affichait, on s'en doute, guère d'enthousiasme.

Peu après 13 heures, le dalaï-lama prenait un léger déjeuner avant de reprendre ses études. Dès l'après-midi, des ombres envahissaient déjà la pièce où il faisait son apprentissage, et l'attention de l'élève faiblissait. Ses tuteurs le grondaient souvent lorsqu'il lambinait, mais son jeune mentor l'encourageait à se ressaisir. Après avoir révisé plusieurs sujets, ils discutaient des éléments du débat contradictoire, une activité centrale dans la vie d'un moine tibétain.

À 16 heures, c'était l'heure du thé. Au Tibet, la qualité de cette boisson dépend beaucoup de celle du beurre. Au

Potala, où le beurre était frais et crémeux, le thé était excellent et l'enfant l'appréciait beaucoup.

La voie ardue de la sainteté

L'heure du thé passée, le dalaï-lama pratiquait l'art du débat avec deux moines jusqu'à 17 h 30, soit la fin des classes. C'est alors qu'il montait sur le toit avec sa longue-vue. En plus du saisissant panorama offert par la chaîne de l'Himalaya, le dalaï-lama pouvait épier les prisonniers de la prison d'État de Shöl, le village au pied du Potala. Il les considérait comme des amis et s'intéressait à leurs occupations. Dès qu'ils l'apercevaient, ceux-ci se prosternaient, ce qui gênait l'enfant qui tentait de ne pas se faire remarquer.

Ce genre d'observation le troublait parfois lorsque, de la fenêtre située à l'Est, il regardait les moines novices. Il était abasourdi par ce qu'il voyait : des moines tirant au flanc, faisant l'école buissonnière ou se bagarrant entre eux. Dans son autobiographie, il raconte comment ce type de moines pouvait faire preuve de stupidité et comment, lorsque la situation tournait à la violence, il détournait son regard.

De la fenêtre située à l'ouest de son poste d'observation, il pouvait distinguer ce qui se passait sur la place du Marché. Un visiteur décrivit ce lieu en ces termes :

« Le centre de la ville se compose exclusivement de magasins en file dont les marchandises débordent dans la rue. On trouve des magasins généraux contenant une foule d'articles allant des aiguilles aux bottes de caoutchouc. Dans d'autres boutiques plus chics, il y a des draperies et des soieries. Dans les épiceries, en plus des produits locaux, on peut acheter du corned-beef américain, du beurre australien et du whisky britannique. On peut tout y acheter ou, du moins, y passer des commandes[5]. »

Là encore, le dalaï-lama devait prendre garde de ne pas se faire repérer par la foule car, lorsque cela arrivait, les gens s'empressaient de se prosterner devant sa fenêtre. Il se souvient avoir fait preuve de gaminerie en faisant des bulles de salive et en les laissant tomber sur les fidèles prostrés en contrebas[6] !

Même si on le considérait comme un dieu vivant, le garçon n'en était pas moins humain et espiègle. Il eut l'occasion d'admettre avoir volé de l'argent dans le palais. De son perchoir, il remarquait parfois certains objets sur les éventaires du marché, mais il se trouvait dans l'impossibilité de se les procurer faute d'argent. C'est alors qu'il « faisait les troncs » en y dérobant les offrandes des pèlerins et qu'il dépêchait quelqu'un au marché pour obtenir les biens convoités. En effet, la seule occasion où il pouvait sortir du Potala, c'était au printemps, pour se rendre à Norbulingka et assister à quelque fête. Même en de telles occasions, on le transportait dans un palanquin et on ne le laissait jamais déambuler librement en ville.

À l'âge de neuf ans, le dalaï-lama découvrit deux petits projecteurs de cinéma à manivelle dans les affaires du treizième dalaï-lama. Personne, y compris l'enfant, ne semblait savoir comment les faire fonctionner. Finalement, on trouva un vieux moine ayant servi le Grand Treizième dans sa jeunesse et qui vivait encore au Potala. Aimable et sincère à ses heures, l'homme avait un caractère ombrageux. Bon technicien, il accepta toutefois de montrer à son nouveau maître le secret du fonctionnement de ces appareils. Dès lors, le dalaï-lama se passa lui-même des films qui le ravissaient. Hélas ! La filmothèque du Grand Treizième se limitait à des documentaires tels que le couronnement du roi George V d'Angleterre ou l'extraction de l'or. Néanmoins, l'enfant s'en contentait et se les repassait souvent.

Après de telles distractions, le dalaï-lama partageait parfois son repas du soir avec certains des hommes d'entretien ou des moines du monastère de Namgyal, l'établissement personnel du petit monarque, à l'intérieur même du Potala. La plupart du temps, il soupait avec ses Maîtres des cuisines, des tuniques ou du rituel et, à l'occasion, avec son chef d'état-major. Ce repas communautaire lui conférait le sentiment d'appartenance qu'il recherchait tant.

Plus tard, le dalaï-lama descendait dans la cour où il priait en déambulant. Parfois, au lieu de prier, il imaginait des histoires ou se rappelait celles qu'on lui racontait pour l'endormir. À 21 heures, sa journée prenait fin.

Pendant cette partie de la vie de l'enfant-roi, on décida d'envoyer Lobsang Samten dans une école privée. Le dalaï-lama soupçonna que l'on avait pris cette décision parce que les deux enfants se chamaillaient trop souvent. Perdre un compagnon de jeu comme Lobsang Samten se révéla douloureux, mais cette perte devait être minime à côté de celles qu'il devait subir plus tard.

Notes

1. Diki Tsering, *Dalai Lama, My Son*, p. 108.

2. Tenzin Gyatso, *Freedom in Exile*, p. 21.

3. Thubten Jigme Norbu et Heinrich Harrer, *Tibet Is My Country*, Wisdom Publications, Londres, 1986, p. 171.

4. Cité dans *Kundun*, de Mary Craig, p. 85.

5. Heinrich Harrer, *Seven Years in Tibet*, Jeremy P. Tarcher, Los Angeles, 1953, p. 147.

6. Tenzin Gyatso, *ibid.*, p. 44.

CHAPITRE 5

L'INVASION CHINOISE

Jusqu'à l'âge de 10 ans, le dalaï-lama ne put que se plier à une longue suite de cours et de rituels. Ses études se poursuivaient sans interruption et il passait la majorité du temps dans un palais ou dans un autre, selon la saison. Même si tous les êtres intelligents sont avides d'expériences et de rencontres nouvelles, le dalaï-lama se trouvait limité par l'isolement du Tibet par rapport au reste du monde, sans compter les profondes traditions religieuses dotées d'un protocole immuable concernant sa conduite. Il était en effet virtuellement prisonnier de sa société. L'évolution du reste du monde était contraignante et le dalaï-lama souhaitait moderniser son existence.

Trop jeune pour effectuer les changements qu'il désirait, il se contentait de s'amuser avec la technologie à sa disposition. L'une de ses grandes passions était l'automobile. Il possédait trois voitures, héritées du Grand Treizième : une Dodge 1931 et deux Austin Baby 1927. Ces autos avaient été transportées en pièces détachées par des pistes de montagne et remontées à Lhassa. Elles n'avaient toutefois jamais roulé faute de routes carrossables dans le pays, mais le garçon trouvait ces machines fascinantes et passait des heures avec un mécanicien pour les remettre en état de marche.

Au point où il était rendu dans ses études, le dalaï-lama consacrait beaucoup de temps à faire de la dialectique et à s'engager dans des débats. Il lui fallait pour cela apprendre par cœur d'interminables traités bouddhistes et en débattre avec des érudits. Son intérêt pour les choses de l'esprit se manifestait depuis son plus jeune âge et ses tuteurs ne pouvaient que se féliciter de son application. Toutefois, il n'en négligeait pas pour cela le monde séculier, et ses mentors étaient parfois désorientés par ses questions auxquelles ils ne trouvaient pas de réponse. Le dalaï-lama lisait des journaux comme le *Mirror*, publié au Tibet, ou l'*Illustrated London News* que lui envoyaient les représentants britanniques dans son pays. Ils lui faisaient aussi parvenir des magazines, comme *Life*, dont les bas de vignettes avaient été traduits en tibétain. Le treizième dalaï-lama lui avait également laissé en héritage une série de livres britanniques illustrés sur la Première Guerre mondiale traduits en tibétain. En comparant les textes dans les deux langues, le quatorzième dalaï-lama avait réussi à acquérir des rudiments d'anglais. Il trouvait cet apprentissage ardu et souhaitait avoir un bon professeur, ce qui n'allait pas tarder.

En septembre 1939, juste avant l'arrivée du dalaï-lama à Lhassa, la Grande-Bretagne déclara la guerre à l'Allemagne. Dans les heures qui suivirent, les soldats indiens arrêtèrent l'alpiniste autrichien Heinrich Harrer, qui faisait du trekking dans l'Himalaya. Harrer et ses amis n'étaient pas des militaires mais, pour les Britanniques, ils n'en étaient pas moins des ennemis potentiels. Les soldats indiens expédièrent donc tout ce beau monde en détention dans un camp près de Bombay. On découvrit d'ailleurs plus tard que Heinrich Harrer avait adhéré aux idées nazies dans les années 1930 et que, dans sa jeunesse, comme bien des

Allemands de cette époque, il avait été un admirateur d'Adolf Hitler et avait même été reçu par le dictateur pour ses succès sportifs.

Après plusieurs tentatives d'évasion infructueuses, le 29 avril 1944, Harrer finit par réussir à fuir avec six compagnons, dont Peter Aufschnaiter, un alpiniste, cartographe et ingénieur agronome. Ils se dirigèrent vers Lhassa, la « Cité interdite » où très peu d'Occidentaux avaient été admis. Ils estimaient à juste titre pouvoir éviter de se faire capturer une fois de plus par les soldats indiens, mais Lhassa était loin d'être accessible...

Après un périple de vingt mois, ils attinrent Lhassa le 15 janvier 1946 sans ennuis. Barbus, hirsutes, portant de vieux pantalons de laine grossière, des chemises déchirées, des manteaux de peau de mouton graisseux et des bottes éculées, ils avaient davantage l'air d'aborigènes montagnards que d'Européens.

Harrer et Aufschnaiter apprécièrent la gentillesse du peuple tibétain, mais furent époustouflés par les conditions sanitaires qui régnaient à Lhassa et espéraient ne pas tomber malades pendant leur séjour. Les Tibétains avaient en effet l'habitude d'uriner n'importe où et de déféquer dans des tranchées en guise de latrines. De plus, des hordes de chiens errants et efflanqués traînaient partout, ce qui n'avait rien de rassurant. Les alpinistes germaniques avaient malgré tout la ferme intention de demeurer dans ce pays et d'apprendre un maximum de choses sur la culture tibétaine. Grâce à leur formation technique, ils pouvaient effectuer des travaux auxquels les Tibétains n'avaient pas pensé. Ils s'engagèrent donc dans maints travaux publics, dont le creusage de canaux d'irrigation, l'amélioration du réseau d'égouts, ainsi que dans l'horticulture, la cartographie et même la collecte de nouvelles.

Du haut du Potala, le dalaï-lama surveillait les travaux des étrangers avec sa longue-vue et posait des questions. Ces gens avaient déjà rencontré ses parents et s'étaient dès lors liés d'amitié avec son frère, Lobsang Samten, revenu à Lhassa. Étant donné que seuls les membres de sa famille, les supérieurs des monastères et ses serviteurs avaient le droit de parler directement au dalaï-lama, ce dernier dépendait de Lobsang Samten pour lui apporter les nouvelles de la semaine. Il avait une myriade de questions concernant les gens de l'extérieur et se réjouissait des récits de Lobsang Samten à leur sujet.

Le Tibet et le monde

En 1947, les nouvelles en provenance du Tibet firent les manchettes sur le plan international mais ne furent pas pour cela réjouissantes. En mars, la Conférence des relations asiatiques se réunit en Inde afin de déterminer le statut de l'Asie en cette période d'après-guerre. Lors de cette rencontre, le Tibet se présenta comme une nation indépendante avec un territoire bien délimité sur les cartes et un nouveau drapeau distinctif. Les Chinois se montrèrent outragés et refusèrent rageusement ces symboles d'indépendance en faisant valoir que le Tibet était partie intégrante de la Chine. Ils protestèrent auprès des organisateurs de la conférence ; on supprima le tracé de la nouvelle carte, mais on toléra le drapeau tibétain à la table de la délégation du pays. Le seul fait d'avoir retranché la carte constituait non seulement une indication flagrante du pouvoir grandissant de la Chine et de son influence sur le monde, mais donnait une idée de l'orientation que l'Inde allait prendre face au Tibet.

La Chine n'avait aucunement l'intention de permettre au Tibet de faire cavalier seul, mais les Tibétains soutenaient que la Chine n'avait jamais vraiment dirigé leur pays dans le passé. Plus récemment, la Chine avait adopté la position de protectrice en 1914 lors de la convention de Simla, en Inde. La Grande-Bretagne avait agi en qualité de médiatrice pour résoudre les problèmes frontaliers entre le Tibet et la Chine après l'effondrement de la dynastie Qing, la déclaration d'indépendance du Tibet par le treizième dalaï-lama et le bannissement par ses soins de tous les Chinois se trouvant sur le territoire national tibétain.

Un anthropologue et historien tibétain a expliqué la convention de Simla entre le Tibet et la Chine en ces termes :

« La version finale de l'Accord de Simla déclarait que le Tibet serait autonome vis-à-vis de la Chine mais reconnaissait également la suzeraineté de la Chine sur le Tibet. Les Tibétains pouvaient administrer leur pays avec leurs propres dignitaires selon leurs lois et coutumes et la Chine ne pouvait pas cantonner de contingents importants de troupes ou d'administrateurs publics au Tibet. Néanmoins, Beijing pouvait maintenir la présence d'un haut commissaire à Lhassa ainsi qu'une escorte de trois cents hommes[1]. »

La Chine n'accepta pas les termes de la convention et n'envoya pas de représentants et, depuis ce temps, le Tibet en fit complètement à sa tête. Toutefois, les actions prises par les Chinois à la Conférence des relations asiatiques poussèrent les participants tibétains à se demander si, dans un avenir prochain, la Chine avait l'intention de faire main basse sur le Tibet...

Il ne semblait pas alors qu'il y eût péril en la demeure. La Chine était aux prises avec une sanglante guerre civile entre les Nationalistes et l'Armée populaire de libération (APL) communiste de Mao Zedong (qu'on appelait alors Mao Tsé-Toung). Les Tibétains ne se considéraient pas directement concernés par ces actions militaires, mais la crainte du communisme les terrifiait. Pour eux, le bouddhisme n'était pas seulement une religion mais un mode de vie, et ils redoutaient que le communisme athée ne modifiât leur existence en profondeur.

La population de Lhassa n'aurait pas été à ce point craintive si les Chinois ne s'étaient pas montrés aussi insistants en revenant sur la scène tibétaine en 1934. En effet, le général Huang Musung, émissaire du général Tchang Kaïchek, arriva au Tibet sous le prétexte de présenter ses respects au défunt treizième dalaï-lama. Il avait toutefois une autre mission, soit celle de ramener le Tibet dans l'aire d'influence de la Chine. Il soumit donc aux membres du cabinet du dalaï-lama une proposition qui faisait du Tibet une part de l'ancien empire du Milieu. Il garantissait la défense du Tibet et rétablissait le poste d'amban – ou représentant de la Chine – à Lhassa. Les Chinois prétendent que les Tibétains avaient accueilli cette offre, tandis que ces derniers affirment que non. Musung quitta le Tibet en déplorant le peu de coopération qu'il avait reçue de Lhassa, mais on lui permit tout de même de laisser sur place un représentant chinois pour faire fonctionner une station de radio censée faciliter les communications entre le Tibet et la Chine. En acceptant cette proposition, les Tibétains avaient consenti à ce que leur voisin reprenne pied sur leur territoire.

Lorsque le gouvernement tibétain établit un ministère des Affaires étrangères en 1942, les Chinois considérèrent cette décision comme téméraire et, lorsque le Tibet refusa de laisser passer sur ses pistes un convoi de bêtes de somme pour approvisionner l'armée chinoise, la guerre faillit éclater. Des troupes chinoises se massèrent à la frontière, mais les Anglais négocièrent un compromis. Les Chinois ayant promis de ne pas intervenir dans les affaires du Tibet et de ne pas transporter de matériel militaire, Lhassa capitula, les voies d'approvisionnement rouvrirent, mais on évita une confrontation.

Les Tibétains savaient pertinemment combien ils pouvaient être vulnérables à une invasion chinoise. Aussi, quelques années plus tard, leurs dirigeants décidèrent-ils d'envoyer une délégation dans le vaste monde afin de forger des alliances avec d'autres pays. La mission, conduite par le secrétaire des Finances du Tibet, comprenait notamment un moine, un marchand et le fils d'un ministre des Affaires étrangères. Le groupe devait parcourir l'Inde, la Chine, les États-Unis, les Philippines, Hawaï ainsi que quelques pays européens afin de sonder les possibilités économiques et jauger si le Tibet était capable de tisser des relations valables avec les dirigeants de ces nations.

Pendant que le Tibet s'efforçait d'établir des relations internationales, le dalaï-lama subissait une lourde perte, celle de son père, Choekyong Tsering. Il était décédé après être allé visiter un de ses domaines. Rentré chez lui en se plaignant de sérieuses douleurs abdominales, il souffrit le martyre pendant un mois et rendit l'âme. On soupçonna fortement qu'il avait été victime d'intrigues politiques et mort d'empoisonnement. En effet, cet homme possédait une constitution de fer et n'était âgé que de 47 ans.

Le dalaï-lama pleura son père mais, pour lui, la mort n'était qu'un passage et, selon la foi bouddhiste, l'esprit de son géniteur reviendrait sur cette terre. Il convient de remarquer que le dalaï-lama n'était pas aussi attaché à ses parents que les simples mortels, car il n'avait passé que relativement peu de temps auprès d'eux, et cet éloignement lui évitait un trop vif chagrin. D'ailleurs, après le décès de son père, son tuteur lui avait interdit de se rendre à la maison paternelle, car il craignait que l'influence de la famille ne portât préjudice à la vie religieuse du jeune moine.

Contrairement au dalaï-lama, le reste de la famille fut très affecté par la disparition de Choekyong Tsering, même si tous les membres n'étaient pas sur place au moment du drame. Gyalo Dhondup et le mari de Tsering Dolma se trouvaient alors en voyage à Taïwan. Dans l'entrefaite, Tsering Dolma et leurs enfants avaient rejoint leurs parents à Lhassa. Mentionnons que Diki Tsering avait donné naissance à deux autres enfants – Jetsun Pema, en 1940, et Tendzin Choegyal en 1946. Thubten Jigme Norbu et Lobsang Samten étaient de passage à Lhassa lors du décès de leur père. Jetsun Pema se souvient de l'affliction qui régnait : « J'étais alors très jeune, mais je ressentais une immense tristesse planer dans la maison[2]. »

Après deux jours de prières, on incinéra le corps de Choekyong Tsering et, selon la coutume tibétaine, on décréta un deuil de 49 jours. Ses cendres furent emportées plus tard à Kumbum par Thubten Jigme Norbu et enterrées dans ce monastère de l'école Gelugpa.

Dissensions internes et influences extérieures

Pendant que la délégation tibétaine courait les routes et que la famille du dalaï-lama faisait son deuil, certains troubles politiques se manifestèrent dans le petit monde de ce Shangri-La, apparemment imperturbable. Certaines personnes soutiennent que Choekyong Tsering avait connu une fin tragique en raison de sa participation à un complot politique. « Je suis convaincu que mon père a été assassiné », affirme Gyalo Thondup[3]. On laissait entendre que ces intrigues n'étaient pas étrangères au fait que la famille avait toujours entretenu des rapports étroits avec le régent Reting Rinpoché, qui avait permis au dalaï-lama d'accéder au trône.

Prétextant une sorte d'*annus horribilis* ou « année catastrophique » annoncée par ses astrologues, Reting Rinpoché prit une sabbatique en 1941. Il avait prévu faire un pèlerinage en Inde et revenir avant la fin de l'année. Il avait confié pendant son absence les rênes du gouvernement à Tathag Rinpoché, un septuagénaire à l'allure austère. Heinrich Harrer avait d'ailleurs remarqué : « Cet homme, sévère et impitoyable dans l'exercice de sa charge, a autant d'ennemis que d'amis[4]. » Il faut dire que ce dernier avait été tuteur du dalaï-lama, qui l'avait personnellement trouvé bon et aimable. Cependant, en politique, beaucoup de choses reposent sur la perception.

Les Rinpoché se suivent et ne se ressemblent pas. Le régime de Tathag Rinpoché pouvait paraître austère par rapport à celui du précédent régent, car celui-ci avait une conscience relativement élastique. Bien que moine ayant fait vœu de chasteté, Reting Rinpoché fricotait avec des femmes mariées. Il se servait également de sa situation pour effectuer des bénéfices monétaires. Ainsi, il était propriétaire de l'une des trois plus importantes sociétés d'import-export tibétaines, un comptoir renommé pour ses pratiques commerciales douteuses. Alarmé par cette corruption au sein du gouvernement, Tathag Rinpoché décida d'y mettre bon ordre et de ramener l'intégrité dans l'Administration.

Mais, en 1947, Reting Rinpoché tenta de reprendre son ancien poste. Une bombe déguisée en cadeau pour Tathag Rinpoché explosa avant d'atteindre sa cible et l'on découvrit le plan retors de Reting Rinpoché ; il consistait à faire intervenir la Chine nationaliste pour retrouver le pouvoir.

Tathag Rinpoché ne perdit pas de temps et envoya un détachement de militaires pour arrêter le régent félon, qui fut emmené au Potala et interrogé. Lorsque les moines du monastère de Sera – soit celui de Reting Rinpoché – apprirent la nouvelle, ils se révoltèrent et se répandirent dans les rues de Lhassa en tirant des coups de feu à tort et à travers. Le gouvernement fit donner le canon sur le monastère, les soldats neutralisèrent les moines surexcités et la paix revint en une douzaine de jours. Reting Rinpoché fut emprisonné au Potala où il mourut une semaine plus tard dans des circonstances mystérieuses.

Encore trop jeune pour comprendre complètement ce qui était arrivé, le dalaï-lama déplorait toujours la disparition de son père et de son ancien tuteur, mais poursuivait sa vie studieuse. En 1948, pour ses 13 ans, il fut admis officiellement dans les grands monastères de Ganden, Drepung et Sera. À ce stade, il devait assister et participer à des débats en compagnie des supérieurs des trois collèges de Drepung et des deux collèges de Sera.

Quoique nerveux, le garçon semblait retrouver sa sérénité lorsqu'il se rendait dans ces monastères en ayant l'impression très nette d'avoir déjà séjourné en ces lieux et accompli les mêmes gestes. Après les débats, les grands lamas lui apprirent qu'il avait passé les épreuves avec satisfaction. Puis le dalaï-lama fut encouragé à continuer à exercer son intellect et son jugement afin de les développer.

Son intérêt pour toutes les choses occidentales se manifestait également. Bien que deux des trois voitures laissées en héritage par le treizième dalaï-lama fussent encore en état de rouler, on ne lui permettait pas de s'en servir. Mais les garçons étant ce qu'ils sont, même un dalaï-lama ne pouvait reculer devant l'attraction de la mécanique.

Son chauffeur ayant les clés des deux autres véhicules, le dalaï-lama jeta son dévolu sur l'Austin Baby, qui démarrait à la manivelle. C'est ainsi qu'il fit partir le moteur. Après avoir sorti la voiture du garage, il se proposa de faire une balade dans les jardins du Norbulingka. La promenade fut écourtée, car l'auto percuta l'un des nombreux arbres de la propriété.

Très affecté par ce qu'il avait fait, le dalaï-lama se mit rapidement au travail pour réparer les dégâts et remplacer le verre du phare qu'il avait brisé. Il ramena l'Austin au garage, trouva un verre de rechange qu'il dut teindre avec de la mélasse pour le rendre semblable à l'autre, car les phares avaient été obscurcis pour des raisons inconnues (pour se conformer, peut-être, aux normes de la défense passive alors en vigueur en Angleterre, pays d'origine de la voiture). On n'y voyait que du feu.

« Malgré tout, je me sentais coupable lorsque je rencontrais mon chauffeur, mentionna plus tard le dalaï-lama. J'étais certain qu'il avait remarqué quelque chose et souhaitait qu'il ne s'en aperçût pas, mais il ne me fit jamais de commentaire à ce propos[5]. »

La plupart du temps, le garçon demeurait sage comme une image, car il avait suffisamment à faire avec ses études complexes qui, malheureusement, ne couvraient pas de sujets politiques gouvernementaux ou internationaux et qui ne préparaient guère le jeune dirigeant à son rôle. Cela démontrait évidemment la politique pédagogique à courte vue des enseignants du Potala. Pourtant, la curiosité du dalaï-lama était illimitée mais, pour rester dans la modernité, il devait se fier à sa fidèle longue-vue ou encore à son influence lorsque l'occasion se présentait.

Il fut à la fois enchanté et déçu par les histoires que lui rapportait Lobsang Samten, notamment à propos des deux Autrichiens qui « marchaient sur des couteaux » (faisaient du patin à glace). Le lac où se dandinaient les patineurs n'étant pas à la portée de la longue-vue du dalaï-lama, celui-ci s'en trouva profondément frustré. Lobsang Samten résolut toutefois le problème. Harrer écrivit plus tard : « Il aurait certes voulu nous voir patiner sur la glace, mais comme cela était impossible, il m'envoya sa caméra avec ordre de nous filmer sur la glace[6]. » L'expérience fut si concluante que le dalaï-lama demanda à Harrer de filmer également des festivals tibétains ainsi que des cérémonies bouddhistes. Il lui indiqua avec précision les prises de vues qu'il désirait particulièrement.

Le tonnerre vient de l'Est

Les choses se précipitaient à l'extérieur du Tibet. Ainsi, en janvier 1949, le général Chang Kaï-chek et son Guomindang pliaient sous la poussée de l'APL de Mao Zedong. La crainte du communisme s'empara alors des Tibétains.

L'histoire leur avait appris combien il fallait se méfier des interventions de la Chine mais, en plus, ils savaient pertinemment que des espions communistes vivaient et travaillaient chez eux déguisés en moines et en marchands avec pour mission de jauger la puissance de l'armée tibétaine ainsi que l'aide qu'elle recevait des puissances étrangères. Pour réduire la tension, en juillet 1949, le cabinet décida d'expulser tous les Chinois de son territoire.

La Chine communiste perçut ce geste comme un acte d'agression, car le Tibet faisait une fois de plus preuve d'indépendance et, en renvoyant les citoyens chinois, ce pays montrait qu'il ne tenait pas à adopter la philosophie marxiste.

Les dirigeants chinois commencèrent par blâmer les Britanniques (des « impérialistes » et autres « pourceaux capitalistes » selon la phraséologie maoïste de l'époque), puis par les tenir responsables de la situation. Peu après qu'ils eurent accepté en 1934 la présence d'un représentant chinois sur leur territoire, les Tibétains autorisèrent également celle d'un bureau des Affaires étrangères britanniques à Lhassa. Bien qu'aucune de ces décisions n'ait eu d'autre objectif que de s'ouvrir sur le monde, les Chinois déclarèrent que la présence de la Grande-Bretagne ne représentait rien de moins qu'une « intervention impérialiste » relativement aux revendications que la Chine pouvait avoir sur le Tibet. Pour empirer la situation, le Tibet avait permis le maintien du bureau britannique après l'expulsion des ressortissants chinois.

Les dirigeants tibétains furent d'autant plus encouragés dans leurs efforts autonomistes que, vers le milieu de l'année 1949, la délégation tibétaine était de retour à Lhassa. Elle avait réussi à trouver de nouveaux débouchés pour les produits du pays, revenait avec des informations utiles concernant l'agriculture et la machinerie aratoire, et avait même une Jeep en pièces détachées que les mécaniciens du dalaï-lama remontèrent pour lui. Les délégués furent enchantés de la réception que les puissances occidentales leur avaient réservée, tout particulièrement les États-Unis où ils eurent droit à des visites industrielles avec tous les égards dus aux représentants de nations indépendantes.

Le dalaï-lama, qui avait alors 14 ans, était devenu expert en religion, en métaphysique et autres disciplines spirituelles. Vivement captivé par les nouvelles extérieures à son monde, il ignorait cependant tout de l'administration de son pays et n'y était pas engagé.

Durant ce temps, il s'intéressait aux films que Harrer avait tournés pour lui et demanda à l'Autrichien de lui construire une salle de cinéma. Pour la première fois, les portes du jardin intérieur du Norbulingka s'ouvrirent à un Occidental. Harrer décrit le sanctuaire du dalaï-lama en ces termes :

« Les pêchers et les poiriers étaient en pleine floraison. Des paons se pavanaient fièrement dans les jardins et des centaines de plantes rares poussaient au soleil dans des pots. En plus des temples, on pouvait voir de petites maisons disséminées parmi les arbres. Chacune était réservée à une activité définie : méditer, lire, étudier ; d'autres servaient de lieu de réunion pour les moines. Le plus important bâtiment, qui comptait plusieurs étages, se tenait au milieu du jardin. Mi-temple, mi-résidence, il était réservé à Sa Sainteté[7]. »

Le dalaï-lama était absent lorsque Harrer édifia sa salle de projection. Leur première rencontre eut lieu lorsque le jeune roi le fit appeler pour installer une bobine dans son projecteur. Dès qu'il vit l'alpiniste, le dalaï-lama le surnomma « tête jaune » (à cause de ses cheveux blonds). Il lui posa une série de questions, lui demanda de le mettre au courant des choses occidentales et de lui apprendre l'anglais. Harrer accepta et, pour la première fois, un étranger put parler directement au petit monarque. Il s'agissait d'une situation inédite, car le dalaï-lama devenait dorénavant accessible, ce qui transgressait l'ancien protocole tibétain.

Les traditions en prirent pour leur grade au fil de l'amitié qui unit Heinrich Harrer au dalaï-lama. Ainsi, une certaine coutume voulait que tout « simple mortel » s'assoie plus bas que le dirigeant, mais Harrer eut le privilège de s'asseoir près de lui. Personne ne pouvait regarder le jeune homme dans les yeux, mais l'alpiniste ne tarda pas à devenir son plus proche confident.

« Il me semblait être une personne qui, pendant des années, avait ruminé en solitaire différents problèmes, remarqua Harrer. Maintenant qu'il avait quelqu'un avec qui parler, il semblait vouloir obtenir d'un seul coup toutes les réponses à ses questions[8]. »

Harrer, qui n'était évidemment pas omniscient, dut se renseigner pour pouvoir répondre convenablement aux interrogations du dalaï-lama. Il passait ses après-midis à informer le futur maître du Tibet des événements qui se déroulaient dans le reste du monde. Cette intimité prit fin lorsque le Tibet devint trop dangereux pour eux deux.

Présages funestes

En 1949, les Tibétains eurent l'impression que certains signes laissaient présager des troubles imminents. Une comète en queue de cheval apparut cette année-là et demeura dans le ciel pendant des semaines. Les Tibétains n'avaient pas oublié les prédictions de l'oracle d'État qui, en 1947, avait prévu qu'en 1950 le Tibet ferait face à de « grosses difficultés ». Dès que la comète se manifesta, bien des gens rassemblèrent leurs biens et se préparèrent à s'expatrier.

Ils craignaient une nouvelle invasion chinoise similaire à celle de 1910, qui survint après l'apparition d'une comète semblable. À cette époque, l'armée chinoise, tout comme la dynastie des Qing, s'était désagrégée mais, cette fois-ci, les Tibétains n'étaient pas sûrs de pouvoir vaincre l'Armée rouge de Mao. Leur gouvernement se prépara donc à faire face à l'inévitable, à poursuivre des réformes internes, à étudier les possibilités de se faire aider extérieurement et essaya même d'adopter une attitude de détente avec la République populaire de Chine.

Dans une telle perspective, les dirigeants passèrent leurs forces en revue pour s'apercevoir qu'elles ne comptaient que 8 500 soldats. En comparaison de celles des Chinois, qui s'élevaient à plusieurs millions d'hommes, elles ne faisaient évidemment pas le poids. L'armée tibétaine avait suffisamment de fusils mais son armement plus lourd, incluant mortiers et mitrailleuses, se chiffrait à quelque 500 unités. D'ailleurs, cette armée n'avait pour seul objectif que d'être une force de police, de défense frontalière. L'Assemblée nationale savait fort bien que le pays ne pouvait aller en guerre avec des ressources aussi limitées ; elle décida donc de les consolider et de resserrer ses frontières. La province extérieure de Kham[9] renforça ses frontières avec la Chine et, pour améliorer les communications, le gouvernement tibétain engagea Robert Ford, un Anglais qui avait construit la première station de radio à Lhassa afin d'étendre le réseau de communication sans fil à Chamdo, la plus grande ville de cette région.

Le gouvernement tibétain choisit également de solliciter l'aide des pays précédemment visités par la délégation tibétaine pour le commerce et l'industrie. Cette fois-ci, quatre délégations distinctes furent envoyées en Grande-Bretagne, aux États-Unis, en Inde et au Népal pour les prier de persuader la Chine de cesser ses attaques contre le Tibet. Avant que les émissaires ne prennent la route, des communications furent transmises à chacun des pays

90

concernés. On y mentionnait les menaces qui pesaient sur le Tibet et l'on demandait de recevoir favorablement les délégations.

Malheureusement, ces communications restèrent lettre morte. La Grande-Bretagne et les États-Unis se débarrassèrent commodément du relais en le repassant à l'Inde, une alliée proche du Tibet depuis l'époque du dalaï-lama. Cependant, ce pays prétendit n'avoir reçu aucune requête, refusa de faire quoi que ce soit et nia vouloir prendre le parti du Tibet. Il faut dire que l'Inde venait tout juste d'obtenir de vive lutte son indépendance de la Grande-Bretagne.

Celle-ci, qui avait précédemment fourni des fusils et des munitions au Tibet, n'avait plus grand intérêt dans la région. Elle fit répondre que la distance entre elle et le Tibet était trop considérable pour pouvoir assurer un appui militaire. Les États-Unis tinrent un langage semblable et refusèrent même de recevoir la délégation en prétextant qu'étant donné les sentiments farouchement anticapitalistes du gouvernement communiste chinois, tout geste de ce genre ne pourrait que précipiter une intervention militaire de Beijing au Tibet.

L'Inde accepta de fournir des armes et des munitions au Tibet et d'entraîner les nouvelles recrues tibétaines tout en refusant de s'engager à intervenir militairement de façon directe. L'Inde s'appuyait sur la convention de Simla, signée en 1914. Étant donné que cette entente prévoyait des dispositions pour protéger le Tibet de toute agression chinoise, l'Inde en conclut que celui-ci était obligé d'ouvrir

des négociations avec la Chine afin de régler tout contentieux avec elle.

En 1949, les Tibétains tinrent compte des conseils de
l'Inde et écrivirent au président Mao pour lui demander de
respecter l'indépendance du Tibet. La requête se lisait
comme suit : « Étant donné que Shanghai et le Si Kiang
sont situés à la frontière du Tibet, nous aimerions recevoir
l'assurance qu'aucune troupe chinoise ne traversera la
frontière sino-tibétaine ou n'entreprendra de mouvements
militaires de ce genre[10]. » Les Chinois ne daignèrent même
pas répondre.

Le feu du dragon

Le jour de l'an 1950, seulement trois mois après que les
communistes se furent rendus maîtres de l'empire du
Milieu, les habitants de Lhassa furent surpris d'entendre
sur Radio-Beijing que l'Armée populaire de Libération
avait l'intention de « libérer » Taïwan, Hainan[11] et le Tibet.
Le porte-parole disait que le Tibet était tombé sous
l'influence « d'impérialistes étrangers » et devait donc
s'émanciper pour sécuriser les frontières occidentales de la
Chine. Les Tibétains voyaient maintenant leurs craintes les
plus affreuses se concrétiser et leur autonomie mesurée en
heures…

Vers la fin de 1949, la plus grande partie de l'Amdo était
tombée sous la férule de l'APL. Faute de communications
entre l'Amdo et Lhassa, l'événement passa pratiquement
inaperçu dans la capitale où les habitants vaquaient à leurs
occupations comme ils le faisaient depuis des siècles en

s'imaginant que les Chinois ne les importuneraient pas avant des années.

En 1950, Radio-Beijing annonça la prise de Hainan en précisant que Taïwan et le Tibet restaient à « libérer ». Les Chinois offrirent aux Tibétains une « autonomie régionale » et affirmèrent que, s'ils se soumettaient, ils continueraient à jouir de leur liberté religieuse.

Faute de recevoir une prompte réponse de Lhassa, l'APL lança sa première attaque sur le Kham dans les jours qui suivirent et s'emparèrent de la ville de Dengkog. Deux semaines plus tard, 700 farouches guerriers de Kham reprirent la ville et massacrèrent les quelque 600 envahisseurs chinois.

Inconscients des combats féroces qui se déroulaient à l'Est, les habitants de Lhassa subirent un coup du sort qu'ils n'avaient guère prévu. Le 15 août, alors que le dalaï-lama soupait dans son palais de Norbulingka, un séisme de force 8,6 se fit sentir sur l'Assam, dans la partie nord-est de l'Inde, avec des répliques si violentes qu'elles se firent ressentir jusqu'à Calcutta, à 1 240 kilomètres de là. Le bruit des secousses telluriques se répandit à près de 2 000 kilomètres, jusqu'aux frontières occidentales du Tibet, et les Tibétains craignirent que le monastère de Sera, dans la partie orientale du pays, n'ait été bombardé. Ils envisagèrent le séisme comme quelque présage maléfique annonçant la fin du monde tel qu'ils l'avaient connu. Ils ne savaient pas si bien dire…

Le 7 octobre, les première et seconde armées de campagne chinoises, composées de 84 000 hommes, traversèrent le Yang-Tsé, déferlèrent sur le Kham aux aurores et se dirigèrent vers Chamdo. Lorsque l'on apprit l'arrivée des Chinois, la panique s'empara de la population. Tout le monde se mit à prier, à consulter les devins, à déployer des bannières d'oraisons et se prosterna dans l'espoir de freiner les hordes des « libérateurs » autoproclamés. Le dalaï-lama remarqua : « Croire que le pays pouvait être défendu sans effort humain, par le seul pouvoir de la prière, relève d'une connaissance limitée des événements. Vu dans cette perspective, le sentiment religieux devint en fait un obstacle[12]. »

Lorsque le gouverneur de Chamdo, Ngabo Ngawang Jigme, entendit dire que les Chinois étaient à un jour de marche, il télégraphia à Lhassa pour demander la permission de se rendre. Lorsqu'on la lui refusa, il se déguisa en sous-officier et s'enfuit de la ville, ce qui enragea la population quand elle apprit la nouvelle le jour suivant. Elle ne pouvait concevoir que celui-ci n'ait pas tenté de préparer ses troupes pour résister et qu'il ait abandonné tout le monde pour garantir sa sécurité personnelle. Une semaine plus tard, la République populaire de Chine annonça officiellement sur Radio-Beijing que son régiment était entré au Tibet afin de le « libérer ».

Le 7 novembre, au bord du désespoir, le gouvernement tibétain fit appel aux Nations Unies pour obtenir de l'aide. Le pays n'ayant jamais été membre de cette organisation, cette dernière ignora la requête. Le peuple demanda alors au dalaï-lama de prendre les choses en main, car il était son dernier espoir.

Peu désireux de s'engager et conscient de son manque flagrant de préparation, le dalaï-lama consulta l'oracle de

Gadong. Une fois les rites célébrés et le médium ayant consulté son dieu protecteur, il se présenta devant le dalaï-lama, lui posa une écharpe cérémonielle sur les genoux en disant : « Son heure est venue[13]. »

Cette déclaration sema la terreur dans le cœur du jeune dalaï-lama qui n'avait alors que quinze ans. Il hésitait naturellement à assumer des charges aussi lourdes, car il n'avait pas encore été préparé à cela, mais il reconnut la nécessité de s'engager pour son pays et pour son peuple. Malgré le fait qu'il devançait de trois ans sa nomination officielle en tant que chef de l'État, il accepta de devenir le dirigeant temporel suprême du Tibet le 17 novembre. « Je ne pouvais pas me soustraire à mes responsabilités, écrivit-il plus tard. Il fallait que je les assume, que je fasse abstraction de mon adolescence et que je me prépare à mon rôle de dirigeant du pays[14]. »

Deux semaines avant la cérémonie, le dalaï-lama apprit que Thubten Jigme Norbu, devenu supérieur du monastère de Kumbum, était en route pour Lhassa. Dès son arrivée, le dalaï-lama remarqua son regard effrayé et se demanda quelles contraintes il avait bien pu subir.

Le frère du dalaï-lama lui expliqua que Kumbum était sous le contrôle des communistes et que ses moines et lui étaient des prisonniers virtuels des troupes maoïstes. Thubten Jigme Norbu avait été libéré à une condition : il devait se rendre à Lhassa et essayer de convertir le dalaï-lama au mode de vie communiste. Il devait rapporter à ce propos :

« Ils m'ont indiqué que, si le dalaï-lama devait résister à la marche du progrès, il serait nécessaire d'envisager des moyens pour se débarrasser de lui. Rendus à ce point, ils m'ont même laissé entendre très clairement que, s'il n'existait pas d'autres moyens de faire avancer la cause du communisme, il pourrait devenir impératif d'envisager le fratricide comme justifiable en de telles circonstances[15]. »

Thubten Jigme Norbu n'avait pas l'intention de tuer son frère mais seulement de le mettre en garde. Les Chinois sachant combien les Tibétains avaient foi dans le dalaï-lama, ce dernier représentait une menace pour la propagation des idées marxistes. Thubten Jigme Norbu fit donc semblant de se plier aux exigences des adeptes de Mao avant que ceux-ci n'occupent tout le Tibet. Il prévint le dalaï-lama que les Chinois n'étaient pas seulement athées, mais opposés à la pratique de toutes les religions en général.

C'est alors que Thubten Jigme Norbu décida que même les bouddhistes avaient des raisons de se faire violence. Il renonça donc à ses vœux monastiques et supplia son frère de quitter le Tibet. Ses intentions étaient de déserter le pays et d'essayer de contacter les Américains. Il était persuadé que, dans les circonstances, ils défendraient l'idée d'un Tibet libre ou, du moins, n'hésiteraient pas à enrayer la dissémination du communisme.

Mais rien ne pouvait empêcher le désir qu'avaient les Tibétains de voir leur dieu-roi accéder au trône, car ils considéraient le dalaï-lama comme le protecteur du Tibet et l'outil de leur propre salut. Aussi, dans la matinée du 17 novembre, le dalaï-lama se prépara pour son intronisation. Il revêtit ses plus beaux vêtements et son Maître des tuniques le ceignit d'une écharpe verte, une couleur de bon augure, comme l'avaient déclaré les astrologues. Il se rendit dans une chapelle où, devant tous les membres du gouvernement, il reçut la Roue dorée, symbole de son pouvoir politique.

Son premier ordre fut de faire libérer tous les prisonniers de la prison de Shöl, ces hommes qu'il apercevait du haut de ses appartements depuis des années et qu'il considérait comme des amis. Il nomma ensuite deux premiers ministres, un laïc et un moine. Ce choix équilibré entre le pouvoir religieux et celui de l'État est courant pour toutes les nominations gouvernementales au Tibet. La tradition remonte au Grand Cinquième. Le dalaï-lama choisit donc deux hommes compétents pour pallier ses propres carences politiques et administratives.

Il décida également de rechercher de l'aide sur le plan international et, à cette fin, envoya une fois de plus des délégations aux États-Unis, en Grande-Bretagne et au Népal. Ce genre de requête de la part du Tibet avait déjà été rejetée plus d'une fois, mais il pensait qu'il était important d'obtenir du secours extérieur pour négocier le retrait des forces communistes. Il dépêcha aussi une quatrième délégation en Chine.

À la fin de 1950, l'Assemblée nationale accepta que le dalaï-lama se réfugie dans la partie méridionale du Tibet avec les membres supérieurs du gouvernement. Désireux de protéger leur chef, ils estimaient que sa relocalisation lui permettrait en cas de force majeure de se replier rapidement en Inde.

Plusieurs convois furent organisés. L'une de ces caravanes transportait des coffres pleins d'or et d'argent provenant des chambres fortes du Potala. Toutes ces préparations furent faites dans le plus grand secret, de crainte que les habitants de Lhassa n'apprennent les projets du dalaï-lama et ne paniquent.

Pourtant, les Tibétains n'auraient pas tenu rigueur à leur jeune roi s'ils avaient eu vent de sa fuite. Ils auraient au contraire été heureux qu'il demeure en vie et en liberté. Pour cette population, le dalaï-lama représente le Tibet et sa disparition aurait signifié la chute du pays lui-même ainsi que la fin de leur mode de vie. De plus, en gardant ce départ secret, cela évitait des manifestations de groupe au cours desquelles des gens auraient pu être tués ou blessés.

Le dalaï-lama laissa deux premiers ministres aux commandes du gouvernement à Lhassa et, avec sa suite, quitta la ville en pleine nuit. Tous se dirigèrent vers Yadong, à la frontière de l'État indien du Sikkim, au sud-ouest de la capitale tibétaine. Le 4 janvier 1951, après dix jours de voyage, la caravane du dalaï-lama parvint à destination.

Peu après leur arrivée, ils obtinrent de tristes nouvelles des délégations envoyées à l'étranger. Toutes avaient reçu une fin de non-recevoir, sauf la délégation dépêchée en Chine, qui avait réussi à atteindre sa destination. Le dalaï-lama comprit alors qu'il devrait affronter les Chinois tout seul.

Il n'avait pas d'autre choix. Il était impératif de négocier avec la Chine. Avant que l'on puisse former un comité, le dalaï-lama reçut un rapport envoyé par Ngabo Ngawang Jigme. Ce dernier avait été capturé par les Chinois puis libéré pour reprendre son poste de gouverneur de Chamdo, bien que les occupants fussent maintenant les maîtres. Il suggérait de négocier de manière pacifique, le seul choix possible à ses yeux, et se portait volontaire pour diriger une délégation devant se rendre à Beijing. Ne sachant pas que le gouverneur avait abandonné ses administrés et pensant qu'il était un fin négociateur, le dalaï-lama accepta. Deux hauts fonctionnaires de sa suite à Yadong et deux autres de Lhassa furent désignés pour accompagner cette délégation.

Au printemps, sans trop se faire d'illusions, le dalaï-lama espérait que la délégation envoyée à Beijing rapporterait de bonnes nouvelles. Il ne s'attendait toutefois pas au choc qu'il ressentit lorsqu'en juin il apprit sur Radio-Beijing qu'un « Accord en dix-sept points pour la libération pacifique du territoire tibétain avait été conclu entre la République populaire de Chine et le *gouvernement local* du Tibet ».

Pourtant, nulle autorisation n'avait été donnée pour un tel accord. Il est certain que les représentants tibétains à Beijing ne possédaient aucune autorité pour signer une entente diplomatique en bonne et due forme avec les Chinois. Le dalaï-lama ne pouvait donc rien faire d'autre que d'espérer que cet accord serait empreint de bienveillance envers le Tibet.

À première vue, certaines clauses de l'Accord en dix-sept points semblaient favorables au Tibet. Ainsi, la clause numéro quatre stipulait que les autorités centrales ne modifieraient pas le système politique du pays et que les pouvoirs du dalaï-lama ne seraient pas restreints. La clause numéro sept garantissait la liberté religieuse. La clause numéro onze empêchait toute coercition de la part du gouvernement central pour imposer des réformes et remettait les pouvoirs au gouvernement local. La clause numéro treize précisait que l'Armée populaire de libération ne s'approprierait rien, « ne serait-ce qu'une aiguille ou un morceau de fil » appartenant au peuple tibétain. Toutefois, la clause numéro un était la plus contraignante des dix-sept autres, car elle précisait : « Le peuple tibétain s'unira et rejettera les forces agressives de l'impérialisme hors du Tibet, le peuple tibétain retournera au sein de la famille de la mère patrie – la République populaire de Chine[16]. »

Les Tibétains furent éberlués, car ils ne s'étaient jamais considérés comme faisant partie de la Chine. Ils firent remarquer qu'au cours de l'histoire et jusqu'à la période moderne, la suzeraineté chinoise n'avait jamais été continue. Pire, selon les rapports qu'ils avaient obtenus de Kumbum, ils s'apercevaient que le tissu de la vie tibétaine avait commencé à se déchirer.

Notes

1. Melvin C. Goldstein, *The Snow Lion and the Dragon*, University of California Press, Berkeley, Californie, 1997, p. 33.

2. Jetsun Pema, *Tibet: My Story*, Element Books Limited, Shaftbury, Dorset, Angleterre, 1997, p. 11.

3. Cité dans *Kundun*, de Mary Craig, p. 120.

4. Heinrich Harrer, *Seven Years in Tibet*, p. 189.

5. Tenzin Gyatso, *Freedom in Exile*, p. 40.

6. Heinrich Harrer, *ibid.*, p. 254.

7. Heinrich Harrer, *ibid.*, p. 269.

8. Heinrich Harrer, *ibid.*, p. 273.

9. Avec l'Amdo au Nord et l'Ü-Tsang à l'Est, le Kham faisait partie des trois provinces du Tibet historique.

10. Cité par Tsering Chakya, *The Dragon in the Land of Snows*, Putnam, New York, 1999, p. 27.

11. Île des côtes de Chine, au sud du pays, qui se trouvait sous contrôle nationaliste avant la prise du pouvoir par les communistes.

12. Cité par Avedon, *In Exile from the Land of Snows*, p. 31.

13. Tenzin Gyatso, *op. cit.*, p. 53.

14. Le dalaï-lama du Tibet, *My Land and My People*, p. 62.

15. Cité dans *Kundun*, *op. cit.*, p. 139.

16. Accord entre le gouvernement central du peuple et le gouvernement local du Tibet sur les mesures pour la libération pacifique du Tibet, Beijing, République populaire de Chine, le 23 mai 1951.

CHAPITRE 6

LES AFFAIRES DE LA MÈRE PATRIE

La signature de l'Accord en dix-sept points stupéfia et ébranla le gouvernement tibétain. En prenant connaissance du contenu de celui-ci, le frère du dalaï-lama et certains des conseillers du jeune monarque insistèrent pour que ce dernier quitte le pays et se réfugie en Inde. Étant donné les années d'isolationnisme dans lequel le Tibet avait été maintenu, de nombreux décisionnaires gouvernementaux tibétains n'avaient aucune idée de ce qu'ils pouvaient perdre advenant l'avènement d'un gouvernement communiste au Tibet. Ils hésitaient à laisser le dalaï-lama demeurer dans son pays et à attendre des explications de la délégation qui s'était rendue en Chine sous la direction de Ngabo Ngawang Jigme. Le cabinet envoya immédiatement un télégramme à ce dernier pour lui demander une transcription intégrale de l'Accord et pria la délégation de rester à Beijing jusqu'à ce que les termes de l'entente puissent être étudiés.

Pourtant, les Chinois avaient d'autres idées en tête. Peu après la signature de l'Accord en dix-sept points, la moitié de la délégation tibétaine, y compris Ngabo Ngawang Jigme, quitta Beijing pour revenir au Tibet par Chamdo. Le 16 juin, Zhang Jingwu, le nouveau représentant chinois au Tibet, ainsi que le reste de la délégation, se dirigea vers Lhassa en passant par Taïwan. L'idée consistait à rencontrer le dalaï-lama à Yadong et à le raccompagner à Lhassa à l'occasion d'une démonstration de solidarité.

Lorsque les membres du gouvernement entendirent parler de plénipotentiaires chinois en route vers Lhassa, ils se doutèrent que l'Accord était loin d'être profitable à leur pays. Ils s'inquiétaient de la perte d'autonomie du Tibet et du fait que la délégation ait accepté la présence de troupes chinoises à Lhassa. Ils craignaient également que les Chinois veuillent utiliser le dalaï-lama comme une marionnette pour contrôler le peuple tibétain.

Le Tibet poursuivit ses relations avec les États-Unis dans l'espoir d'obtenir quelque assistance. L'Amérique n'aurait pas demandé mieux que d'aider le Tibet lorsque ce pays avait lancé un appel aux Nations Unies en 1950, mais elle se heurta à quelque résistance de la part de l'Inde, et la Grande-Bretagne décida de laisser les choses au point mort. Il faut rappeler qu'à titre de pays nouvellement indépendant l'Inde n'avait aucun intérêt à irriter la Chine et la Grande-Bretagne, qui avait colonisé le sous-continent indien et qui préférait se faire oublier en appuyant son ancienne colonie. Quant aux Nations Unies, elles pratiquaient un attentisme frileux, d'autant plus que les récriminations du Tibet risquaient fort de ne pas être entendues sur le plan international.

Il convient aussi de rappeler qu'en 1951 les États-Unis avaient envoyé des soldats en Corée où les Chinois s'apprêtaient à exercer leurs prétentions de « libération ». Ils avaient aidé tant bien que mal les troupes nationalistes chinoises lors de leur guerre contre les forces maoïstes et doutaient de pouvoir enrayer le déferlement des hordes communistes dans l'ancien empire du Milieu. Peu de gens étaient au courant que les États-Unis avaient offert au Tibet de le soutenir, mais cette promesse avait eu lieu à huis clos.

Un message personnel non signé, rédigé sur du papier dénué d'en-tête, fut transmis au dalaï-lama par le chef du Bureau des Affaires étrangères du Tibet, qui lui fit savoir que ce pli était d'origine américaine. On pouvait y lire que les communistes chinois préféraient effectuer des gains diplomatiques par supercherie plutôt que par violence, et que la présence d'un représentant communiste à Lhassa était le loup dans la bergerie qui ne tarderait pas à précipiter la conquête du Tibet par les forces maoïstes. Dans cette lettre, on encourageait le dalaï-lama à ne pas rentrer à Lhassa et à se garder d'y faire revenir ses coffres pleins d'objets précieux sous peine de voir ces biens devenir la propriété du régime communiste chinois.

La missive disait :

« Si vous quittez le Tibet, nous pensons que vous devriez, selon cet ordre de priorité, chercher asile en Inde, en Thaïlande ou à Ceylan. Vous seriez ainsi plus proche du Tibet pour organiser la résistance… Nous discuterons des projets et des programmes d'assistance militaire et de prêts d'argent avec vos représentants lorsque vous nous préciserez leur identité[1]. »

Dans l'esprit des Américains, le scénario le plus catastrophique aurait été, pour le dalaï-lama, de rentrer à Lhassa pour ratifier l'Accord en dix-sept points qui risquait d'annuler toute accusation d'agression que les Tibétains pourraient porter à l'endroit des Chinois. Par conséquent, les États-Unis s'étaient efforcés de persuader le dalaï-lama de quitter le pays et de renoncer à cet accord par trop hasardeux.

Les Britanniques se méfiaient de toute collaboration américaine au Tibet, bien qu'ils fussent au courant de l'engagement discret de Washington. Ils avaient accepté de ne pas en toucher mot aux Indiens, mais craignaient que les Américains s'empressent d'agir en faisant fi des considérations de l'Inde. Les Anglais insistaient sur le fait que les Tibétains n'avaient pas légalement le droit de rejeter l'Accord en dix-sept points, à moins de prouver que la délégation tibétaine envoyée à Beijing avait outrepassé son mandat et qu'elle avait paraphé l'Accord sous la contrainte.

S'il était exact que Ngabo Ngawang Jigme ne possédait aucune autorité directe pour signer un accord aussi lourd de conséquences avec les Chinois et que le gouvernement tibétain soupçonnait que la délégation s'était fait forcer la main, une majorité de hauts fonctionnaires tibétains refusaient quand même de rejeter l'Accord sans avoir entendu ce que les membres de la délégation auraient à dire une fois de retour chez eux.

Dans le même ordre d'idées, les supérieurs des monastères de Drepung, Sera et Ganden se rendirent à Yadong pour exhorter le dalaï-lama de rentrer à Lhassa. Ils déclarèrent qu'ayant consulté à deux occasions l'oracle d'État, ce dernier avait été sommé par les puissances spirituelles de demander au dalaï-lama de revenir chez lui.

Une décision difficile

Pris dans un dilemme, le dalaï-lama voulait avant tout épargner des souffrances à son peuple. Sachant pertinemment que le désir d'en découdre avait augmenté chez les Tibétains, et particulièrement chez les farouches guerriers de Kham, il voulait éviter la guerre non seulement à cause de ses convictions bouddhistes, mais parce qu'il était conscient que, face aux rétorsions des hordes chinoises, les Tibétains ne faisaient pas le poids.

Il entrevoyait quelque espoir d'obtenir de l'aide étrangère des États-Unis mais savait fort bien, même sans parler aux Chinois, que les possibilités d'une solution pacifique étaient illusoires avec leurs traditionnels adversaires. « Tout d'abord, il était évident qu'un pacte avec l'Amérique ou tout autre pays ne pouvait que mener à la guerre[2]. » Bref, il voulait à tout prix éviter un bain de sang.

Dans sa sagesse, le dalaï-lama se rendait compte que les États-Unis se trouvaient à l'autre bout du monde tandis que les Chinois campaient à leur porte, et bien que la Chine ne possédât pas les moyens des États-Unis, elle comptait des centaines de millions de personnes en plus. Tout conflit armé aurait constitué un enlisement pour les États-Unis, dont la population n'aurait probablement pas approuvé les inconvénients, et lorsque ce pays se serait retiré du combat, les résultats auraient été les mêmes : le malheureux Tibet aurait été écrasé impitoyablement. Le dalaï-lama décida donc qu'il valait mieux essayer de négocier pacifiquement avec la Chine et d'épargner des vies. « Privés d'alliés, en dépit de nos réticences, nous ne pouvions rien faire que de nous soumettre aux diktats des Chinois et de faire contre mauvaise fortune bon cœur[3]. »

S'étant résolu à chercher l'asile politique en Inde le 12 juillet, il prit une décision de dernière minute, soit celle de rester à Yadong et d'attendre le général chinois.

Lorsque Zhang Jingwu arriva à Yadong, il rencontra le dalaï-lama au monastère de Dongker. En négociant avec ce haut cadre communiste, le dalaï-lama ne savait trop quoi penser et décrivit ses sentiments en ces termes :

« Je ne savais pas exactement à quoi je m'attendais, mais je vis trois hommes vêtus de gris et de casquettes à visière qui semblaient extrêmement ternes et insignifiants parmi mon personnel haut en couleur paré de tuniques rouges et dorées. Je ne me doutais pas que cet aspect morne était ce à quoi la Chine allait finir par nous réduire et que la morosité de ces gens n'était qu'une illusion[4]. »

La réunion du dalaï-lama avec Zhang Jingwu commença par une question du général qui s'informa si le chef tibétain avait entendu parler de l'Accord en dix-sept points. Après avoir affirmé qu'il en avait pris connaissance, on lui donna une copie de ce document ainsi qu'une déclaration de la Chine advenant le cas où le dalaï-lama choisirait de quitter le pays. S'il optait pour cette solution, le jeune monarque ne tarderait pas à s'apercevoir que les Chinois étaient venus en amis et voudrait par conséquent rentrer au Tibet par les moyens les plus rapides, ce dont Beijing ne doutait aucunement. Les communistes se montraient d'ailleurs prêts à l'accueillir cordialement.

Lorsque Zhang Jingwu demanda au dalaï-lama quand il comptait retourner à Lhassa, le jeune chef ne s'engagea guère et répondit « bientôt ». Il ne savait que trop bien que les Chinois tenaient à ce qu'il rentre avec eux pour montrer que tout allait bien dans le meilleur des mondes, mais le dalaï-lama voulait se garder de donner une telle impression. Peu enclin à se laisser influencer par les communistes, l'anxiété de celui-ci se dissipa quelque peu après cette réunion. Il avait compris que les Chinois étaient des hommes comme tout le monde, et non des monstres au couteau entre les dents que son imagination de quinze ans avait pu concevoir.

Retour au foyer et invités récalcitrants

Le dalaï-lama fit un voyage en trois étapes pour parvenir à Lhassa. Il se déplaçait avec son vieux maître Tathag Rinpoché, venu le rejoindre à Yadong pour le conseiller sur le plan spirituel. Le vieux moine désirait également réintégrer son monastère. La première halte fut Gyantsé, où la cavalerie indienne rendit les honneurs au jeune dirigeant. Il s'arrêta ensuite au monastère de Samhisattva, le foyer de Dorje Phagmo, un important bodhisattva. Cet établissement était dirigé par l'unique abbesse supérieure tibétaine. Après une dernière étape au monastère de Tathag Rinpoché, le dalaï-lama arriva à Lhassa le 18 août 1951, après une absence de huit mois.

Au quartier général de sa garde personnelle, le dalaï-lama rencontra une fois de plus le général Zhang Jingwu dans la plus pure tradition tibétaine. Le militaire n'apprécia guère être traité comme un étranger plutôt que comme un membre de la famille. Il n'avait également pas aimé être reçu *à l'extérieur* de la « Cité interdite » par deux membres du cabinet. Pendant qu'il vociférait et montrait le poing, le dalaï-lama remarqua que le général portait une de ces Rolex en or, tranchant sur son uniforme terne et grisâtre. Il en déduisit que les chefs communistes prêchaient la misère sanctifiante d'un côté tout en affichant de manière insolente une facette hyper matérialiste qu'on appellerait de nos jours de tendance « gauche caviar ». Cette histoire de montre de fantaisie, outre les trépignements du militaire, donnèrent au dalaï-lama une idée du caractère de l'homme et il fut heureux de ne pas avoir affaire à lui trop souvent.

Peu après, Gyalo Thondup, le frère aîné du dalaï-lama, se rendit aux États-Unis après un séjour de seize mois à Taïwan. Même si les Américains lui offrirent une bourse pour étudier à Stanford, il la refusa en disant qu'il voulait rentrer au Tibet, ce qui étonna tout le monde. Thubten Jigme Norbu se trouvait déjà en Amérique, à l'abri des communistes, et il fit remarquer à Gyalo Thondup qu'il était fou de se jeter dans la gueule du loup. Gyalo Thondup répliqua qu'il désirait aider son peuple et son frère, le dalaï-lama.

Ce que Gyalo Thondup ne savait pas, c'était que les Chinois étaient entrés dans Lhassa. Le 9 septembre, 3 000 hommes de la 18ᵉ Armée chinoise investissaient la capitale tibétaine. Au lieu d'accueillir les envahisseurs en tirant la langue – ce qui signifie dans la tradition tibétaine que l'on ne ment pas –, les gens applaudirent, geste de réprobation pour chasser les mauvais esprits. Les enfants jetèrent des pierres aux importuns et les moines frappèrent les Chinois du cordon de leur robe.

Devant cette réception plutôt froide, les Chinois essayèrent de se montrer conciliants. Ils annoncèrent par haut-parleurs qu'ils se trouvaient à Lhassa pour réunir les citoyens de la mère patrie et pour apporter progrès et prospérité au Tibet. Les nouveaux arrivés étaient prêts à donner de l'argent aux monastères, à décerner des titres et à offrir des traitements confortables aux dirigeants disposés à étudier le marxisme et à inscrire leurs enfants dans les nouvelles écoles chinoises. Certains esprits tibétains progressistes considéraient que la politique chinoise serait un bienfait pour leur pays. Ils constatèrent combien celui-ci était arriéré par rapport au reste du monde et pensaient que, grâce à la Chine, ils rentreraient résolument dans le XXᵉ siècle.

À la fin de septembre, l'Assemblée nationale se réunit pour étudier les liens sino-tibétains qui résulteraient de l'Accord en dix-sept points. Plus de 300 hauts fonctionnaires assistaient à ces délibérations. Ngabo Ngawang Jigme insista pour qu'on lui permette d'expliquer les clauses de l'Accord et de se disculper de toute accusation de combines relativement à la signature de ce document controversé.

Lors de son allocution devant l'Assemblée, il certifia que ni lui ni les autres membres de la délégation n'avaient accepté de pot-de-vin de la part des autorités chinoises. Il soutint que l'Accord maintenait l'autorité du dalaï-lama et ne menaçait aucunement le système religieux ou politique du pays. Pour terminer, il se déclara prêt à recevoir toute punition – y compris la peine de mort – que l'Assemblée jugerait bon de lui appliquer advenant le cas où celle-ci déciderait que ses actions se seraient révélées répréhensibles.

Après maints palabres, l'Assemblée nationale conseilla au dalaï-lama d'entériner l'Accord et confirma Ngabo Ngawang Jigme dans son poste en acceptant ses remarques. Le 20 octobre 1951, une lettre et un télégramme furent rédigés et envoyés à Mao Zedong. On y corroborait les faits suivants : « Le gouvernement local du Tibet ainsi que le peuple ecclésiastique et laïc, sous la direction du président Mao et du gouvernement central, apportent à l'unanimité leur soutien à l'Armée populaire de libération du peuple[5]. »

110

Avec cette lettre, le Tibet devenait partie intégrante de la Chine. Rappelons les termes de l'Accord en dix-sept points :

• Le peuple tibétain s'unira et rejettera les forces agressives de l'impérialisme hors du Tibet, le peuple tibétain retournera au sein de la famille de la mère patrie – la République populaire de Chine.

• Le gouvernement local du Tibet prêtera activement assistance à l'Armée populaire de libération afin de faciliter son entrée au Tibet et de consolider la défense nationale.

• En accord avec la politique envers les nationalités inscrites dans le programme commun de la Conférence consultative politique du peuple chinois, le peuple tibétain a le droit d'exercer l'autonomie nationale régionale sous la direction unifiée du gouvernement central populaire.

• Les autorités centrales n'altéreront pas le système politique existant au Tibet. Les autorités centrales ne modifieront pas non plus le statut établi, les fonctions et les pouvoirs du dalaï-lama. Les responsables des divers rangs resteront à leur poste comme d'habitude.

• Le statut établi, les fonctions et les pouvoirs du panchen-lama seront maintenus.

• Par le statut établi, les fonctions et les pouvoirs du dalaï-lama et du panchen-lama, il est entendu le statut, les fonctions et les pouvoirs du treizième dalaï-lama et du neuvième panchen-lama quand ils entretenaient des relations amicales.

• La politique de liberté de croyances religieuses inscrite au programme commun de la Conférence consultative politique du peuple chinois sera mise en œuvre. Les croyances religieuses, les traditions et les coutumes du peuple tibétain seront respectées, et les monastères lamaïques seront protégés. Les autorités centrales ne toucheront pas aux ressources des monastères.

• Les troupes tibétaines seront réorganisées par étapes au sein de l'Armée populaire de libération et formeront une partie des forces de défense nationale de la République populaire de Chine.

• La langue parlée et écrite, ainsi que l'éducation de la nationalité tibétaine seront développées par étapes, en accord avec les conditions réelles au Tibet.

• L'agriculture, l'élevage, l'industrie et le commerce du Tibet seront développés par étapes, et les moyens d'existence du peuple seront améliorés également par étapes, en fonction des conditions réelles au Tibet.

• Pour ce qui est des différentes réformes au Tibet, il n'y aura pas de coercition exercée par les autorités centrales. Le gouvernement local du Tibet pourra mettre en œuvre les réformes selon son propre gré, et les demandes de réformes formulées par le peuple seront réglées par voie de consultation avec le personnel dirigeant du Tibet.

• Pour ce qui est des anciens responsables pro-impérialistes ou pro-Guomindang, s'ils brisent résolument leurs liens avec l'impérialisme et le Guomindang, sans s'engager dans le sabotage ou la résistance, ils peuvent continuer à assumer leurs responsabilités, quel que soit leur passé.

• L'Armée populaire de libération qui entre au Tibet obéira à toutes les politiques ci-dessus mentionnées, sera juste dans les achats et les ventes, et ne s'emparera pas arbitrairement ne serait-ce que d'une aiguille ou d'un morceau de fil appartenant au peuple.

• Le gouvernement central populaire prendra en charge la direction centralisée de toutes les affaires extérieures du Tibet ; il y aura une existence pacifique avec les pays voisins, ainsi que l'établissement et le développement avec eux de relations commerciales justes, fondées sur l'égalité, le profit mutuel et le respect mutuel pour le territoire et la souveraineté.

• Afin de garantir l'application de l'Accord, le gouvernement central populaire créera une commission militaire et administrative, ainsi qu'un quartier général pour la zone militaire du Tibet et, outre l'envoi de personnel, absorbera autant de personnel tibétain que possible pour participer à ce travail. Le personnel tibétain local prenant part à la commission militaire et administrative peut inclure des éléments patriotiques du gouvernement local tibétain et originaire des différents districts et principaux monastères. La liste des noms sera établie après consultation entre les représentants désignés par le gouvernement central populaire et les divers milieux concernés, et sera soumise au gouvernement central populaire pour approbation.

• Les fonds nécessaires pour la commission militaire et administrative ainsi que pour le quartier général de la zone militaire et l'Armée populaire de libération qui entre au Tibet seront fournis par le gouvernement central populaire. Le gouvernement local du Tibet prêtera assistance à l'Armée populaire de libération pour l'achat et le transport des aliments, du fourrage et des autres besoins quotidiens.

• Cet accord entre en vigueur immédiatement après sa signature et le dépôt des sceaux.

À la suite de la ratification de l'Accord, 5 000 soldats supplémentaires arrivèrent à Lhassa. Toutefois, Mao leur donna ordre de se montrer conciliants. Le futur « Grand Timonier » leur expliqua que le Tibet bougeait lentement et qu'ils devaient par conséquent faire preuve de patience envers les Tibétains.

Le fardeau chinois

Vers la fin de 1951, la population de Lhassa et de ses environs avait presque doublé. Il fallait nourrir les soldats et leurs bêtes de somme – chevaux, yacks et chameaux – qui avaient besoin de pâturages pour survivre. Cette situation provoqua un énorme fardeau pour la maigre économie tibétaine traditionnelle.

Les troupes chinoises nécessitèrent des espaces considérables autrefois réservés aux activités récréatives. Elles exigèrent également un emprunt leur avançant deux mille tonnes d'orge, une quantité de céréales que l'État ne pouvait fournir. Le gouvernement dut alors subir ce déficit alimentaire en quêtant dans les monastères et chez les simples citoyens.

Avec l'hiver, les tentes devinrent insuffisantes. Les Chinois se mirent donc à se procurer des terrains et à se construire des maisons. Certains aristocrates tibétains y virent matière à des profits rapides et grassement spéculatifs en vendant les terrains au prix fort. Faute de moyen de transport efficace entre la Chine et le Tibet pour assurer la fraîcheur des aliments, les Chinois achetèrent également des terres de culture, ce qui provoqua la colère des paysans lorsque l'inflation se fit sentir. Les prix des grains décuplèrent par rapport à ce qu'ils étaient avant l'invasion chinoise. Celui du beurre se trouva multiplié par neuf et les autres produits de base augmentèrent entre 50 et 60 pour cent. Le peuple de Lhassa était proche de la famine.

Cette poussée inflationniste ne gênait guère les Chinois qui fondaient des bijoux et des ornements religieux en argent et frappaient une monnaie de ce métal pour usage exclusif au Tibet. Vu qu'on pouvait mouler ces pièces et les revendre, les Tibétains les acceptaient. Cependant, leur usage devint si généralisé que cela permit aux Chinois de dévaluer la véritable monnaie tibétaine.

La propagande avait envahi Lhassa et Shigatse sous la forme d'affiches d'art « réaliste prolétarien » et de slogans maoïstes. L'aristocratie tibétaine assistait à de plantureux dîners d'État, tandis que l'on servait aux paysans des films sur la glorieuse Armée rouge chinoise luttant contre le Guomindang et les Japonais. Ces films distrayaient les miséreux Tibétains qui ne connaissaient à peu près rien de la guerre moderne et qui, impressionnés par la puissance militaire chinoise, remplissaient les salles de cinéma.

L'habitude qu'avaient les troupes chinoises de brûler des os d'animaux pour se chauffer en ville attisait la colère des habitants de Lhassa. L'attitude bouddhiste non violente envers toutes les créatures vivantes s'accommodait mal de l'utilisation d'ossements d'animaux morts pour son confort – un signe de non-respect des traditions tibétaines, sans compter la puanteur que dégageaient ces feux « graillonneux ».

Sans se soucier des dangers qu'il y avait à pousser les soldats chinois à se montrer violents, les citoyens de Lhassa manifestaient leur désapprobation. Les enfants invectivaient les soldats en les traitant « d'ennemis rouges de la Foi[6] » et leur lançaient des pierres. Tout le monde chantait des chansons satiriques raillant les Chinois. Même si ces derniers n'en comprenaient pas les paroles, ils constataient par les rires et le comportement des gens qu'on se moquait abondamment d'eux. Non seulement leur fierté en était-elle affectée, mais ils avaient l'impression de perdre la face, une situation intolérable et, pour eux, la pire insulte.

Zhang Jingwu approcha le dalaï-lama et le pria de donner ordre à son peuple de mettre un terme aux quolibets et de cesser de chanter des couplets offensants pour les Chinois. Le dalaï-lama accepta mais, en dépit des nouvelles lois qui furent promulguées dans ce sens, un mouvement de résistance s'organisa. Des affiches surgirent, réclamant que le Tibet et le dalaï-lama retrouvent leurs pleins pouvoirs sur leur destinée ainsi que le retrait des troupes chinoises. Ces gestes ulcérèrent un peu plus les représentants de Beijing qui exhortèrent le cabinet de mettre un terme à cette opposition.

On enquêta alors sur les actions d'un groupe de dissidents surnommé « les Représentants du peuple ». Les Chinois demandèrent les noms des personnes qui en faisaient partie. Les occupants défendirent au dalaï-lama et aux membres du cabinet d'avoir des contacts avec ces opposants et exigèrent que le cabinet sévisse contre eux, faute de quoi ils se réservaient le droit de régler personnellement cette affaire.

Le couperet tombe sur de fidèles serviteurs de l'État

Le cabinet se trouvait assiégé de toutes parts. D'un côté, les Chinois ordonnaient la fin des manifestations et, de l'autre, la foule était furieuse de constater l'inaction du cabinet à limiter l'influence chinoise. L'un des contentieux portait sur l'intégration de l'armée tibétaine à l'Armée populaire de libération, tel que stipulé à l'article 8 de l'Accord en dix-sept points. En mars 1952, seulement trois régiments de l'armée tibétaine étaient encore intacts. Les autres unités avaient été dissoutes, et de nombreux soldats démobilisés étaient demeurés à Lhassa plutôt que de rentrer en disgrâce dans leur village. Les unités qui restaient furent dissoutes par le cabinet plutôt que de leur permettre de se placer sous commandement chinois.

Peu désireux de faire directement face à ce problème, Mao Zedong envoya la lettre suivante aux fonctionnaires chinois en poste à Lhassa :

« Il semblerait que non seulement les deux Silons (premiers ministres) mais qu'également le dalaï-lama et l'ensemble de sa clique soient réticents à accepter les termes de l'Accord et peu enclins à les mettre en application. Jusqu'à maintenant, nous ne possédons pas la base matérielle à cette fin ni suffisamment d'appui dans les couches populaires comme dans les strates supérieures. Forcer la mise en œuvre des dispositions prévues dans cet accord causerait plus de mal que de bien. Puisqu'ils résistent à appliquer les termes de l'Accord, nous ne pouvons actuellement laisser les choses telles qu'elles sont et nous contenter d'attendre[7]. »

Cette lettre montre que les Chinois considéraient les deux premiers ministres comme des empêcheurs de tourner en rond pour leur administration. Ils n'avaient pas apprécié que le premier ministre laïc Lukhangwa refuse la demande des Chinois, qui voulaient 2 000 tonnes supplémentaires d'orge. Il leur avait expliqué que les Tibétains n'étaient pas riches, qu'ils ne produisaient des céréales que pour leur propre consommation et qu'on ne pouvait faire pousser rapidement de surplus comme on l'exigeait. Il suggéra que, vu qu'il n'y avait pas assez de nourriture pour subvenir aux troupes chinoises pendant les deux mois suivants, il suffisait peut-être de diminuer leur présence en ville.

Les Chinois répliquèrent poliment en se référant à l'Accord en dix-sept points leur permettant de maintenir des troupes à Lhassa. Ils répondirent : « Lorsque vous serez en mesure de vous tenir debout convenablement, nous ne resterons plus chez vous, même si vous nous suppliiez de le faire[8]. »

Plus tard, Lukhangwa expliqua que les Chinois n'avaient pas fait grand-chose pour aider le Tibet. En revanche, ils avaient perturbé le fragile équilibre qui existait. On rappelait une fois de plus l'intempestif brûlage d'ossements d'animaux dans la Cité sainte de Lhassa, ce qui n'avait rien fait pour améliorer les relations.

Les choses empirèrent pour Lukhangwa lorsqu'il désapprouva le retrait du drapeau tibétain de tous les baraquements militaires et son remplacement par le drapeau chinois. Il mentionna aux représentants de l'Armée rouge qu'il s'agissait là d'une mauvaise idée, car les soldats tibétains s'empresseraient de refaire flotter leur drapeau pour les embarrasser. Le ton monta et Lukhangwa déclara qu'en agissant ainsi les Chinois ne pouvaient pas s'attendre à entretenir des relations harmonieuses avec ses compatriotes. « Si vous frappez quelqu'un sur la tête et lui fracturez le crâne, leur dit-il, ne vous imaginez pas qu'il va se montrer amical[9]. » Les porte-parole de Beijing mirent instantanément un terme à la rencontre.

Lors de la réunion suivante, trois jours plus tard, certain de recevoir des excuses, un général de l'armée chinoise demanda à Lukhangwa s'il ne s'était pas emporté lors de leur précédent entretien. Lukhangwa rétorqua que, dans les provinces de l'est du Tibet, des rumeurs d'oppression chinoise circulaient. Il soutint que la présence du drapeau chinois ne ferait qu'exaspérer la population. Le général devint agressif et accusa Lukhangwa d'être influencé par les « impérialistes ». Lukhangwa répliqua que, si le dalaï-lama était convaincu de quelque forfaiture que ce soit, il renoncerait à son poste et même à sa vie. C'est alors que Zhang Jingwu intervint en affirmant que le général avait tort et qu'il ne fallait pas prendre trop au sérieux ce que Lukhangwa disait.

Peu après la réunion, le dalaï-lama reçut un communiqué de Zhang Jingwu indiquant que Lukhangwa ne tenait pas à améliorer les relations sino-tibétaines et suggérait son limogeage. Il exprima la même opinion quant aux personnes composant le cabinet du dalaï-lama. Lorsque le communiqué fut présenté au cabinet, ses membres conseillèrent au dalaï-lama de révoquer les deux premiers ministres dans l'espoir de normaliser les relations avec les Chinois.

Le dalaï-lama se retrouvait face à un nouveau dilemme. Il admirait le courage de Lukhangwa et ne voulait pas se plier à quelque autre diktat des Chinois. Pourtant, il savait fort bien que, s'il ne sacrifiait pas cet homme, sa propre vie serait en danger.

Le garçon de dix-sept ans mit donc à contribution sa formation religieuse – son unique point de référence d'ailleurs – et en déduisit que, s'il continuait à s'opposer aux séides de Mao, cela ne pourrait mener qu'à davantage d'acrimonie, de rétorsion et de maltraitance. La violence physique étant contraire au bouddhisme, il choisit alors la voie de la coopération lorsque cela était possible et celle de la « résistance passive » lorsque cela ne l'était pas. Afin d'éviter les répercussions qui auraient pu résulter en gardant ses premiers ministres en fonction, il accepta les recommandations du cabinet et leur demanda de démissionner.

Préparer l'avenir

Après le départ des premiers ministres, le dalaï-lama prit les affaires gouvernementales en main en mettant sur pied un Comité de réformes. L'une de ses ambitions était d'établir un système judiciaire cohérent. La mort mystérieuse de Reting Rinpoché alors qu'il était en détention sur ordre du tribunal avait laissé des séquelles... Il souhaitait aussi voir des propositions du cabinet pour créer une administration efficace de l'instruction publique. Les communications avaient également besoin d'être améliorées, car il n'existait pas au Tibet une seule route carrossable. Il savait que ces réformes prendraient du temps, mais il avait hâte de faire entrer le Tibet dans le XXᵉ siècle.

Abolir l'héritage de dettes constituait une autre priorité pour le dalaï-lama. En effet, dans le Tibet historique, une dette pouvait se transmettre à un fils, à un petit-fils et même aux générations suivantes jusqu'à ce qu'elle soit remboursée. Souvent, les créanciers étaient des propriétaires qui pouvaient ainsi accaparer une partie des récoltes des fermiers en guise de paiement. Une seule année de mauvaises récoltes pouvait plonger une famille d'agriculteurs tibétains dans des dettes s'étalant sur des années. Les malheureux fermiers pouvaient aussi emprunter au gouvernement lorsqu'ils étaient dans le besoin, mais ce genre de dette était également transmissible.

Pour remédier à de telles injustices, le dalaï-lama supprima le principe des dettes transmissibles et déclara une amnistie sur toutes les créances dues au gouvernement. Il encouragea également le cabinet à approuver un projet au terme duquel le gouvernement devait acheter d'importantes parcelles de terre aux grands propriétaires pour les distribuer aux personnes qui y vivaient et qui les exploitaient. Il dut se montrer convaincant, car de nombreux nobles perdaient ainsi les profits qu'ils retiraient d'une certaine forme de servage.

Constatant qu'il s'engageait davantage dans son rôle de dirigeant et n'ayant plus les premiers ministres sur leur chemin, les Chinois prirent l'habitude de travailler de plus en plus avec le dalaï-lama. Ils pensaient que le jeune homme de dix-sept ans serait facilement manipulable car, contrairement aux vieux administrateurs empêtrés dans les traditions et plutôt passéistes, il prônait des changements et les Chinois comptaient bien se servir de lui pour répondre aux exigences des projets du Parti communiste.

Ils ne comprirent toutefois pas que le dalaï-lama était hors de portée des incitatifs habituels des Chinois, les bakchichs. En tant que moine bouddhiste, il ne pouvait être influencé par l'argent ou les biens matériels. Il ne désirait que le bien de son peuple et passait en revue les options qui se présentaient à lui avant de prendre une décision. Cela signifiait qu'il considérait parfois les options communistes raisonnables et que les petites concessions qu'il pouvait accorder aux Chinois les mettaient à l'aise. La tension finit par baisser des deux côtés. Loin de devenir communiste, tout ce que le dalaï-lama voulait était de gagner du temps pour son pays dans l'espoir d'obtenir dans l'intervalle quelque appui extérieur.

Gyalo Thondup était rentré au Tibet au début de 1952 et essayait de jouer au même jeu que son frère, soit d'apaiser les Chinois en attendant l'avènement d'un Tibet indépendant. Au cabinet, il travaillait à la mise en œuvre de sa réforme agraire, mais les membres du gouvernement n'y étaient guère réceptifs. Il leur déclara :

« Pour l'amour du ciel, bien avant que nos enfants soient suffisamment vieux pour se préoccuper de ce problème, ces terres auront été confisquées de toute manière. Si vous n'agissez pas sur-le-champ, vous donnerez aux Chinois une épée pour nous diviser[10]. »

Il confirma ses propos en dévoilant au cabinet qu'il avait l'intention d'effacer toutes les dettes qu'on lui devait sur ses propres domaines situés près de la frontière indienne et de redistribuer les terres à ses fermiers.

Puis, un télégramme de Mao Zedong nomma Gyalo Thondup membre de la délégation de la jeunesse chinoise à la Conférence mondiale sur la paix qui se tenait à Vienne. En qualité de frère du dalaï-lama, Gyalo Thondup vit cette nomination comme une tentative de l'utiliser pour convaincre les Tibétains de devenir communistes. Les Chinois ayant déjà désigné Tsering Dolma présidente de l'Association patriotique des femmes, les projets de Beijing pour la parenté du dalaï-lama n'en étaient que trop clairs et la nomination de Gyalo Thondup était la goutte qui faisait déborder le vase. Ulcéré, ce dernier n'avait pas l'intention de devenir une marionnette communiste et il imagina un moyen de refuser l'apparent honneur.

Faisant semblant d'être flatté, Gyalo Thondup prétexta sa propre réforme agraire pour retarder son voyage à Vienne, expliquant aux Chinois qu'il devait se rendre sur ses domaines afin de pouvoir prendre ses dispositions pour les partager. Après avoir discuté de la situation avec le reste de la famille, il décida de chercher l'asile politique en Inde en espérant y trouver de l'aide pour le Tibet. Il visita rapidement ses terres, les répartit, effaça les dettes qu'on lui devait et passa la frontière indienne. Là, il mit sur pied le Comité pour le bien-être social des Tibétains, un discret organisme de collecte d'information se voulant le fer de lance de la résistance du Tibet.

En premier lieu, les Chinois cachèrent la fuite de Gyalo Thondup au dalaï-lama et le crurent complice dans cette affaire. Ils étaient très déçus par les dirigeants tibétains ; ils suspectèrent même le dalaï-lama d'avoir non seulement aidé Thubten Jigme Norbu à s'évader après les avoir trahis, mais d'avoir également aidé Gyalo Thondup à échapper à leur contrôle. Il s'agissait là d'un échec de leur plan et ils constatèrent n'avoir pas réussi à gagner la confiance inconditionnelle de ceux qu'ils appelaient « la clique du dalaï-lama ».

Le voyage du dalaï-lama en Chine

Dans l'espoir de s'attirer les bonnes grâces du dalaï-lama, le gouvernement chinois lui envoya une invitation à diriger une délégation tibétaine au Premier congrès populaire national de la République populaire de Chine à Beijing, en 1953. Sachant son goût pour les technologies modernes, tout spécialement dans l'industrie lourde, ils décidèrent de lui en mettre plein la vue en lui exposant la puissance industrielle de la Chine au cours de visites industrielles. Ils espéraient que, si le jeune chef d'État voyait les progrès que ce pays avait accomplis, il aurait envie d'appliquer les mêmes réformes au Tibet.

Le dalaï-lama était suffisamment sage pour comprendre que les Chinois avaient l'intention de se servir de sa présence à Beijing pour prouver que le Tibet était devenu partie intégrante de la Chine. Il pensait toutefois que, s'il pouvait parler avec les représentants du gouvernement central, il aurait peut-être la possibilité de leur expliquer ce qu'était le peuple tibétain. Il voulait également mettre au clair les réformes dont ce dernier pourrait bénéficier et noter celles qui lui étaient moins profitables. En agissant ainsi, il comptait changer le cours des actions entreprises par les administrateurs chinois à Lhassa.

Pourtant, lorsque le peuple et ses proches eurent vent de son voyage, tous furent terrifiés car on craignait qu'il ne revienne jamais. De son refuge en Inde, Gyalo Thondup le supplia à plusieurs reprises de ne pas se rendre en Chine ; des délégations accoururent de tous les coins du pays pour implorer le dalaï-lama de changer d'avis. Malgré le fait que ce dernier ait rassuré tout le monde qu'il allait en Chine de son propre gré et qu'il promettait de rentrer au Tibet, les gens ne le croyaient pas. Ils étaient persuadés qu'il était contraint par les Chinois.

Au cours de l'été 1954, un groupe de quelque 500 personnes incluant le dalaï-lama se préparait à partir pour la Chine. En faisaient partie sa mère, sa sœur Tsering Dolma, ses frères Lobsang Samten et Tendzin Choegyal, deux tuteurs et d'autres dignitaires tibétains accompagnés de leurs gens. Le départ eut lieu officiellement sur le bord du fleuve Kyichu, le tout avec fanfare et une foule de plusieurs dizaines de milliers de personnes portant des bannières et brûlant de l'encens pour souhaiter au dalaï-lama un voyage fructueux et exempt de dangers.

Les voyageurs franchirent le fleuve dans des embarcations en peau de yack, première étape d'un éprouvant périple de 3 000 kilomètres. Le plus difficile était qu'il n'existait pas de routes reliant les deux pays, bien que les Chinois aient déjà commencé à effectuer le tracé de la route nationale Qinghai en réquisitionnant de force des travailleurs tibétains. Cette route était loin d'être complétée, mais le dalaï-lama put tout de même l'emprunter sur 150 kilomètres à bord de la voiture du treizième dalaï-lama, une Dodge à qui l'on avait fait traverser le fleuve. La première halte eut lieu au monastère de Ganden.

Après quelques jours de repos et de prières, il poursuivit son voyage mais dut troquer son auto contre un mulet dans la région de Kongpro, où la route avait été emportée par les pluies. Les voyageurs durent ensuite affronter crues subites et glissements de terrain ainsi que de gros blocs de pierre dévalant des montagnes. Vu que le voyage se déroulait en plein été, donc durant la saison des pluies torrentielles, les pistes étaient souvent recouvertes de 45 centimètres de gadoue dans laquelle il fallait clapoter. Même si les Tibétains avaient conseillé aux Chinois de prendre les pistes de corniche et non de suivre en contrebas le tracé de la route projetée par Beijing, ils ne voulurent pas écouter, de sorte que trois jeunes soldats censés protéger le dalaï-lama et sa suite contre les glissements de terrain moururent après avoir été emportés dans les ravins avec leurs montures par des blocs de pierre qui s'étaient détachés des montagnes.

Lorsque le groupe atteignit Chamdo, le dalaï-lama et sa suite reçurent une brillante réception. La capitale du Kham étant administrée exclusivement pas les Chinois à cette époque, on eut droit à de la musique militaire célébrant la gloire du président Mao et de la révolution prolétarienne, tandis qu'un certain nombre de Tibétains agitaient des drapeaux rouges. Cela dérouta quelque peu les personnes originaires de Lhassa qui faisaient partie du groupe, car ce fut la première fois qu'ils eurent une idée de ce que pouvait être un Tibet communiste.

À Chengdu, de l'autre côté de la frontière chinoise, on mit une jeep à la disposition du dalaï-lama. Puis, ce dernier fut terrassé par la fièvre et demeura cloué au lit pendant plusieurs jours. Une fois rétabli, il rencontra le panchen-lama qui s'était rendu à Shigang après avoir quitté sa maison de Shigatse. Ce dignitaire avait été invité pour accompagner le dalaï-lama pendant son séjour en Chine et

126

faisait sérieusement partie des projets d'intégration du Tibet à la République populaire de Mao. D'ailleurs, le panchen-lama était sous l'influence du gouvernement chinois depuis bien des années.

En 1910, avant la chute de la dynastie des Qing, lorsque la Chine envahit le Tibet et que le treizième dalaï-lama s'exila en Inde, les partisans de l'ancien panchen-lama s'étaient empressés de critiquer l'administration gouvernementale du Grand Treizième. Les Chinois avaient profité de cette controverse pour élargir l'écart pouvant exister entre le premier et le second dirigeant du Tibet. D'ailleurs, lorsque les Chinois furent chassés du pays en 1911, le neuvième panchen-lama se fixa en territoire chinois, où il demeura jusqu'à la fin de ses jours.

Lorsqu'on découvrit la réincarnation du panchen-lama en 1944, il fut intronisé au monastère de Kumbum mais ne fut pas reconnu par le gouvernement tibétain comme authentique avant 1951, car il avait été « inventé », dans le sens de « découvert », par les Chinois. En effet, il n'avait pas subi de tests comme ceux auxquels le dalaï-lama avait été soumis. Toutefois, afin d'éviter toute friction avec les Chinois, le gouvernement tibétain accepta que le poste de panchen-lama puisse être choisi de façon divinatoire par tirage au sort. Or, comme par hasard, ce fut le même candidat qui réapparut. Les Chinois furent satisfaits et le nouveau panchen-lama fut accueilli par tous les Tibétains. Toute la formation du dixième panchen-lama, second chef spirituel et temporel du Tibet, se déroula sous l'œil attentif de Beijing, qui avait multiplié ses efforts pour rallier le peuple tibétain à sa cause.

Les grands lamas s'étaient précédemment réunis à Lhassa, où le panchen-lama, qui avait alors 14 ans, avait été reconnu et présenté au dalaï-lama, à l'occasion d'une cérémonie. À l'époque du voyage en Chine, il n'avait que 16 ans, et le dalaï-lama, 19. C'est en avion qu'ils se rendirent à Xian avec leur suite. C'est par le train qu'ils accomplirent la dernière étape de leur voyage.

Un séjour impressionnant mais déroutant

Ce fut le premier ministre Zhou Enlai qui souhaita la bienvenue au dalaï-lama et au panchen-lama à leur descente du train. On conduisit le dalaï-lama vers un bungalow situé dans un joli jardin ayant appartenu à la mission diplomatique nippone. Un Tibétain converti au communisme avant la mainmise de la Chine sur le Tibet devait servir d'interprète au dalaï-lama pendant la durée de son séjour.

Quelques jours après son arrivée, le dalaï-lama fut invité à un banquet pour rencontrer le président Mao. En Chine, ce dernier était devenu l'objet d'un culte de la personnalité. Plusieurs citoyens, tout spécialement les étudiants faisant partie des Gardes rouges, adoraient Mao comme une divinité et affichaient son image partout. Ils s'habillaient comme le « Grand Timonier », chantaient des cantiques où on souhaitait à Mao Zedong de « vivre mille ans » et ils agitaient frénétiquement le Petit livre rouge des pensées de leur idole, dont la célèbre phrase « Le pouvoir est au bout du fusil[11] ».

Le dalaï-lama ne fut pas intimidé par la popularité de Mao, mais n'en affirma pas moins qu'il s'était trouvé en présence d'une « personnalité au magnétisme puissant[12] ».

Les deux chefs d'État semblèrent bien s'entendre et eurent plusieurs entretiens à Beijing.

La conversation porta sur l'avenir du Tibet. Le dalaï-lama ayant compris que les Tibétains ne pouvaient plus chasser les Chinois, il était décidé à tout faire pour que leur présence soit supportable. Mao lui déclara que, si le Tibet avait actuellement besoin de l'aide de la Chine pour se moderniser, dans une vingtaine d'années la situation pourrait fort bien se retourner ; ce serait alors au tour des Chinois de se faire aider par le Tibet. Le dalaï-lama respectait Mao comme un grand leader et accepta même le poste de vice-président du Comité directeur de la République populaire de Chine qu'on lui proposait. Le dalaï-lama comprit qu'il s'agissait là d'un titre honorifique, mais n'apprécia pas moins cette preuve prestigieuse de bonne volonté de la part du chef suprême de la Chine.

À Beijing, le dalaï-lama rencontra aussi le premier ministre de l'Inde, Jawaharlal Nehru. Il anticipait des résultats positifs de cette rencontre en espérant discuter avec le premier ministre indien de questions concernant le Tibet. Mais l'entretien demeura guindé et, au grand dam du jeune dirigeant tibétain, il n'y eut aucune discussion sur le sujet.

Au cours de l'hiver 1954, le dalaï-lama entreprit un long voyage à travers le territoire chinois. L'industrie lourde comme celle des mines et des aciéries ainsi que les installations hydroélectriques l'impressionnèrent favorablement et il souhaitait que le Tibet puisse, lui aussi, posséder un jour de telles industries. Les Chinois ne montrèrent évidemment que l'aspect modèle des choses et se gardèrent bien de laisser voir aux Tibétains sa population miséreuse forcée de sublimer sa personnalité et de vivre dans des communes, des usines d'État et des fermes collectives.

En 1955, le dalaï-lama rentra à temps à Beijing pour célébrer le Losar, le nouvel an tibétain. À cette occasion, il donna un banquet où furent invitées les quatre personnes les plus importantes en Chine à cette époque : le président Mao, le premier ministre Zhou Enlai, le dauphin pressenti de Mao, Liu Shao-shi, ainsi que le chef et fondateur de l'Armée populaire de libération, Zhu De ou Chu Teh. Tous acceptèrent. À un moment donné, le dalaï-lama jeta en l'air une pincée de tsampa, tradition tibétaine de souhaits de bienvenue. Le président Mao imita son hôte mais projeta la tsampa à terre, geste que le dalaï-lama ne commenta pas pour ne pas gâcher la fête, mais qui lui mit la puce à l'oreille sur les véritables intentions de son puissant voisin, apparemment si doucereux.

Quelques jours plus tard, lors d'une dernière rencontre, Mao déclara au dalaï-lama :

« Je vous comprends parfaitement mais, bien sûr, la religion est un poison qui a deux grands désavantages. Premièrement, elle abâtardit la race et, deuxièmement, elle retarde les progrès d'un pays. Le Tibet et la Mongolie ont tous deux été empoisonnés par ce fléau[13]. »

Cette remarque stupéfia le dalaï-lama. Alors qu'il était prêt à émettre une opinion favorable sur cet homme et à accepter sa philosophie marxiste comme susceptible de faire avancer son pays, il découvrait soudainement que Mao était un ennemi du bouddhisme et que des troubles ne tarderaient pas à survenir au Tibet.

Notes

1. Cité dans *The Dragon in the Land of Snows*, de Tsering Shakya, p.81-82.

2. Tenzin Gyatso, *Freedom in Exile*, p. 66.

3. Le dalaï-lama du Tibet, *My Land and My People*, p. 68.

4. Cité dans *Great Ocean*, de Roger Hicks et Ngakpa Chogyam, p. 83.

5. Cité dans *The Dragon in the Land of Snows*, *ibid.*, p. 90.

6. Avedon, *In Exile in the Land of Snows*, p. 37.

7. Cité dans *The Dragon in the Land of Snows*, *ibid.*, p. 107-108.

8. Cité dans *My Land and My People*, le dalaï-lama du Tibet, p. 72.

9. *Ibid.*, p. 75.

10. Cité dans *Kundun*, de Mary Craig, p. 169.

11. Cité dans « *Mao: Model Answer* », The History Channel, <http://thehistorychannel.co.uk/classroom/alevel/mao.htm>.

12. Tenzin Gyatso, *ibid.*, p. 88.

13. Cité dans *My Land and My People*, *ibid.*, p. 88.

Né le 6 juillet 1935, Lhamo Dhondup (« La déesse qui exauce tous les vœux »), deviendra bientôt Tenzin Gyatso, le 14ᵉ dalaï-lama. On le voit ci-contre peu avant de se faire « découvrir » comme étant l'enfant-dieu vivant, selon les croyances de son peuple.

Les théologiens tibétains sont catégoriques : le garçonnet porte tous les signes de la réincarnation du dalaï-lama précédent. C'est portant les signes de sa divinité qu'on l'acheminera, vêtu des habits de sa charge, vers le Norbulingka ou palais d'été de Lhassa.

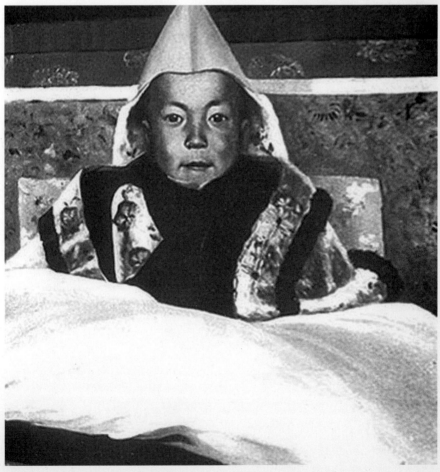

1953 : Le dalaï-lama est reçu par Mao Zedong (haut), qui se
montre conciliant et qui tente de convaincre son invité que
l'avenir du Tibet passe par les progrès du communisme à la
chinoise. Les visites industrielles se succèdent (bas), mais les
relations demeurent au beau fixe.

Le dalaï-lama (à droite), avec Deng Xiaoping (à l'extrême-gauche), en 1954. Ces rapports harmonieux avec la Chine prendront fin lorsque Mao imposera l'hégémonie de son pays sur le Tibet.

Le dalaï-lama à la cérémonie du Kalachakra Bodhgaya (« La roue du temps »), qui se tenait à Bihâr, en Inde, en janvier 2003. À cette occasion, le chef spirituel lança un autre de ses multiples appels à la paix avec la Chine.

La principale salle de cours du dalaï-lama à McLeod Ganj (« Le Petit Lhassa »), à Dharamsala. En Inde, où vivent de nombreux réfugiés tibétains.

Médaille du Congrès américain décernée à Tenzin Gyatso en 2006. Au revers on peut lire ces mots : « La paix mondiale se développe dans la paix intérieure. La paix ne signifie pas l'absence de violence. La paix se manifeste grâce à la compassion humaine. »

Le président américain George W. Bush a rencontré le dalaï-lama le 16 octobre 2007.

C'est avec une certaine réserve que le président Barack Obama a reçu le 14e dalaï-lama dans la Salle des cartes de la Maison-Blanche le 16 juillet 2011, malgré les protestations du gouvernement chinois.

Détenteur de onze doctorats *honoris causa* (on le voit ici à une réception universitaire à Colombo, au Sri Lanka), le dalaï-lama a une grande foi en l'éducation.

Dix ans après la chute du Mur de Berlin, le dalaï-lama participait à une manifestation au Fernweh-Park à Hof, en Allemagne. On le voit ici en séance de signatures pour la promotion de la paix et de la bonne entente mondiales.

Des agents de sécurité accompagnent le dalaï-lama venu donner une conférence qui avait lieu le 1er mai 2007 à l'Université Rice, à Houston, au Texas.

Le dalaï-lama, prix Nobel de la paix 1989, et l'archevêque sud-africain Desmond Tutu, prix Nobel de la paix 1984.

Tenzin Gyatso lors de la déclaration du 35ᵉ anniversaire du soulèvement national des Tibétains, en 1994. À cette occasion, il a déclaré : « Même si le gouvernement chinois ne me répond que du bout des lèvres, je poursuivrai mes efforts pour trouver une solution pacifique et négociée à notre problème. »

CHAPITRE 7

DES RELATIONS DIFFICULTUEUSES

Le dalaï-lama rentra à Lhassa le 29 juin 1955. Son aller-retour en Chine, ses rencontres avec des plénipotentiaires chinois et son périple avaient duré presque un an et il ne reconnut plus Lhassa. La route menant à Xining, dont il avait emprunté un tronçon lors de son voyage, avait été ouverte et une autre route venant de Chengdo, à l'Est, avait été inaugurée six mois plus tôt. À cette époque, la route de Chengdo était la plus haute du monde – à près de 4 000 mètres d'altitude – et elle s'étendait de cette ville, située dans le Sichuan, en Chine, jusqu'à Lhassa, sur une longueur totale de 2 274 kilomètres. Désormais, on trouvait non seulement des automobiles mais aussi des camions militaires embouteillant les rues au point qu'on devait recourir aux services d'un agent de police en uniforme pour s'occuper de la circulation. Dans la ville naguère calme, le tumulte et la pollution étaient dorénavant choses courantes.

Bien que Lhassa ait commencé à s'électrifier avant l'arrivée des Chinois, le réseau électrique s'était étendu. On avait installé le téléphone ainsi que des réseaux télégraphiques en direction de Shigatse, Yadong et Gyantsé. Le fleuve Kyichu était enjambé par un pont et on n'avait plus besoin de le traverser en bateau, comme l'avait fait le dalaï-lama un an auparavant.

L'architecture de la ville avait également changé. Un nouveau district avait été créé. Il comprenait un hôpital, un cinéma, une banque, un journal et une école secondaire. Malgré le fait que ces établissements aient été conçus principalement pour répondre aux besoins des dirigeants communistes et de leurs familles, de nombreux Tibétains furent impressionnés.

« Je dois avouer que j'ai été émerveillé par le fait qu'ils avaient réalisé des choses susceptibles de bénéficier au peuple, déclara un enseignant tibétain. Cela représentait plus de progrès dans un court laps de temps que j'en avais connu toute ma vie, voire depuis la fondation de mon pays[1]... »

Les Tibétains traditionalistes s'inquiétaient toutefois que ces « progrès », selon eux, défigureraient leur capitale et que celle-ci deviendrait à la longue méconnaissable. Il y avait un autre point qu'ils n'avaient pas pris en considération et c'est que leur économie faisait les frais des tripotages commerciaux chinois. La succursale de la banque d'État de Chine à Lhassa consentait des prêts sans intérêts aux négociants et gens d'affaires tibétains en les encourageant à importer des marchandises de son pays. Le public tibétain échangeait donc ses pièces d'argent comptant contre des produits chinois.

La famine s'était quelque peu atténuée, mais les Tibétains n'appréciaient guère l'intervention de leurs voisins à Lhassa. Étant donné la grogne que cela provoquait dans le pays, les militaires chinois avaient creusé des tranchées surmontées de sacs de sable autour de leurs cantonnements. Afin d'assurer leur sécurité, ils ne sortaient plus seuls ou en couples, et ne se déplaçaient qu'en convoi.

Même si Lhassa se transformait, le dalaï-lama demeurait optimiste et était prêt à collaborer aux changements proposés dans un esprit de compromis. Il pensait que Mao lui avait accordé sa pleine confiance à l'occasion de son long périple chinois. Et si certaines des actions du Grand Timonier mettaient le jeune dirigeant sur ses gardes, il considérait tout de même que Mao Zedong était un « immense » dirigeant.

Bien des rumeurs étaient parvenues aux oreilles des habitants de Lhassa à propos d'atrocités qu'avaient subies des Tibétains dans les régions tribales de l'Est et, à son retour de Chine, le dalaï-lama avait eu vent de certains mauvais traitements dont ses compatriotes avaient été victimes. On parlait de lamas rossés et même d'exécutions en public par de jeunes Tibétains endoctrinés de manière fanatique comme ceux que l'on devait appeler plus tard les Gardes rouges, de sinistre mémoire. On racontait que les communistes arrêtaient de simples citoyens, les attachaient et les humiliaient à la vue de tous en leur crachant dessus, en les frappant ou en les menaçant d'une arme à feu pour les forcer à admettre des crimes imaginaires contre « le peuple souverain » au cours de séances d'autocritique imposées. Étant donné le manque de communication entre les provinces du pays, ces histoires étaient souvent considérées comme des commérages. Les Lhassais, qui constataient les progrès apportés par les Chinois à leur ville, n'accordaient guère foi à de telles rumeurs.

Vent de protestations à l'Est

Vers la fin de 1954, les Tibétains des provinces orientales avaient déjà commencé à exprimer leur rage contre leurs nouveaux maîtres. La collectivisation de l'agriculture imposée par les Chinois fut catastrophique. Les nouveaux arrivés, peu habitués à faire pousser des céréales à haute altitude, avaient remplacé l'orge – matière première de la tsampa, le plat local – par du blé. Les récoltes minables qui s'ensuivirent ne firent rien pour pallier le manque de nourriture.

Les populations des régions éloignées furent mécontentes, mais les Chinois commirent la grossière erreur de se mettre à dos les hommes de Kham, que l'on appelle les Khampas, des montagnards farouches portant des couteaux typiques à la ceinture et suspendant des fusils au-dessus de leur âtre. Connaissant la nature rebelle de ces hommes, les Chinois se méfiaient de tout cet armement domestique dans la province. Ils offrirent donc aux Khampas une amnistie et leur demandèrent de déposer leurs armes, ce qui fut refusé avec véhémence. Les Chinois décidèrent alors de les confisquer de force.

Outragés par ces actions, les guerriers khampas se réunirent et, par milliers, effectuèrent des raids sur des camps de l'Armée populaire de libération, massacrant les soldats et mettant les survivants en déroute.

Ces événements provoquèrent d'inévitables rétorsions de la part des communistes. En février, les Chinois bombardèrent le monastère de Chartreng Sampheling où trois mille moines et des milliers de villageois avaient trouvé refuge. Malgré cela, après six mois de combats, les Chinois avaient subi de terribles pertes à l'est du fleuve Yangtsé.

Entre-temps, le commandement de l'APL à Chamdo convoqua le Comité de libération de Chamdo, composé de 350 importants Khampas, et leur demanda d'approuver les « réformes démocratiques » entreprises par les communistes. Ce programme, mis en vigueur au début de 1955 en Chine et étendu au Tibet, visait à établir plusieurs coopératives agricoles dans l'est du pays. Le dalaï-lama et son cabinet avaient déjà entériné les réformes. Toutefois, à Chamdo, le vote majoritaire exprimé par les membres du Comité de libération donna un non massif. Les Chinois récidivèrent à quatre reprises et obtinrent les mêmes résultats.

Finalement, les Chinois organisèrent une cinquième réunion à la forteresse de Jomdho Dzong, à 60 kilomètres au nord-est de Chamdo, et 210 chefs khampas y furent présents. Lorsque tous les délégués furent à l'intérieur, 5 000 soldats chinois encerclèrent le fort et firent prisonniers les chefs tribaux en leur annonçant que des réformes seraient entreprises sur-le-champ. Pendant deux semaines, les Khampas résistèrent. Après avoir subi des pressions, ils firent semblant d'acquiescer aux demandes de leurs geôliers dans l'espoir que les Chinois relâcheraient leur emprise.

Leur ruse fonctionna et, le seizième jour, les 210 chefs rebelles se sauvèrent pour se cacher dans les montagnes de l'Himalaya. Ayant réussi à faire des hors-la-loi de la plupart des chefs khampas, les Chinois, par inadvertance, avaient aussi réussi à créer un mouvement de guérilla khampa.

LE DALAÏ-LAMA – UNE VIE DE COMBAT ET DE PAIX

144

Le Comité préparatoire du gouvernement autonome du Tibet

Avant que ne surviennent de violentes réactions, et alors que le dalaï-lama se trouvait encore en Chine, les cadres de Mao en poste à Lhassa et l'administration tibétaine mirent sur pied un Comité préparatoire pour le gouvernement autonome du Tibet (CPGAT). Cette initiative permettait de calmer les Tibétains qui avaient l'impression de reprendre le contrôle sur leurs affaires courantes, surtout après les faux pas commis par les Chinois dans la capitale.

Le dalaï-lama se montra heureux de la création de ce comité, promettant d'instaurer une administration partagée susceptible de satisfaire et même d'améliorer les conditions de vie de son peuple grâce à la Chine. Depuis plusieurs années, il avait rêvé de faire entrer le Tibet dans le XXe siècle et il croyait sincèrement que la Chine pouvait se révéler le véhicule de cette renaissance.

Selon la constitution du CPGAT, l'administration tibétaine devait comprendre plusieurs ministères régissant les finances, l'agriculture, l'éducation, les soins de santé, la religion et la sécurité publique, le tout sous l'autorité des Tibétains. L'administration de Chamdo devait revenir à Lhassa, tandis que le reste des provinces de Kham et de l'Amdo demeurait directement sous contrôle chinois. Sur les cinquante-et-un délégués régionaux, incluant le dalaï-lama, seulement cinq étaient Chinois. Le cabinet ainsi que l'Assemblée nationale conservaient leurs prérogatives.

Ce qui semblait raisonnable en théorie devint moins séduisant en pratique. Les Chinois attribuèrent les quarante-cinq postes tibétains à ceux qui désiraient préserver leurs biens et leur pouvoir en échange d'une indéfectible soumission. La création du Comité préparatoire donnait au panchen-lama le même rang et les mêmes pouvoirs dans la région de Shigatse que ceux que détenait le dalaï-lama à Lhassa ; de plus, les Chinois le nommaient vice-président du CPGAT et lui permettaient de choisir ses propres représentants au Comité. Les dignitaires de Lhassa furent mécontents de cet arrangement car, même si le dalaï-lama était président du CPGAT, il avait les mains liées. Cela rendait la situation plutôt délicate, surtout si l'on prenait en compte l'influence que les Chinois pouvaient avoir sur le panchen-lama. Il était évident que Lhassa et Shigatse auraient du mal à coopérer. Ngabo Ngawang Jigme, devenu l'un des collaborateurs les plus appréciés des Chinois, fut élu secrétaire général du CPGAT. Cela signifiait en clair que les partisans non communistes ne représentaient que 27 pour cent des membres du gouvernement. À chaque vote, le cabinet et l'Assemblée nationale se faisaient battre à plates coutures à deux contre un. Le dalaï-lama ne tarda pas à saisir qu'on l'avait nommé chef d'un comité de manière à atténuer la grogne du peuple.

Malgré ces avatars, la fondation officielle du CPGAT eut lieu le 22 avril 1956 dans le premier auditorium du pays – le Lhassa Hall – qui faisait face au Potala. Au cours de son discours devant l'Assemblée, le dalaï-lama exhorta les dirigeants chinois à faire preuve de prudence lorsqu'ils adoptaient des réformes, tout spécialement dans les provinces de Kham et de l'Amdo.

Peu après la cérémonie, Lobsang Samten fut nommé au ministère de la Sécurité publique, ce qui amusa le dalaï-lama qui savait combien son frère était dénué d'agressivité et que ce dernier était plutôt passif. Lobsang Samten considéra cette nomination ridicule et, le soir même, demanda à son frère comment il devait réagir. En tant que membre de la famille, il ne pouvait se permettre de refuser catégoriquement ce poste de crainte de compliquer la situation épineuse dans laquelle se trouvait le dalaï-lama[2].

Pendant ce temps, le frère aîné du dalaï-lama, Thubten Jigme Norbu, était à Calcutta avec son autre frère Gyalo Thondup et sa sœur Tsering Dolma. Cette dernière faisait partie du périple chinois de l'année précédente et, pour la même raison que son frère Lobsang Samten, lequel avait accepté sa nomination au ministère de la Sécurité publique, elle supplia ses jeunes frères de rentrer à Lhassa. Thubten Jigme Norbu écrivit : « On a demandé à Tsering Dolma de faire tout son possible pour encourager les membres expatriés de la famille du dalaï-lama à rentrer au Tibet... Elle craignait que notre refus de le faire risque de causer d'autres difficultés au dalaï-lama[2]. »

De tels soucis eussent été normaux dans n'importe quelle famille, mais, en tant que bouddhistes tibétains, les parents du dalaï-lama le considéraient également comme un dieu. Il leur aurait donc fallu une détermination égoïste pour se résoudre à demeurer en exil sans se préoccuper du bien-être de leur saint frère. D'un autre côté, rentrer au Tibet pouvait signifier l'incarcération, des châtiments ou même la mort aux mains des maoïstes – et peut-être toutes ces peines à la fois. Thubten Jigme Norbu et Gyalo Thondup firent savoir à leur sœur qu'ils ne reviendraient pas au Tibet tant que les communistes y seraient présents et décidèrent que, peu importe la décision qu'ils prendraient, le dalaï-lama subirait de toute façon les conséquences de leurs actes. Tsering Dolma rentra donc à Lhassa et imputa son impossibilité à rapatrier ses deux frères à leur entêtement.

Les choses ne s'étaient pas améliorées en son absence. Le CPGAT était devenu une comédie risible. Le centre du pays se trouvait sous le contrôle du Comité du Parti communiste du Tibet, qui ne comptait aucun membre tibétain. Lorsque le peuple prit connaissance de cette incongruité, un malaise s'ensuivit, des groupes de résistance se formèrent et leurs leaders dénoncèrent le CPGAT comme étant d'une inutilité flagrante puisque le Tibet possédait déjà sa propre administration. De plus, ils prônaient sa dissolution pure et simple. Les communistes se précipitèrent pour faire cesser les manifestations et proclamèrent l'interdiction générale de toute réunion publique. Le dalaï-lama se trouva forcé à signer ce diktat, sachant pertinemment que de telles brimades n'empêcheraient jamais de modifier l'opinion populaire.

Il admirait les gens engagés à résister passivement aux prétentions chinoises et était fier d'un tel leadership et d'une telle détermination de la part de son peuple, mais il n'en adhérait pas moins à ses principes bouddhistes. Plein de compassion envers les occupants, il était aussi contre la violence. Étant avisé que le peuple était prêt à se révolter, pour la sécurité des Tibétains le dalaï-lama avait envisagé de présenter sa démission pour apaiser les Chinois et pour leur laisser prendre le contrôle intégral de la situation. À la fin, il se tint sur ses positions, mais savait qu'il devait condamner les manifestations violentes. S'il avait encouragé la violence, cela aurait pu finir par des mitraillages en pleine rue et par des bombardements qui auraient détruit des trésors nationaux. Le dalaï-lama préféra donc gagner du temps en espérant quelque providentielle intervention extérieure tout en calmant les Chinois en leur faisant croire que tout finirait par s'arranger.

Le public demeurait loyal envers le dalaï-lama en vertu de son statut de dieu-monarque, mais il n'acceptait pas les décisions du cabinet. Ce dernier fit les frais des controverses en se faisant accuser de faiblesse. Néanmoins, il tint bon et choisit d'éviter que les résistants ne soient soumis à une violente répression de la part des Chinois.

Des batailles faisaient rage dans les provinces orientales. En février 1956, une milice fut formée pour défendre le monastère de Lithang. L'Armée populaire de libération rassembla 40 000 soldats supplémentaires pour répondre à cette décision. L'engagement dura 64 jours et, le 1er juin, les Chinois firent donner la grosse artillerie. Huit cents moines et un grand nombre de laïcs furent massacrés.

Certains survivants furent torturés et mis à mort. À la pointe du fusil, les moines et les religieuses furent forcés d'avoir des rapports sexuels en public en dérision de leurs vœux de célibat. Lorsqu'il eut vent de ces affreuses nouvelles, le dalaï-lama pleura et demanda aux Chinois comment ils pouvaient souhaiter gagner la confiance des Tibétains après avoir commis des actes aussi barbares[3]. Ils lui répliquèrent que les critiques du jeune homme étaient « une insulte à la mère patrie » et que, si les Tibétains étaient suffisamment ineptes pour ne pas voir les merveilleux avantages que les réformes communistes leur apportaient, ils n'avaient qu'à en subir les conséquences.

Le dalaï-lama envoya immédiatement une lettre à Mao pour qu'il intervienne en espérant que le maître de Beijing s'apercevait que ses émissaires n'appliquaient pas convenablement ses directives. Ayant sans doute deux fers au feu, le Grand Timonier ne daigna pas répondre. Le dalaï-lama réitéra deux fois sa demande sans plus de résultats. Il en déduisit que les soldats chinois qui avaient commis de telles atrocités n'avaient fait que suivre la voie de cette nouvelle divinité tutélaire qu'était devenu Mao.

Des réfugiés des régions extérieures avaient commencé à migrer à Lhassa en 1954. En 1956, ils envahissaient la ville. L'un d'entre eux remarquait : « Pour la première fois de son histoire, Lhassa n'est plus le lieu de convergence des pèlerinages mais un objectif pour les gens de guerre[4]. » Quelque 20 000 exilés étaient en route vers la capitale lorsque des avions les mitraillèrent et leur lancèrent des bombes. Les voyageurs et leurs animaux moururent d'épuisement ou sous les projectiles. D'autres, qui s'étaient réfugiés dans les montagnes pour échapper au massacre, dégringolèrent simplement dans les ravins. Tous ces gens n'avaient qu'un seul espoir à l'Est pour leur peuple : l'intercession du dalaï-lama.

Une invitation bienvenue

En 1956, le président de la Société Mahabohdi, une organisation vouée au développement spirituel et éducatif du bouddhisme, envoya une invitation au dalaï-lama. Il était prié d'assister aux fêtes du Jayanti ou anniversaire de Bouddha à l'occasion de la célébration du 2 500ᵉ anniversaire de la naissance du Maître, qui se déroulait à travers le territoire indien. Cette nouvelle lui remonta le moral et il espérait bien pouvoir prendre part à cet événement.

Pour tous les Tibétains, l'Inde est une terre sainte, le lieu de naissance du bouddhisme que le dalaï-lama avait toujours tenu à visiter. Pendant ce voyage, il souhaitait aussi voir le lieu de sépulture du mahatma Gandhi, le chef spirituel indien qui avait réussi à réaliser l'indépendance de son pays par des moyens pacifiques et la désobéissance civile, et faire la connaissance des membres de sa famille. Le dalaï-lama admirait grandement le mahatma et désirait rencontrer à nouveau le premier ministre Nehru pour solliciter ses conseils et obtenir de l'aide. Il était également curieux de voir comment la démocratie fonctionnait dans le sous-continent indien. Il pensait que ces rencontres lui fourniraient un éclairage différent du contexte d'administration marxiste à laquelle les Tibétains étaient soumis. De plus, il espérait renouer des liens avec l'ambassade britannique en Inde. Il considérait la Grande-Bretagne comme le seul lien fiable que possédait le Tibet en matière d'affaires étrangères avec le reste du monde. Malheureusement, à cause de l'indépendance, ces rapports s'étaient quelque peu distendus.

Sachant pertinemment qu'il ne pourrait pas quitter le Tibet sans l'approbation des Chinois, le dalaï-lama montra l'invitation au plus ancien des généraux de l'Armée populaire. Ce dernier lui « suggéra » fortement de ne pas se rendre en Inde, d'abord pour des questions de sécurité. Il lui expliqua en outre que le Comité provisoire pour le gouvernement autonome du Tibet avait encore beaucoup de travail à accomplir et que la présence du dalaï-lama était impérative pour ces travaux. De plus, le général ajouta qu'étant donné que l'invitation avait été acheminée par une organisation religieuse et non par un gouvernement, il n'était pas nécessaire d'y assister et il lui conseilla d'envoyer un représentant. Le dalaï-lama fut accablé par cette réaction mais était conscient qu'il était inutile de protester. Les Chinois ne voulaient rien savoir et il oublia temporairement ce projet.

Le 1er octobre, le premier ministre Nehru expédia un télégramme à Beijing demandant que le dalaï-lama et le panchen-lama puissent avoir la permission d'être présents au Jayanti de Bouddha.

Les Chinois revinrent sur leur décision devant cette invitation formelle, car ils ne tenaient pas à altérer les relations diplomatiques sino-indiennes. Zhang Jingwu annonça au dalaï-lama qu'il pouvait donc partir et qu'il serait protégé par l'ambassadeur de Chine en Inde. Il lui parla des soulèvements en Hongrie et en Pologne, et lui rappela subtilement comment ces réactionnaires avaient été matés par les Russes qui leur avaient fait subir maints tourments. Il lui expliqua également le monolithisme du bloc communiste et sa façon de se montrer solidaire de ses alliés. Le général faisait discrètement allusion au recours à l'aide extérieure que les Chinois pourraient obtenir pour museler la résistance tibétaine. Le dalaï-lama comprit le message : advenant l'intervention des Russes, son peuple souffrirait encore davantage. En effet, l'histoire soviétique prouvait que, sous le régime stalinien, la répression des dissidents avait été bien plus féroce qu'en Chine et que la puissance de l'Armée rouge soviétique était beaucoup plus imposante que celle de son homologue chinoise.

Les discours que le dalaï-lama devait prononcer en Inde devaient être préalablement approuvés par les Chinois. Toute référence relative à la situation du Tibet devait être traitée de manière élusive par le dalaï-lama. S'il pouvait admettre qu'il existait dans son pays certains « troubles mineurs », si on lui posait d'autres questions, il devait répondre que cela relevait de la compétence de Beijing. Si quelque représentant de Taïwan était présent à une célébration, le dalaï-lama ne devait pas y prendre part. En effet, Chang Kaï-chek s'était réfugié dans l'île de Formose et les deux factions avaient leur mot à dire dans la guerre froide. C'est l'ambassadeur chinois qui devait fournir au dalaï-lama les dernières informations sur la liste des invités au Jayanti dès son arrivée en Inde.

À la mi-novembre, le dalaï-lama et sa suite quittèrent Lhassa. Grâce aux nouvelles routes tracées par les Chinois, la majeure partie du voyage put se faire en voiture. La caravane s'arrêta à Shigatse pour y prendre le panchen-lama, puis se dirigea vers la dernière agglomération tibétaine avant la frontière. À la plus grande joie du dalaï-lama, l'escorte chinoise ne les suivit pas. Pour la première fois, il se sentait libre de ses mouvements. À Yadong, ils changèrent leurs autos contre des chevaux.

Après avoir franchi le col de Nathu La, à la frontière du Sikkim, les voyageurs furent reçus par une garde d'honneur, une fanfare et un groupe de dignitaires. Ils passèrent la nuit sous la tente près du lac Tsongo, qui était gelé. Lorsque le dalaï-lama arriva au village de toile, il y fut accueilli par Thubten Jigme Norbu et Gyalo Thondup, ses frères qu'il n'avait pas vus depuis des années. Lobsang Samten et Tendzin Choegyal ayant accompagné le dalaï-lama depuis

Lhassa, les cinq frères étaient enfin réunis pour la première fois. « Ce fut un moment solennel mais, une fois de plus, les questions et les réponses fusaient de part et d'autre, car nous avions beaucoup de choses à nous raconter, devait rapporter Thubten Jigme Norbu. Aussi le dalaï-lama nous a-t-il demandé de passer la soirée avec lui[5]. »

À cette occasion, Thubten Jigme Norbu expliqua au dalaï-lama que des étrangers avaient commencé à s'intéresser au sort du Tibet et que de l'aide pourrait fort bien lui parvenir. Toutefois, il ne lui dévoila pas que Gyalo Thondup avait pris contact avec les États-Unis par le truchement de la CIA.

Le lendemain matin, les frères se séparèrent une fois de plus. Tous, à l'exception du dalaï-lama, mirent le cap sur New Delhi en passant par Calcutta, où ils devaient rencontrer le reste de la famille – leur mère, Tsering Dolma, ainsi que leur sœur, Jetsun Pema. Le dalaï-lama se rendit pour sa part à Gangtok, où il passa la nuit, puis à l'aéroport de Bagdogra, à la frontière indienne. Il s'envola par avion à New Delhi, où il fut reçu avec les honneurs dus à son rang par le premier ministre indien Jawaharlal Nehru, ainsi que par de nombreux représentants du corps diplomatique indien.

Le jour suivant, sa première visite fut pour Raj Ghat, au bord de la rivière Yamunâ, où le mahatma Gandhi a été incinéré. Le dalaï-lama a toujours regretté de ne pas avoir connu ce grand leader en personne mais se réjouissait de l'exemple et de l'espoir qu'il avait pu donner à des millions de personnes au cours de son existence. Il admirait particulièrement l'*ahimsa,* ou poursuite de la non-violence, que ce sage indien pratiquait.

154

Le grand lama s'exprime et se montre déçu

Dans les jours qui suivirent, le dalaï-lama prit part aux célébrations du Jayanti de Bouddha. Il en profita pour s'entretenir avec les adeptes et des membres de la famille de Gandhi et s'adressa à une assemblée de l'Organisation des Nations unies pour l'éducation, la science et la culture (UNESCO) à New Delhi. Le dalaï-lama avait mis aux rebuts les discours préparés par les autorités chinoises et parla posément à la foule. Il déclara à cette occasion que, pendant que tout le monde se gargarisait avec le mot « paix », de grandes nations en écrasaient des plus petites. Il blâma la plupart des pays qui faisaient mine de ne pas remarquer de telles injustices.

Lorsque les célébrations prirent fin, le dalaï-lama eut une première rencontre avec le premier ministre Nehru. Il expliqua au dirigeant indien qu'il pensait demeurer en Inde et lui demanda si, en tel cas, il lui accorderait l'asile politique. Nehru se montra hésitant. Il répondit au dalaï-lama que la paix en Asie dépendait des bonnes relations pouvant exister entre l'Inde et la Chine.

En ratifiant l'Accord en dix-sept points, le Tibet était devenu *de facto* partie intégrante de la Chine et, dans l'optique des Indiens, avait renoncé à toute discussion internationale à ce propos. En 1954, le gouvernement indien avait signé un traité commercial avec les Chinois aux termes duquel l'Inde acceptait de retirer ses effectifs militaires cantonnés à Yadong et à Gyantsé et de transférer sans compensation au Tibet les installations télégraphiques et téléphoniques autrefois sous administration indienne. Le libellé de ce traité affirmait sans équivoque que le Tibet entérinait la souveraineté de la Chine sur le Tibet, alors qu'historiquement on avait toujours pensé que la Chine ne jouait au Tibet qu'un rôle de pays suzerain.

Nehru déclara au dalaï-lama que, en dépit de toute la sympathie qu'il éprouvait pour lui, il ne pouvait se payer le luxe de mettre sa région en danger. Nehru l'exhorta plutôt à rentrer à Lhassa, et à travailler de concert avec les Chinois selon les dispositions de l'Accord en dix-sept points. Malgré les protestations du dalaï-lama qui lui souligna combien il n'avait fait que cela depuis les sept dernières années, Nehru lui répondit sans ménagement que l'Inde ne pouvait pas lui donner raison. Il promit néanmoins de parler au premier ministre chinois Zhou Enlai, qui devait arriver à Delhi le jour suivant.

Le lendemain matin, le dalaï-lama visita l'aéroport avec Nehru et une rencontre fut organisée avec Zhou Enlai le soir même. Ce dernier fit allusion à certaines rumeurs selon lesquelles le dalaï-lama avait l'intention de se fixer en Inde. Il déclara sans ambiguïté au chef tibétain que ce serait de sa part une erreur monumentale, car son pays avait besoin de lui.

Thubten Jigme Norbu et Gyalo Thondup rencontrèrent également Zhou Enlai à New Delhi. Il leur recommanda, non sans subtilité, de rentrer au Tibet, mais ces derniers refusèrent catégoriquement. Ils en profitèrent pour rappeler au premier ministre chinois tout ce dont ils avaient été témoins et ce qu'on leur avait rapporté sur les événements qui se déroulaient dans leur malheureux pays, mais Zhou rétorqua que le souhait de la République populaire de Chine était d'améliorer les conditions de vie des Tibétains et de leur faire partager les progrès accomplis par le peuple chinois. Il ajouta que le dalaï-lama avait un rôle crucial à jouer dans les projets de Beijing et que son retour au Tibet était vital pour son peuple.

Après toutes ces rencontres, le dalaï-lama, sa famille et le panchen-lama prirent un train placé à la disposition de la délégation tibétaine et se rendirent visiter plusieurs sanctuaires bouddhistes, dont Sanchi, Ajanta, Benarès, Bodh Gaya et autres sites religieux du pays. La sœur du dalaï-lama, Jetsun Pema, devait écrire à propos de ce voyage :

« C'est au cours de ce pèlerinage à travers l'Inde que j'ai vraiment appris à connaître le dalaï-lama. J'avais alors 16 ans et il en avait 21. Nous avons visité une avionnerie à Bangalore et les installations hydroélectriques de Nangal. Il était fasciné et ne manquait pas une occasion de comparer son périple chinois de 1954 avec le présent voyage en Inde. Il commentait abondamment les différences qui existaient entre le régime communiste et celui d'une jeune démocratie en plein essor où soufflait un vent de liberté[6]. »

Après trois mois de pérégrinations, le dalaï-lama rentra à New Delhi où Zhou Enlai était également revenu et où ils se rencontrèrent une fois de plus. Zhou dut admettre que la situation au Tibet devenait intenable et que les Chinois devraient recourir à la force pour mettre un terme à ces troubles. Le dalaï-lama comprit toute la portée de cette mise en garde sévère et en fut intimidé. Il sut alors qu'il n'avait pas d'autre choix que de réintégrer sa patrie.

Il passa quelques jours en famille et, durant ce temps, ses frères tentèrent de le dissuader de rentrer à Lhassa, mais il leur répondit qu'il ne pouvait se permettre de se tenir à l'abri pendant que son peuple était à la merci des Chinois. Des blizzards soufflant dans l'Himalaya le forcèrent toutefois à prolonger d'un mois son séjour en Inde.

Se séparer de son frère et de son plus fidèle compagnon, Lobsang Samten, qui avait décidé de rester en Inde, fut une épreuve difficile pour le dalaï-lama. Diki Tsering voulait également que son fils Tendzin Choegyal demeure expatrié, mais ses fils aînés s'y opposèrent. Lui aussi était un lama réincarné et ses frères estimaient que sa place était au Tibet aussi longtemps qu'il pouvait le supporter. Diki Tsering devait à son tour rentrer à Lhassa, mais cela prit encore quelque temps.

Opérations clandestines

Ce que le dalaï-lama ne savait pas, c'est que ses frères travaillaient pour la CIA. Parlant de Gyalo Thondup, Jetsun Pema décrit ses activités en ces termes :

« Mon frère recrutait de jeunes Tibétains que la CIA entraînait en Arizona. Puis ils étaient parachutés par petits groupes dans certaines régions du Tibet. Très peu de gens étaient au courant de cela et personne n'osait en parler. Certains de ces résistants furent capturés et torturés. D'autres avaient sur eux des capsules de cyanure afin de ne pas tomber vivants entre les mains des Chinois[7]. »

Gyalo Thondup avait créé le Comité pour le bien-être social des Tibétains à Darjeeling, en Inde, en 1954, et des rebelles l'avaient contacté en lui réclamant des armes et une formation militaire. Grâce aux nationalistes de Taïwan, il fit parachuter des armes et de l'équipement aux maquisards tibétains. Ensuite, par l'intermédiaire de Thubten Jigme Norbu, qui relayait les nouvelles en Inde, Gyalo Thondup se vit proposer de l'aide par les Américains.

Toutefois, les États-Unis ne tenaient pas à se déclarer ouvertement engagés au Tibet. Vu la ratification de l'Accord en dix-sept points par ce pays et la participation du dalaï-lama aux travaux du Comité préparatoire pour le gouvernement autonome du Tibet, ainsi qu'à ceux du Congrès national du peuple chinois lors de son voyage en Chine, les Américains avaient l'impression que le gouvernement tibétain avait volontairement renoncé à son indépendance. Ils promirent de jouer un rôle plus actif dans la situation, mais seulement si le gouvernement tibétain le leur demandait.

Il faut dire que les Américains n'étaient pas aussi intéressés à aider le Tibet qu'à enrayer la progression du communisme. En 1955, le président Dwight D. Eisenhower autorisa la CIA à former des groupes de résistants pour déstabiliser le pays, mais ce plan avorta. Les Khampas choisis pour ce programme furent entraînés pendant une année puis parachutés au Tibet pour organiser la guérilla et constituer des résistants dans différentes régions du pays. Malheureusement, les Américains ne leur fournirent pas d'armes qui auraient permis de remonter jusqu'à eux. Ils leur larguèrent seulement des bazookas démodés et de vieux fusils anglais dont les emballages se fracassaient souvent en touchant terre. Entre-temps, l'Armée populaire de libération chinoise faisait sauvagement donner la grosse artillerie contre les villages tibétains dissidents et cette armée d'occupation fut augmentée jusqu'à atteindre 150 000 hommes. Les résistants étaient évidemment submergés, mais leur ferveur ne s'émoussait pas. D'autres organisations de résistance virent le jour dans l'espoir de libérer le pays. Lorsque le dalaï-lama rentra à Lhassa le 1er avril, la ville était à la fois dans l'expectative et en pleine agitation. Zhou Enlai avait ordonné certains changements superficiels comme la réduction des troupes un peu trop visibles et le retrait de certains commissaires politiques associés à des réformes impopulaires. On avait également mis un terme à l'érection de nouveaux baraquements militaires ainsi qu'à la construction d'une usine hydroélectrique controversée. Les Chinois n'avaient aucunement changé leurs plans, mais voulaient faire croire aux Tibétains qu'ils s'étaient pliés à leurs exigences. En fait, les Chinois ne faisaient que retarder leurs réformes de six ans. Les combats se poursuivaient dans les provinces et les communistes espéraient au moins maintenir l'ordre dans la capitale.

Malgré tout cela, Lhassa était envahie par des réfugiés et comprenait plus de dix mille tentes sur son territoire, abritant surtout des Khampas. La plupart des Lhassais considéraient les Khampas comme des brigands et se sentaient menacés par leur présence. Ces gens rapportaient également des histoires d'atrocités perpétrées dans leurs provinces. Une combinaison de sinophobie et de lutte pour l'espace vital et les ressources alimentaires provoquait de l'animosité envers ces compatriotes encombrants.

Le dalaï-lama constatait que la situation s'était grandement détériorée au Tibet au cours des cinq derniers mois. Des conflits surgissaient dans les provinces de Kham et de l'Amdo. Villes et villages étaient ravagés par les bombardements et les tirs de barrage. Le Tibet était en plein chaos.

Vers la fin de 1956, dans un geste de loyauté et de conciliation, un homme d'affaires khampa, Gönpo Tashi Andrugstang, caressait le projet d'offrir un très beau trône en or au dalaï-lama. Il commença par solliciter des dons sous le couvert de ce geste de déférence et de patriotisme, mais avait surtout l'intention d'enrôler des guérilléros. Ces derniers s'organisèrent sous le nom traditionnel de ces territoires rebelles, soit « Quatre fleuves, six montagnes ».

Au cours de l'année 1958, pas plus les Chinois que les Tibétains ne parvenaient à contrôler le cours des événements qui se déroulaient au Tibet. Bien que le dalaï-lama admirât les guerriers khampas et appréciât leurs efforts pour soustraire le Tibet à l'emprise chinoise, il ne pouvait les soutenir ouvertement. Il tentait de conserver un semblant d'ordre dans la capitale et pratiquait autant que faire se peut une forme de résistance passive.

Un simulacre de vie normale

Parmi ce tumulte, le dalaï-lama se préparait en vue du plus difficile examen de sa vie, soit un doctorat en métaphysique, le Geshe, qui est le plus haut grade universitaire accordé au Tibet. Les examens consistaient en des débats sur un grand nombre de sujets contre les plus beaux esprits du pays. Bien que la scolarité préparatoire comportât une vingtaine d'années d'études, le dalaï-lama parvint à terminer le programme dans la moitié de ce temps. Il fixa la date de cet examen au Festival de la grande prière de 1959, qui devait se dérouler à la fin de février ou au début de mars. Il se sentait pressé par les événements, car il se doutait que son temps au Tibet touchait à sa fin. Il n'existait aucune garantie que les Chinois l'autorisent à passer cet examen ou même qu'il soit encore en vie pour s'y présenter. Il lui fallait donc suffisamment de temps pour se préparer mentalement.

Pour s'octroyer quelque répit, au printemps 1958, le dalaï-lama s'installa au Norbulingka ou lieu de résidence d'été. La coutume voulait qu'il construise sa propre petite maison dans ce complexe. Ce «palais», somme toute modeste, l'enchanta car il comportait toutes les installations ménagères modernes. Ainsi, il avait un lit de fer au lieu d'une plateforme et une salle de bains avec l'eau courante et le tout-à-l'égout. La maison de deux étages avait également l'électricité, des tables et des chaises au lieu de coussins ainsi qu'un poste de radio, cadeau du gouvernement indien. À l'extérieur, il avait un petit étang et un jardin dont il pouvait surveiller les plantations. Il était très heureux dans sa peu prétentieuse demeure mais cela ne devait pas durer.

En effet, il eut maille à partir avec les autorités chinoises, et la situation s'empira. Au cours de l'année, les rebelles des Quatre rivières et six montagnes attaquèrent la garnison de l'Armée populaire de libération chinoise à Tsethang, à environ 50 kilomètres de Lhassa, et la mirent en déroute. Le commissariat politique demanda donc au dalaï-lama de mobiliser l'armée tibétaine contre son propre peuple. Lorsque le dalaï-lama s'opposa en expliquant que son armée déserterait probablement pour se joindre aux maquisards, le commissaire devint apoplectique. Il hurla que tous les Tibétains n'étaient que des ingrats et que ce genre de résistance serait écrasé avec pertes et fracas. Il s'en prit aussi à certains Tibétains en exil, dont Thubten Jigme Norbu et Gyalo Thondup, en disant qu'ils avaient fomenté des troubles, et il ordonna au dalaï-lama de révoquer leur citoyenneté tibétaine. Vu que le dalaï-lama était hostile à tout conflit ouvert dans la ville de Lhassa, il accepta, sachant que ses frères et que les autres personnes nommées par le commissaire étaient à l'abri à l'extérieur du Tibet. Le commissaire politique annula également la visite prévue de Nehru, sous prétexte qu'il ne pouvait garantir la sécurité du premier ministre indien.

Décidément, les Chinois ne mettaient plus de gants pour s'entretenir avec le dalaï-lama. Il faut dire que ce dernier ne se prosternait pas devant eux, refusait d'influencer son peuple selon leur philosophie et de renoncer à son rang. Malgré cela, le dalaï-lama n'était pas non plus en odeur de sainteté auprès des résistants tibétains qui auraient voulu qu'il approuve leurs actions guerrières. Même s'il les comprenait, il ne pouvait se résoudre à cautionner la violence.

Tout cela ajoutait aux soucis du jeune dirigeant alors qu'il se rendait au monastère de Drepung à l'automne 1958 pour se présenter à la première partie de son examen. Il le réussit sans peine. La deuxième partie devait se dérouler au monastère de Ganden. Là, il fut soumis à des pressions considérables lorsque des conseillers l'encouragèrent à dénoncer l'Accord en dix-sept points et à rétablir son propre gouvernement. Il réfléchit longuement à leur proposition, mais en vint à la conclusion qu'une telle déclaration ne ferait que provoquer une attaque furieuse et généralisée des Chinois contre le peuple tibétain. Il passa donc la deuxième partie de son examen et rentra à Lhassa pour étudier en vue des épreuves finales et attendre le long et dur hiver.

À cause des escarmouches perpétuelles et des pressions chinoises de plus en plus intenses pour mettre fin aux actes de résistance, le dalaï-lama trouva difficile de se concentrer sur ses études. Il médita particulièrement les paroles du Bouddha qui enseigne à ses disciples qu'on peut beaucoup apprendre de ses ennemis. Il fit également preuve de compassion envers les Chinois. Après quelques mois pénibles, 1959 arriva enfin et le nouvel an tibétain aussi. Il fut suivi du Festival de la grande prière, et des foules accoururent à Lhassa pour cette occasion.

Peu après cette fête, deux jeunes cadres chinois vinrent trouver le dalaï-lama pour lui réitérer une invitation du général Zhang Jingwu à assister aux évolutions d'un groupe de danse venu de Chine. Le dalaï-lama avait déjà été convié à cet événement culturel, mais il avait dû se désister poliment. Cette fois-ci, les occupants voulaient une réponse et une date. Il retarda encore sa présence en expliquant qu'il préparait des examens finaux et qu'il ne serait libre que lorsqu'il les aurait passés. Tranquillisés, les cadres informèrent le général de ce nouveau délai.

Le lendemain matin, le dalaï-lama se présenta pour débattre dans le cadre de ses examens en vue de son doctorat en métaphysique. Ils se déroulaient devant plusieurs milliers de personnes. Le matin, les sujets portaient sur l'épistémologie et la logique. L'après-midi était réservé à la philosophie bouddhiste et, jusqu'à 19 heures, cinq matières étaient au programme : la perfection de la sagesse, la voie médiane, la cognition valide, la discipline et la connaissance. Lorsque les débats se terminèrent, le jury s'entendit à l'unanimité pour lui décerner le titre de Geshe.

Deux jours plus tard, les Chinois cognaient une fois de plus à la porte du dalaï-lama pour lui demander la date à laquelle il comptait assister au festival de danse. Sachant qu'il ne pouvait plus reculer, il fixa cette date au 10 mars.

Peu après, le garde du corps du dalaï-lama apprit à son maître que les Chinois voulaient couper court aux formalités habituelles. Le dalaï-lama ne serait plus accompagné par des soldats tibétains, comme c'était la coutume. Seuls deux gardes du corps non armés étaient permis et, en plus, il fallait que ces arrangements discutables demeurent secrets. Lorsque le dalaï-lama fut informé de cela, il fit contre mauvaise fortune bon cœur et se résigna à agir comme on le lui demandait.

Protection à tout prix

Les gardes du corps du dalaï-lama furent outrés par ces exigences léonines. Le peuple en eut vent et ses réactions furent incroyables. Dans la matinée du 10 mars, les Tibétains sortirent de Lhassa en groupe et entourèrent le Norbulingka. À 9 heures, près de 30 000 d'entre eux étaient assemblés à la porte de la propriété et avaient décidé de protéger le dalaï-lama advenant une tentative d'enlèvement de la part des Chinois.

Le dalaï-lama avait hâte de désamorcer la situation. Pour les manifestants, toute personne essayant de franchir les portes du Norbulingka le faisait à ses risques et périls parce qu'on la suspectait de travailler pour les Chinois. Un traître bien connu passa près de la foule à bicyclette et se crut bien avisé de tirer deux coups de pistolet pour la faire reculer. Il fut lapidé à mort et son corps attaché à un cheval et traîné dans les rues de la ville. Le peuple était décidé à ne pas bouger et s'en remit aux Chinois pour qu'ils se retirent du Tibet.

Le grand chambellan du dalaï-lama appela le général Zhang Jingwu pour qu'il lui présente ses regrets de ne pouvoir assister aux ébats chorégraphiques de la troupe chinoise. Il lui expliqua que le dalaï-lama espérait que la foule se disperse et que l'ordre soit rapidement restauré. Les Chinois firent une colère monstre et blâmèrent le gouvernement tibétain d'avoir organisé secrètement la manifestation. Le général indiqua également qu'il fallait que les mutins prévoient se faire chasser *manu militari*.

Les émeutiers s'attendaient à une telle réaction et s'en moquaient. Même les femmes s'étaient massées au pied du Potala et mettaient au défi les Chinois de tirer sur elles en criant qu'à partir de ce moment le Tibet était un pays libre.

Ce soir-là, soixante-dix jeunes dignitaires tibétains, des gardes du corps personnels du dalaï-lama et plusieurs leaders populaires qui avaient gagné quelque pouvoir sous l'occupation chinoise, se réunirent à l'extérieur du Norbulingka. Tous signèrent une déclaration dénonçant l'Accord en dix-sept points en disant qu'ils ne reconnaissaient plus l'autorité de Beijing.

Peu après, le dalaï-lama reçut un message des Chinois lui suggérant de venir se placer sous leur protection à leur quartier général. Accepter eût été d'un ridicule achevé – et en tout cas une chose impossible – puisque les Chinois constituaient justement la menace que les manifestants craignaient le plus et contre laquelle ils protégeaient leur chef.

Le dalaï-lama consulta donc l'oracle de Nechung. Plusieurs de ses conseillers lui suggéraient de s'enfuir, mais celui-ci ne savait trop quoi faire. L'oracle lui recommanda clairement de rester et d'essayer de trouver un compromis avec les Chinois.

Le 16 mars, le dalaï-lama reçut une nouvelle lettre des Chinois lui demandant de venir se placer sous leur protection à leur quartier général. Y était joint un mot de Ngabo Gnawang Jigme. Cela signifiait clairement que les Chinois se préparaient à attaquer les Tibétains revendicateurs qui entouraient le Norbulingka et que l'on voulait soustraire le dalaï-lama aux blessures provoquées par les canonnades qui ne manqueraient pas de se produire pour disperser le peuple.

Le dalaï-lama répondit que lui aussi était consterné par l'action des forces nationalistes radicales, mais qu'il espérait que les Chinois feraient preuve de patience et attendraient que la foule s'éparpille d'elle-même. Il savait fort bien que les manifestants ne pourraient tenir longtemps et craignait pour leur sécurité, car ils s'exposaient à des représailles.

Le 19 mars, à 16 heures, les premiers coups de feu se firent entendre et deux obus de mortier perturbèrent la sérénité des jardins intérieurs du Norbulingka. Le dalaï-lama consulta une fois de plus son oracle dont la réponse différa de la première fois. « Sauvez-vous ! Sauvez-vous ce soir même ! » lui cria-t-il tout en lui indiquant la route qu'il devait suivre dans son exil. Le chef des Tibétains savait que l'oracle avait raison. Le salut de son peuple résidait dans sa fuite car, alors, les manifestants n'auraient plus rien à protéger. En se sauvant, il espérait épargner des milliers de vies.

Notes

1. Tashi Tsering, Melvyn Goldstein et William Siebenschuh, *The Struggle for Modern Tibet: The Autobiography of Tashi Tsering*, Armonk, N. Y., M. E. Sharpe, 1997, p. 41.

2. Thubten Jugme Norbu et Heinrich Harrer, *Tibet Is My Country*, p. 238.

3. Tenzin Gyatso, *Freedom in Exile*, p. 110.

4. Cité par Noel Barber dans *From the Land of Lost Content: The Dalai Lama's Fight for Tibet*, Houghton Mifflin, Boston, 1970, p. 23.

5. Thubten Jugme Norbu et Heinrich Harrer, *ibid.*, p. 238.

6. Jetsun Pema, *Tibet, My Story*, p. 54.

7. *Ibid.*, p. 51.

CHAPITRE 8

ÉVASION EN INDE

Pendant que le dalaï-lama était inquiet du sort de son peuple rassemblé autour du Norbulingka, les Chinois s'étaient rendus au monastère de Drepung pour y prendre son frère, Tendzin Choegyal, et l'emmener faire de la figuration au festival de danse populaire qu'ils avaient organisé. Le jeune homme anticipait cet événement de façon positive, mais s'aperçut en arrivant que les Chinois semblaient outrés de l'y voir. Le *politruk*, ou commissaire politique, était furieux du fait que le dalaï-lama, pas plus que sa mère, qui se faisait porter malade, n'honoraient la fête folklorique de leur présence. Il était encore plus en colère contre ces Tibétains qui n'adoptaient pas sans discuter l'évangile communiste. Il les décrivait comme des « réactionnaires » et hurlait qu'il allait les « liquider » en bloc s'ils n'obtempéraient pas sans rouspéter.

C'est à ce moment que Tendzin Choegyal apprit la présence des manifestants au Norbulingka et commença à craindre pour sa propre sécurité. Il se demandait si les Chinois ne le prendraient pas en otage de manière à influencer le dalaï-lama. Il regarda d'un œil distrait les évolutions chorégraphiques, qui furent d'ailleurs abrégées, et fut soulagé de voir que l'on avait ordonné au chauffeur de le ramener à Drepung. Le serviteur de sa mère fit arrêter la voiture à un carrefour entre le camp des Chinois et sa maison, qui se trouvait derrière la première enceinte du palais d'été. Ce serviteur mentit au chauffeur et lui raconta que la maladie de Diki Tsering s'était aggravée. Il pria au garçon de se rendre à la maison de sa mère plutôt qu'au monastère. Tendzin Choegyal sauta du véhicule et marcha la courte distance qui le séparait de la résidence maternelle.

Diki Tsering, qui était en pleine forme, regarda par la fenêtre et se réjouit de l'arrivée de son fils. Elle avait craint que les Chinois ne le déportent chez eux ou pire encore. Diki Tsering, Tsering Dolma et Tendzin Choegyal passèrent donc la nuit à se demander ce que l'avenir pouvait bien leur réserver.

Le lendemain, le supérieur du garde du corps du dalaï-lama arriva à la maison et convia la famille à rassembler quelques effets personnels, car son maître avait décidé de quitter le pays. L'homme leur recommanda de ne pas en toucher mot à qui que ce soit, même à leurs amis les plus proches. Diki Tsering fut navrée de ne pouvoir confier à sa mère de 70 ans qu'elle s'enfuyait du Tibet, mais de hauts fonctionnaires fiables leur avaient laissé entendre que des mouchards à la solde des Chinois se trouvaient parmi le personnel domestique, ce qui aurait contrecarré tout projet d'évasion.

Tendzin Choegyal troqua sa robe marron contre une chuba (une veste de peau de mouton) de soldat et dissimula dessous un vieux pistolet Luger allemand qu'il avait déniché dans un tiroir. Il cacha son crâne tondu sous un bonnet de laine. Sa mère et sa sœur se déguisèrent également en soldats avec pantalons et chubas vertes semblables aux vêtements des guerriers khams. Leur tenue se complétait de couvre-chefs marron et de bottes qu'ils salirent à dessein. Ils devaient s'évader la nuit pour éviter d'être repérés.

C'est à 21 heures le 17 mars que la famille du dalaï-lama fut le premier groupe à franchir les portes du Norbulingka. Ce groupe comprenait la mère du dalaï-lama, Tsering Dolma, Tendzin Choegyal, son oncle et une petite escorte. L'ancien premier ministre enjoignit qu'on ouvre la porte en prétextant que sa suite et lui avaient reçu ordre d'inspecter les abords du fleuve. Le groupe se faufila parmi la foule sans difficulté. « Je pense que j'étais celui qui détonnait dans ce groupe à cause de ma taille, devait confier plus tard Tendzin Choegyal, mais ils m'ont tout de même laissé passer[1]. »

Les évadés traversèrent un espace à découvert parsemé de quelques buissons où ils rencontrèrent un homme menant un poney pour Diki Tsering, qui éprouvait des difficultés à marcher à cause de son arthrite dans les genoux. Puis, regroupée en formation de patrouille, la famille se dirigea vers le fleuve Kyitchu en ne transportant qu'un peu de tsampa, de beurre et de viande en guise de provisions. Ils franchirent le fleuve dans des bateaux en peau de yack et attendirent sur l'autre rive le reste des fugitifs.

Pendant ce temps, derrière les murs du Norbulingka, le dalaï-lama préparait son propre déguisement. Il portait un long manteau noir, un pantalon et un fusil en bandoulière. Il trouva bizarre d'abandonner sa tunique de moine et d'enfiler des vêtements auxquels il n'était pas habitué.

Avant de partir, il écrivit une lettre indiquant quels étaient dorénavant les dirigeants de son peuple, puis il se rendit à la chapelle de la même divinité protectrice qui avait visité la maison du dalaï-lama sous la forme d'une corneille. Il y médita certains enseignements du Bouddha, notamment ceux qui concernaient la confiance et le courage. Il prit ensuite une peinture sur étoffe représentant une autre divinité, la roula et la plaça dans un étui cylindrique qu'il porta en bandoulière. Cette peinture sacrée avait appartenu au deuxième dalaï-lama. Il compléta son déguisement en coiffant sa tête rasée d'un bonnet de fourrure et en ôtant ses lunettes.

Le dalaï-lama était terrifié, mais pas pour sa personne. Si ses propres compatriotes le reconnaissaient, ils risquaient certainement de l'empêcher de partir de sorte que les rebelles seraient molestés en poursuivant leur manifestation sinophobe. Il espérait qu'en s'évadant la foule finirait par se disperser. Si d'aventure les Chinois le capturaient, tout espoir serait perdu pour le Tibet puisque le dalaï-lama représente l'incarnation même du pays. Cette chute signifierait l'effondrement total du territoire national et la perte de l'identité tibétaine.

En passant la porte, le dalaï-lama s'arrêta pour caresser l'un de ses chiens. Cet animal ne s'étant jamais montré très attaché à son maître, il ne fut pas difficile pour ce dernier de s'en détacher. Le dalaï-lama avait davantage de remords à laisser derrière lui ses vieux amis, ses gardes du corps et son personnel. Tandis qu'il quittait le complexe résidentiel, il se voyait déjà en Inde, puis prêt à revenir au Tibet, à son poste, rendu à un peuple aimé qu'il devait pour l'heure abandonner à son sort.

Le dalaï-lama quitta sa maison à 22 heures. Il rencontra son chef d'état-major, qui était armé d'une épée. Parmi le groupe d'accompagnateurs, on retrouvait le seigneur chancelier, le chambellan, le chef des gardes du corps et deux soldats tibétains. Le chef d'état-major recommanda au dalaï-lama et à sa suite de serrer les rangs et, en franchissant la porte, il annonça à la foule qu'ils se livraient à une inspection de routine. Les piqueteurs permirent donc aux « soldats » de passer et ne reconnurent pas le dalaï-lama parmi eux.

Une piste infernale

Le second groupe d'évadés se dirigea vers un affluent du fleuve Kyichu, qu'on pouvait franchir en sautant de pierre en pierre. Cependant, l'obscurité constituait un sérieux obstacle, car le dalaï-lama voyait mal sans ses lunettes et cela rendait la traversée du cours d'eau d'autant plus périlleuse. Il faillit perdre l'équilibre plusieurs fois, ce qui aurait pu présenter des risques de blessures pour lui en plus de se faire repérer par des sentinelles alertées par le clapotis de l'eau. Le groupe risquait également de se faire prendre pour un peloton de soldats chinois par les maquisards tibétains non informés de l'évasion et qui auraient pu ouvrir le feu sans sommation.

Lorsque la cohorte arriva sur la rive du Kyichu, elle monta à bord d'autres embarcations en peau de yack et traversa. Chaque coup de rame était l'objet d'inquiétude, car avec la multitude de soldats de l'APL cantonnés à Lhassa, il était rare qu'une patrouille ne fouine pas le soir. Protégé par l'obscurité et une couverture nuageuse à basse altitude, le groupe franchit toutefois le fleuve sans encombre.

Une trentaine de dissidents tibétains et leurs chefs accueillirent le groupe sur l'autre rive. Ils tenaient les rênes de plusieurs chevaux empruntés à des monastères. Peu après, un troisième groupe de fugitifs fit son apparition. Il s'agissait des ministres du dalaï-lama, de tuteurs et de conseillers exfiltrés de Lhassa en se cachant sous la bâche d'un camion.

Dès que les fuyards eurent traversé le Kyitchu, le dalaï-lama fut en mesure de rechausser ses lunettes. Il aperçut les torches qui éclairaient la garnison de l'Armée populaire de libération à quelques centaines de mètres d'où il se trouvait et cette proximité le faisait frissonner. Il échangea rapidement des écharpes cérémonielles avec les chefs de la résistance et les remercia d'avoir favorisé son évasion. Puis il monta sur l'un des chevaux.

Étant donné l'urgence de la situation ainsi que la nuit sombre, les chevaux avaient été plus ou moins bien harnachés. Les meilleurs d'entre eux portaient les plus mauvaises selles et avaient été confiés au personnel de moindre rang, tandis que de vieux mulets avec les meilleures selles avaient été assignés aux personnages importants. C'est donc à la hâte et en faisant abstraction du protocole que les exilés s'enfoncèrent dans la nuit.

Rien ne pouvait atténuer le bruit qu'une centaine de montures faisaient en se déplaçant mais, heureusement, le vent soufflait du nord-ouest, à l'opposé de la garnison chinoise, ce qui amortissait les sons. De toute façon, avec les Chinois aussi proches, les premiers kilomètres de ce parcours risquaient de se révéler périlleux.

Le reste de cette nuit et une partie de la journée suivante, la colonne se dirigea vers le Brahmapoutre, en plein territoire de guérilla tibétaine. Faute de route, le cortège emprunta une piste rocailleuse sur une colline surmontant le fleuve. Le camp des Chinois se trouvait à leur droite et les fugitifs couraient le danger de se faire repérer par des patrouilles fluviales. Près d'une île, où des camions chinois à bennes se rendaient jour et nuit pour y prendre leur chargement de pierres taillées, la colonne risquait également de se retrouver dans le faisceau des phares de ces véhicules. Heureusement, ce ne fut pas le cas.

Le sentier, fort escarpé, était difficile à suivre dans le noir. Le dalaï-lama perdit même une fois sa route et dut revenir sur ses pas pour retrouver la bonne direction. Une autre fois, la lueur de torches créa des inquiétudes, mais il ne s'agissait que de l'éclairage de résistants replaçant certains des voyageurs sur la bonne piste. Même si le groupe ne voyait pas ou n'entendait pas toujours ces guérilléros khampas, il était conscient de leur présence et savait que ces guerriers étaient là pour le protéger.

« Avant que l'aube ne se lève, il faisait si froid que je craignais que mes jambes ne paralysent. Heureusement, le soleil se leva et nous redonna le moral », raconta plus tard Tendzin Choegyal[2]. Le cortège continua vers la base de Sandy Pass, un col qui fut atteint vers 8 heures du matin. On s'arrêta, le temps de prendre une tasse de thé avant d'aborder les pentes escarpées du col que l'on apercevait parmi les neiges éternelles. Tendzin Choegyal ajouta :

« Tout au long du passage du col, mon oncle, qui est plutôt ventripotent, avait des problèmes avec sa selle qui glissait sous lui. Il devait alors s'agripper à la crinière de son cheval. Je ne pus m'empêcher de rire jusqu'à ce que nous posâmes pied à terre de l'autre côté du passage. Le sol était sablonneux et nous pûmes enfin faire une halte[3]. »

Les fugitifs continuèrent à cheminer pendant quatre heures. Après cela, il restait encore une quinzaine de kilomètres avant de rejoindre le Tsangpo, nom tibétain du Brahmapoutre. Cette portion du voyage se compliqua à cause d'une tempête de sable qui aveugla les cavaliers et leurs montures et qui rendit étouffante et dangereuse cette partie du périple.

Craignant que les Chinois ne soient arrivés les premiers près du fleuve, le groupe progressa lentement dans la tempête. Il s'agissait d'un lieu d'interception idéal pour les Chinois, car c'était le seul point de passage et il n'y avait qu'un unique bac. Lorsque le cortège atteignit le quai, tous se réjouirent de ne pas voir de « libérateurs » maoïstes, puis la traversée se fit sans incident.

De sinistres nouvelles de l'Est

De l'autre côté du fleuve, les voyageurs prirent un répit dans un petit village où les habitants rendirent hommage au dalaï-lama. De nombreuses personnes en avaient les larmes aux yeux. Cette région peu peuplée se prêtait particulièrement bien à la guérilla. D'autres guerriers khampas se joignirent au groupe afin de le protéger de toute intervention chinoise possible. C'est donc avec cette sécurité supplémentaire que les évadés purent chevaucher jusqu'à la nuit tombée.

Après une vingtaine d'heures en selle, les voyageurs purent enfin prendre un repos digne de ce nom au monastère de Ramé. « Le jour qui suivit notre évasion de Lhassa, devait expliquer le dalaï-lama, je ressentis un énorme sentiment de soulagement. En fait, le danger rôdait encore autour de nous[4]... » En effet, même si la menace était constamment présente et que les Chinois étaient toujours à sa recherche, il pouvait au moins critiquer ouvertement leurs agissements au Tibet et cela lui donna une indéniable impression de liberté.

Le deuxième jour et les suivants, même si la route était aussi difficile, le voyage se révéla plus plaisant. En plus d'une centaine de voyageurs, la troupe se composait maintenant de 350 soldats tibétains et d'au moins 50 guérilléros. En petits groupes, tous s'évertuaient à franchir les cols de montagne dont certains étaient encore couverts de neige. À un moment donné, un blizzard causa beaucoup de soucis au dalaï-lama qui s'inquiétait pour sa mère et les autres personnes âgées du groupe. Il n'y avait malheureusement qu'une chose à faire et c'était d'avancer, puis de se reposer le soir au hasard des villages et de monastères de ce chemin d'exode.

Après avoir consulté ses conseillers, le dalaï-lama décida de prendre pour destination Luntze Dzong, près de la frontière indienne. Dans cette forteresse, il planifia le rejet de l'Accord en dix-sept points, le rétablissement de son gouvernement et l'amorce de pourparlers avec les Chinois. Il espérait que ces palabres permettraient de parvenir à un compromis et d'éviter que Lhassa ne soit bombardée. De toute façon, Luntze Dzong était encore loin et il comptait avoir le temps de sauver son peuple.

178

La fois suivante où le cortège fit halte, le dalaï-lama prit Tendzin Choegyal dans son groupe afin qu'il puisse aider leur mère et leur sœur à voyager plus vite, ce qui accéléra effectivement leurs déplacements. Le monarque en exil se montra satisfait de voir ces dames loin de Lhassa et relativement à l'abri des périls qui les menaçaient dans la capitale.

Les fugitifs purent à ce point-ci de leur voyage syntoniser la Voix de l'Amérique sur un petit récepteur radio qu'ils avaient emporté avec eux. Les nouvelles parlaient de troubles se déroulant à Lhassa, ajoutant que le dalaï-lama avait disparu et qu'on ne savait pas où il se trouvait. Le commentateur ne signala pas d'action militaire de la part des Chinois.

Pourtant, peu après ce communiqué, un groupe de cavaliers apporta des nouvelles désastreuses. Deux jours après le départ du dalaï-lama, soit le 20 mars en matinée, les Chinois avaient lourdement bombardé le Norbulingka et mitraillé la foule entourant le palais. Ils firent également donner l'artillerie sur le Potala, le village de Schöl, le temple de Jokhang, ainsi que sur les monastères de Sera, Ganden et Drepung.

Certains des bâtiments principaux du Norbulingka avaient été détruits et les autres endommagés de diverses manières. L'aile ouest du Potala avait subi des dégâts, tout comme le mausolée doré du treizième dalaï-lama. Le collège de médecine avait été pratiquement rasé. Des milliers de Tibétains étaient en route pour des années de détention dans des geôles chinoises et des milliers de corps – dont un nombre impressionnant de femmes et d'enfants – jonchaient les rues.

Au milieu de cette boucherie, les Chinois essayaient de mettre la main sur le dalaï-lama. Les soldats retournaient les morts – moines comme laïcs – pour examiner leur visage et pour pouvoir le retrouver. Ce soir-là, les tripoteurs de cadavres durent s'avouer bredouilles, ce qui se traduisit par d'autres milliers de personnes victimes de bombardements.

Horrifié par ce qu'il redoutait le plus et par ce qu'il avait vraiment voulu éviter, le dalaï-lama comprit qu'il était dorénavant inutile de tenter de négocier avec les Chinois, et son respect pour les résistants tibétains augmenta considérablement. Ne pouvant pas prêcher la violence, il n'en saisit pas moins qu'elle était un mal nécessaire et, lors d'une halte, il eut l'occasion de s'entretenir ouvertement de cette question avec des guerriers khampas. Il leur fit savoir combien il admirait leur bravoure et leur patriotisme et les remercia de l'avoir extirpé des griffes des occupants. Il les pria de se montrer compréhensifs pour les déclarations qu'il avait faites sous la pression chinoise et au cours desquelles il avait donné des ordres aux termes desquels ils étaient qualifiés de « réactionnaires » et de « brigands ». À ce point du débat et sans égard pour ses sentiments bouddhistes, le dalaï-lama ne pouvait pas demander à ces hommes de cesser de se battre pour le Tibet, car il se rendait compte des sacrifices énormes qu'ils avaient consentis en laissant leurs familles derrière eux et en risquant leur vie pour leur pays.

L'un des chefs de la résistance avoua au dalaï-lama que les États-Unis étaient désireux d'aider la guérilla tibétaine, mais qu'ils voulaient auparavant connaître les intentions du dalaï-lama. Ce dernier expliqua au guerrier que ni lui ni les membres de son cabinet n'avaient encore pris de décision, mais lui précisa son intention de mettre sur pied un gouvernement provisoire établi à Luntze Dzong.

Un homme traqué

Peu après ces entretiens, le dalaï-lama et sa suite reprirent leur itinéraire vers le sud. Pendant la semaine qui suivit, ce voyage comprenait le passage de montagnes de plus de 6 000 mètres. Lorsqu'ils parvinrent à un lieu-dit nommé E-Chhudhogyang, ils comprirent le vieux dicton tibétain selon lequel il vaut mieux être un animal né dans un lieu où abondent des pâturages et de l'eau qu'un être humain venu au monde dans un trou perdu comme ce bourg au nom rocailleux[5] ! Ce territoire lunaire est balayé par vents et tempêtes et on n'y trouve ni arbre ni herbage. Malgré leur extrême pauvreté, les habitants hébergèrent les voyageurs dans leurs masures et dans leurs granges – geste que les fugitifs apprécièrent au plus haut degré.

Pendant ce temps, la disparition du dalaï-lama faisait les manchettes partout dans le monde. Zhou Enlai avait annoncé la liquidation du gouvernement tibétain et son remplacement par un comité provisoire. Le Tibet historique n'existait plus, mais le gouvernement chinois n'en était pas plus heureux pour cela. Lorsqu'on fit part de la fuite du dalaï-lama au président Mao, celui-ci déclara : « Alors, nous avons perdu la partie[6]… » Cela ne l'empêcha pas d'ordonner qu'un fort détachement de l'APL se lance à la poursuite du dalaï-lama et traverse le fleuve Tsangpo pour le capturer.

Deux jours plus tard, les réfugiés atteignirent Luntze Dzong, où se tint une cérémonie d'Action de grâces pour remercier les puissances supérieures d'avoir protégé le symbole vivant du Tibet. Ensuite, le dalaï-lama dénonça l'Accord en dix-sept points et déclara officiellement que les Chinois n'étaient rien d'autre que de vulgaires envahisseurs. Plus de mille personnes assistèrent à cette cérémonie de création du gouvernement tibétain en exil – le seul devant être reconnu. Le discours eut lieu sur le territoire national ; le dalaï-lama s'engagea à revenir et à établir l'importance du Tibet en tant que nation assiégée. Il voulait également prouver à ses sujets que, malgré son absence, il serait toujours de tout cœur avec eux. Les moines de la forteresse lui remirent officiellement les sceaux traditionnels du pouvoir et tous chantèrent des cantiques à l'occasion de ce nouveau couronnement de leur chef. Le dalaï-lama signa une proclamation officialisant le nouveau gouvernement et l'on fit des copies du document destinées à être distribuées à travers le Tibet, un geste qui, selon le dalaï-lama, était des plus positifs pour assurer l'avenir du pays.

Malgré l'aspect de permanence de ces gestes, le séjour au fort devait se trouver écourté. Les nouvelles parvenues jusqu'à eux faisaient état de mouvements de troupes chinoises et, de toute évidence, Luntze Dzong risquait fort bien d'être leur prochain objectif. Il ne restait donc au dalaï-lama et à sa suite que la possibilité de se hâter vers la frontière indienne. On envoya d'abord des messagers pour demander le droit d'asile au gouvernement de l'Inde. Ces émissaires avaient pour ordre de transmettre la requête au premier représentant du gouvernement indien qu'ils trouveraient afin qu'il l'achemine aux autorités de New Delhi. Ils devaient attendre la réponse et la donner au dalaï-lama par les moyens les plus rapides.

Bien que l'Inde ne fût qu'à une semaine de voyage, la dernière partie de cette expédition promettait d'être la plus ardue. À une certaine intersection, trois routes menaient vers l'Inde et chacune offrait une diversité d'obstacles. Pour éviter les risques de se faire capturer en bloc, les voyageurs se séparèrent donc en trois groupes. Les trois ministres du dalaï-lama ainsi que ses tuteurs empruntèrent le col le moins haut mais le plus long ; certains des soldats prirent la deuxième route, tandis que le dalaï-lama suivit celle menant au col le plus élevé.

Près du sommet, le dalaï-lama et ses compagnons durent affronter un blizzard. L'air était si froid que leurs cils et sourcils étaient couverts de givre. Leurs montures pâtissaient faute de végétation dans le sol gelé et le seul moyen de franchir le col était de marcher. Avant de parvenir au sommet, les voyageurs mangèrent un peu de pain et burent de l'eau chaude et du lait condensé, un repas de fortune auquel étaient habitués les Tibétains.

Lorsque le groupe du dalaï-lama réussit à atteindre Jhora, il regagna la mère et la sœur du chef du gouvernement en exil. Elles avaient voyagé si vite qu'elles purent séjourner deux jours dans une propriété qu'elles possédaient dans cette agglomération et qui leur avait été donnée lors de l'intronisation du dalaï-lama. Les conseillers, tuteurs et soldats s'y retrouvèrent presque simultanément. Tout le monde passa la nuit en ce lieu et reprit sa route à 4 heures le matin suivant.

Lorsque la route se mit à grimper de nouveau, les voyageurs eurent à affronter une autre tempête et prirent de la neige plein les yeux. Très peu d'entre eux avaient des lunettes pour préserver leur vue de l'aveuglante lumière. Certains tentaient de se protéger en rabattant leurs cheveux ou leurs tresses sur le visage, d'autres en utilisant des bandes de toile.

Ils furent étonnés d'entendre dans le silence imposant des hauts sommets le vrombissement d'un bimoteur passant à deux cents mètres au-dessus de leurs têtes. Le groupe était particulièrement visible sur le blanc des cimes, surtout à cause des couvertures rouge vif des chevaux. Le dalaï-lama ordonna qu'on les retourne pour ne montrer que leur côté sombre. Les fugitifs mirent pied à terre, se dispersèrent et se cachèrent dans les rochers et sur des parcelles de terrain où la neige avait fondu. L'avion les survola une fois de plus mais personne ne put vraiment identifier sa provenance. Cependant, sachant que l'espace aérien tibétain était contrôlé par les Chinois, les voyageurs en conclurent qu'ils avaient été repérés et qu'ils risquaient fort bien de se faire capturer. Aussi continuèrent-ils leur route en se séparant en d'autres petits groupes.

Vers midi le même jour, tous se retrouvèrent en terrain plat, mais furent de nouveau aux prises avec une tempête de sable. Plus loin, dans une vaste plaine, la neige retarda leur progression et ils durent une fois de plus se protéger les yeux de la lumière crue. Toutefois, les messagers envoyés en Inde revinrent avec de bonnes nouvelles : le dalaï-lama et sa suite bénéficiaient de l'asile politique de la part du gouvernement de New Delhi.

Adieux au Tibet

La dernière nuit du dalaï-lama au Tibet se passa à Mangmang, le dernier village avant la frontière indienne.

LE DALAÏ-LAMA – UNE VIE DE COMBAT ET DE PAIX

On s'y sentait en sécurité, avec seulement une piste entrant et sortant de l'agglomération. Le dalaï-lama fut cependant loin d'y connaître le confort, car lui et sa suite durent dormir sous la tente et, cette nuit-là, il plut à torrents. Or, son abri fuyait et l'eau ruisselait de tous côtés à l'intérieur. Dans l'impossibilité de s'allonger, le symbole vivant du Tibet dut, tant bien que mal, rester assis et se priver de sommeil une bonne partie de la nuit.

Le stress et la fatigue se transformèrent en fièvre et en dysenterie le lendemain matin. Trop malade pour voyager, le dalaï-lama dut se faire héberger dans une petite habitation offrant un peu plus de protection que sa tente, mais il s'agissait d'une demeure crasseuse et obscurcie par le noir de fumée. Au premier étage, les vaches meuglaient jour et nuit ; leur puanteur rendait l'air irrespirable en haut et la maladie encore plus insoutenable. Pour ajouter au désarroi du malade, au petit matin, des coqs chantaient, perchés sur les chevrons.

La seconde journée à Mangmang, au beau milieu de sa condition lamentable, le dalaï-lama entendit un communiqué diffusé par All Indian Radio révélant son intention de venir s'établir en Inde. L'annonceur mentionnait également que le monarque en exil était tombé de cheval et s'était gravement blessé. Malgré son état, cela le fit bien rire, car il n'aurait plus manqué qu'une chute de cheval pour compléter la liste de ses tourments !

Le jour suivant, bien qu'encore malade, le dalaï-lama décida de se mettre en route pour faciliter la tâche aux guérilléros qui protégeaient son arrière-garde. Certains de ces résistants lui annoncèrent également que les Chinois s'empressaient d'investir Tsona, un village pas très loin du camp. Même s'il avait de la peine à se détacher de ses fidèles Khampas qui l'avaient accompagné durant ce difficile voyage, il savait que, indisposé ou pas, il lui fallait avancer. Trop faible pour chevaucher, il monta sur un dzomo (hybride de yack et de vache), un bovidé au pas plus placide. C'est dans cet équipage, engourdi par la maladie et le cœur triste que, le 31 mars 1959, le dalaï-lama traversa la frontière qui le séparait de la liberté.

Le découragement et la maladie dont souffrait le jeune roi détrôné s'atténuèrent quelque peu lorsqu'il arriva dans les premières villes et bourgades indiennes. Un porte-parole gouvernemental et un interprète lui firent un accueil des plus cordiaux ainsi qu'aux gens de son entourage. Tous reprirent la route et se dirigèrent vers Bomdila où, trois semaines après avoir quitté Lhassa, le dalaï-lama reçut un télégramme de bienvenue du premier ministre Nehru.

Le dalaï-lama resta à Bomdila pendant une dizaine de jours, le temps de récupérer de sa dysenterie. Le 19 avril, on l'amena au camp de Foothills, où une garde d'honneur lui rendit hommage. L'après-midi, il devait se rendre à Tezpur et, de là, prendre la route de Mussoorie, où lui et les autres Tibétains devaient s'installer. Il était prévu que la troupe parcoure ces quelque 2 500 kilomètres en chemin de fer.

En quittant Foothills, le dalaï-lama rencontra plusieurs reporters cinématographiques de la presse internationale qui qualifiaient son évasion « d'histoire du siècle ». On le prévint qu'à Tezpur il serait accueilli par une véritable horde de correspondants de presse du monde entier.

186

Dans cette ville, en un lieu nommé Circuit House, le dalaï-lama revit son frère, Gyalo Thondup. Des milliers de télégrammes, de messages et de lettres l'y attendaient, ainsi que de très nombreux reporters des quatre coins du monde. Il prépara un bref communiqué dans lequel il expliquait les événements qui l'avaient incité à quitter son pays et ce message fut lu par un fonctionnaire tibétain. On y révélait pour la première fois que l'Accord en dix-sept points avait été signé sous la contrainte et que, dès l'arrivée de l'Armée populaire de libération à Lhassa, le Tibet avait été loin d'être autonome. Il infirma les allégations de Beijing selon lesquelles il avait été enlevé et déclara solennellement avoir fui le Tibet librement. Il déplora les événements de Lhassa et souhaita ardemment la fin des manifestations et de la répression.

Les Chinois ne mirent pas de temps à réagir. L'agence de presse Xinghua annonça que le dalaï-lama avait été kidnappé et retenu contre sa volonté par des rebelles à la solde de Taïwan, de la Grande-Bretagne, des États-Unis et de l'Inde. Beijing déclarait en outre que la « prétendue déclaration du dalaï-lama n'était qu'un document grossier, exempt de bon sens et fourmillant de mensonges et de lacunes[7] ». On ajoutait que la pseudo-indépendance du Tibet n'était qu'une invention des Britanniques pour justifier leur agression contre la Chine et le Tibet, et qu'étant donné que ce document avait été présenté par une tierce personne, il n'avait de toute évidence pas été rédigé par le dalaï-lama.

La question du Tibet plaçait Nehru en porte-à-faux. Il démentit les allégations selon lesquelles l'Inde avait eu un rôle à jouer dans la rébellion du peuple tibétain. Il fit remarquer qu'un nombre considérable d'Indiens étaient favorables à la cause du Tibet et qu'en offrant l'asile au dalaï-lama ils exprimaient leur réprobation pour les repré-sailles dont le peuple de ce pays était victime. Il ajouta que l'appui qu'il accordait au dalaï-lama était purement humanitaire et que le leader exilé n'avait pas le droit d'uti-liser le territoire national indien comme base pour des actions visant à obtenir l'indépendance du Tibet. Nehru tenta d'isoler le dalaï-lama de la presse internationale afin de ne pas irriter davantage les Chinois, mais ses efforts en ce sens se révélèrent inutiles.

Après l'allocution de Tezpur, le dalaï-lama déjeuna et prit le train pour Mussoorie à 13 heures. Des milliers de personnes lui souhaitèrent bon voyage au départ tout comme lors des haltes dans les gares du parcours. Il leur adressa la parole et exprima maintes fois sa gratitude envers le peuple indien.

Le dalaï-lama reçut un autre accueil chaleureux à Dera Dun. Après trois jours de train, il ne lui restait que 25 kilomètres et une heure de plus pour arriver à son nouveau lieu de résidence, Birla House, qui avait appartenu à l'une des plus importantes familles d'industriels indiens et qui avait été construite dans le style d'un manoir anglais. Cette maison comportait deux étages, une véranda imposante et des jardins en espaliers pleins de lys, de violettes bleues et blanches et d'iris.

Cette propriété était entourée d'une clôture de barbelés haute de quatre mètres cinquante destinée à éloigner les visiteurs indésirables et les journalistes, que le gouverne-ment indien tenait à garder aussi loin que possible.

Blâmes et confusion

Nehru arriva à Mussoorie le 24 avril et s'entretint pendant quatre heures avec le dalaï-lama. Ce dernier lui raconta tout ce qui s'était passé depuis son retour au Tibet après les cérémonies du Jayanti de Bouddha. Le dalaï-lama expliqua comment il avait transigé en toute honnêteté avec les Chinois et comment il n'avait pas prévu au départ de chercher l'asile politique en Inde mais d'établir un gouvernement en exil à Luntze Dzong. Il ajouta que c'est seulement après avoir entendu parler des massacres de Lhassa qu'il avait changé d'idée.

Le premier ministre indien fut bouleversé par ces deux derniers faits. Il rétorqua que, même si le dalaï-lama avait instauré un gouvernement provisoire à l'extérieur de Lhassa, le gouvernement indien ne l'aurait pas reconnu. Pour un dirigeant relativement peu aguerri de 24 ans, les reproches de Nehru prenaient des allures de blâmes. D'ailleurs, Nehru tapa fréquemment sur la table en se disant consterné par ce qu'il lui avait appris.

Malgré le ton renfrogné de Nehru, le dalaï-lama poursuivit : « J'ai fermement l'intention d'obtenir l'indépendance du Tibet, mais la priorité la plus cruciale à l'heure actuelle est de mettre un terme au carnage[8]. »

En entendant ces paroles, Nehru s'exclama : « Vous dites que vous voulez obtenir l'indépendance du Tibet sans effusion de sang ? C'est matériellement impossible[9] ! »

Il faut dire que la position de Nehru était des plus délicates par rapport à la situation dans laquelle se trouvait le Tibet. D'ailleurs, pendant des années, le Parlement indien l'avait critiqué pour sa manière de traiter le problème. Voilà maintenant que Nehru apprenait que le dalaï-lama le blâmait pour son insistance à vouloir retourner au Tibet et à se réconcilier avec les Chinois. Il convient de préciser que Nehru avait paraphé le 29 avril 1954 l'accord de Panchsheel aussi appelé « Accord sur le commerce et les relations entre le Tibet chinois et l'Inde » entre son pays et la République populaire de Chine. L'accord comprenait cinq grands principes qui s'énonçaient comme suit : 1. respect mutuel envers l'intégrité du territoire et la souveraineté de chacun ; 2. non-agression mutuelle ; 3. non-interférence mutuelle ; 4. égalité et bénéfices mutuels ; 5. coexistence pacifique. Ce document reconnaissait essentiellement la souveraineté de la Chine sur le Tibet.

Se servant de l'accord de Panchsheel comme base, Nehru affirma clairement qu'il ne prendrait pas le parti du Tibet contre la Chine. Il conseilla fortement au dalaï-lama de ne pas tirer de plans sur l'avenir immédiat et lui assura qu'ils auraient l'occasion de se reparler.

Lorsque le premier ministre indien s'en alla, le dalaï-lama se retrouva décontenancé par ses commentaires. Comprenant la position précaire de Nehru, il décida de suivre ses conseils et de laisser le temps arranger les choses.

Peu après son arrivée à Mussoorie, des rapports firent état des milliers de réfugiés tibétains foulant le sol de l'Inde et du Bhoutan. Les Tibétains avaient réagi et l'on dénombrait 87 000 victimes dans la seule région de Lhassa. Plusieurs des exilés étaient des gens désespérés qui quittaient leur pays pour fuir les « réformes démocratiques » des Chinois, entre autres la collectivisation forcée des propriétés et du travail, les séances quotidiennes de « rééducation », l'abolition du clergé, la nouvelle division de classes, le déferlement des colons chinois et une mort possible au bout du compte. Réduits à des privations abominables, poussés par leur instinct de survie, ces déplacés passaient la frontière de manière impulsive.

En Inde, deux camps furent mis sur pied pour les réfugiés. L'un d'entre eux était situé à Missamari et l'autre à Buxa Duar, un ancien camp de prisonniers de guerre administré par les Britanniques, au Bengale occidental. Le peuple indien fournit un bel effort pour procurer aux demandeurs d'asile des vivres, des vêtements et des soins médicaux.

Malheureusement, pour des raisons climatiques, ces camps se révélèrent désastreux pour les réfugiés. Alors que Mussoorie se trouvait à 2 000 mètres d'altitude et bénéficiait d'un climat plutôt frais, les deux camps étaient situés dans des régions basses accablées par une chaleur insupportable pour des Tibétains accoutumés aux montagnes de l'Himalaya. La touffeur suffocante ainsi que les innombrables miasmes des plaines faisaient des hécatombes parmi les expatriés qui n'y avaient jamais été exposés car, en haute altitude, microbes et virus prolifèrent moins facilement.

En juin, le dalaï-lama se rendit à New Delhi pour s'entretenir à nouveau avec le premier ministre Nehru et supplia ce dernier de déménager les camps de réfugiés en montagne. Ces camps comprenaient à l'époque quelque 20 000 exilés, y compris femmes et enfants[10]. Le dalaï-lama expliqua au premier ministre que, si ces gens devaient rester à Missamari et à Buxa Duar, la majorité ne tarderait pas à mourir.

Nehru fit part au dalaï-lama qu'il lui en demandait beaucoup car, après tout, l'Inde était un pays en voie de développement. Cependant, il accepta que les réfugiés soient déplacés dans les meilleurs délais vers des camps en altitude, dans le nord du pays. Là, ces gens pourraient aider à construire des routes et, dans un climat plus familier, auraient de meilleures chances de survie.

Nehru surprit ensuite le dalaï-lama en évoquant certaines nécessités des enfants tibétains réfugiés. Il expliqua qu'ils devraient avoir des écoles séparées afin de garder leur héritage culturel. Il se déclara prêt à établir une Société pour l'éducation tibétaine, parrainée par le gouvernement indien qui promettait de supporter toutes les dépenses ainsi que les coûts de construction des écoles destinées à cette fin. Il souligna au dalaï-lama l'importance pour les enfants de préserver leur identité et leurs traditions culturelles et d'être au diapason du reste du monde. En qualité d'homme progressiste, le leader exilé ne pouvait évidemment qu'approuver de tout cœur cette généreuse initiative. Nehru suggéra également que les cours soient donnés en anglais, car il prévoyait la portée que cette langue aurait sur le plan international. Le dalaï-lama ne put que se montrer favorable à cette idée.

Un nouveau Tibet en exil

Après son retour à Mussoorie, le dalaï-lama donna une conférence de presse. Bien que le récit de son évasion représentât déjà une nouvelle qui n'en était plus une,

130 reporters d'une foule de pays se bousculaient encore pour l'interviewer. Dans ses déclarations, il réitérait son refus officiel de l'Accord en dix-sept points en expliquant qu'étant donné que la Chine n'en avait pas respecté les clauses, sa validité se trouvait par le fait même abrogée.

Il raconta aux journalistes les atrocités que les Tibétains avaient dû subir aux mains des Chinois et indiqua qu'il était convaincu que leur intention n'était pas seulement de faire disparaître toute trace de religion et de culture tibétaines, mais de dissoudre la race de son peuple dans le « grand tout » sino-marxiste. Il déclara formellement représenter le vrai gouvernement du Tibet, peu importe son lieu de résidence, et ajouta qu'il ne rentrerait dans son pays que lorsque les conditions de vie reviendraient au *statu quo ante*, c'est-à-dire comme elles se trouvaient avant l'intervention chinoise.

Le même soir, un bref communiqué fut diffusé par le gouvernement indien annonçant, non sans emphase, que l'Inde ne reconnaissait pas le gouvernement en exil du dalaï-lama. Cette déclaration porta un coup au jeune homme, même s'il savait pertinemment le pourquoi du comportement indien. En effet, l'Inde devait prendre ses distances de manière à éviter tout conflit avec la Chine et le dalaï-lama admit le bien-fondé de cette action somme toute diplomatique. Aussi se garda-t-il de la contester.

À Birla House, le dalaï-lama penchait davantage vers la démocratie que vers le socialisme, et le protocole s'en trouva modifié. Il donna des audiences hebdomadaires à des gens des quatre coins du monde et insista pour simplifier l'ancienne étiquette, trop cérémonieuse. Il jugeait ces changements très importants, surtout lorsqu'on échangeait avec des non-Tibétains. Il demanda, par exemple, que les sièges soient tous disposés à la même hauteur lorsqu'on s'entretenait avec lui et abolit l'habitude de se placer de manière à dominer ses interlocuteurs. Il voulait qu'on le considère comme un être humain plutôt que comme un roi divinisé. Cela causa certaines difficultés au début, mais le dalaï-lama apprit bientôt à se montrer publiquement sous un jour « égalitaire ».

Thubten Jigme Norbu rendit visite au dalaï-lama et au reste de sa famille à l'occasion des audiences hebdomadaires et fut choqué par le nouveau protocole adopté par son frère.

« Je m'apprêtais à me prosterner devant lui et à lui tendre une kata ou écharpe cérémonielle, comme j'en avais l'habitude, lorsque d'un geste il m'indiqua que cela ne se faisait plus en ces lieux. Sans un mot, il me montra un tableau sacré de Bouddha Shakyamuni et, avec grande émotion, je déposais l'écharpe à travers l'image. J'en conclus alors que nos signes de dévotion devaient dorénavant s'adresser exclusivement aux représentations du Bouddha et que le dalaï-lama ne se considérait plus que comme le premier fugitif de son peuple oppressé[11]. »

Birla House se prêtait bien à l'application d'un protocole simplifié, d'autant plus que le dalaï-lama partageait la maison avec sa mère, son frèreTendzin Choegyal, sa sœur Tsering Dolma et son mari, qui venait de rentrer de Taïwan. Le dalaï-lama aimait pouvoir se réunir avec sa famille et passer du temps auprès de celle-ci. Avec elle, il déambulait dans les jardins, regardait des films et, pour la première fois de sa vie, entretenait des relations que l'on pourrait qualifier de « normals ».

Étant donné que l'organisation gouvernementale du Tibet en exil était beaucoup moins protocolaire, le dalaï-lama trouva plus facile de créer des structures qui manquaient à l'ancienne administration tibétaine. C'est ainsi qu'il mit sur pied les portefeuilles de l'Information, de l'Éducation, de la Réadaptation, de la Sûreté, des Affaires religieuses et des Affaires économiques, et encouragea la présence des femmes au sein de son gouvernement. Il insista également pour que les postes soient attribués en fonction des talents et connaissances des postulants plutôt qu'en fonction de leur sexe.

En septembre 1959, le dalaï-lama retourna à New Delhi. Dans l'intervalle, 30 000 réfugiés tibétains étaient arrivés en Inde, mais le premier ministre Nehru avait été fidèle à sa parole, car il avait déjà relocalisé nombre de ces derniers dans des camps situés au nord de son pays. Cette fois-ci, ce n'était pas tant le bien-être des expatriés qui préoccupait le dalaï-lama que la possibilité de donner enfin au Tibet une voix aux Nations Unies.

Toutefois, Nehru n'était pas prêt à se laisser convaincre de soutenir un tel projet. En effet, comme le Tibet pas plus que la Chine n'étaient membres de l'ONU à cette époque (la Chine n'y entrera qu'en 1971), il y avait de forts risques de faire face à un échec. Il expliqua au dalaï-lama que, même s'il parvenait à obtenir audience, il serait loin d'avoir gain de cause. Le dalaï-lama répliqua que si cela était évident, il n'en était pas moins convaincu qu'il devait continuer à dénoncer devant le concert des nations la situation lamentable dans laquelle se trouvait son malheureux pays.

Ignorant la mise en garde de Nehru, le dalaï-lama rencontra des ambassadeurs de plusieurs nations. Certains se montrèrent ouverts et lui donnèrent des conseils sur la façon d'opérer. En fin de compte, la République d'Irlande et la Fédération de Malaisie appuyèrent un projet de résolution qui fut soumis à l'Assemblée générale des Nations Unies en octobre. Le dalaï-lama fut enfin satisfait de voir que le sort réservé à son peuple puisse être exposé au monde entier.

Notes

1. Cité dans Avedon, *In Exile in the Land of Snows*, p. 55.

2. *Ibid.*, p. 56.

3. *Idem.*

4. *Ibid.*, p. 57.

5. Le dalaï-lama du Tibet, *My Land and My People*, p. 171.

6. Cité dans Tenzin Gyatso, *Freedom in Exile*, p. 221.

7. Cité dans Avedon, *op. cit.*, p. 68.

8. Tenzin Gyatso, *ibid.*, p. 147.

9. Cité dans Tenzin Gyatso, *op. cit.*, p. 147.

196

10. Avec le temps, leur nombre devait dépasser les 100 000 personnes.

11. Thubten Jigme Norbu et Heinrich Harrer, *Tibet is My Country*, p. 251.

CHAPITRE 9

UN FOYER PLUS STABLE

Même en dehors du Tibet et de l'Inde, l'année 1959 fut fertile en changements. Fidel Castro se rendait maître de Cuba, Hawaï devenait le cinquantième État américain et l'Union soviétique lançait ses sondes spatiales Luna, dont l'une photographia la face cachée de la Lune. Aucun de ces événements historiques ne devait avoir de répercussions pour les milliers de réfugiés tibétains qui déferlaient sur l'Inde, et les citoyens du monde ne perdaient guère le sommeil en pensant au sort déplorable de ces pauvres gens.

En octobre, des discussions sur le Tibet avaient lieu lors de la quatorzième assemblée générale des Nations Unies, mais les résultats furent loin d'être aussi satisfaisants que l'avait espéré le dalaï-lama. Les pays du bloc de l'Est se bousculèrent pour s'empresser d'affirmer que le Tibet appartenait à la Chine ; ils se demandaient comment l'Assemblée avait l'outrecuidance d'évoquer cette affaire et, à plus forte raison, de seulement penser à intervenir. L'ambassadeur de l'URSS à l'ONU imputa l'affaire tibétaine à la guerre froide[1] et au désir des fauteurs de troubles capitalistes soucieux de chercher noise à la Chine en s'immisçant dans ses problèmes internes. Toute confrontation étant exclue, les pays occidentaux, dont les États-Unis et la Grande-Bretagne, qui ne tenaient pas à s'engager dans un épineux contentieux, reléguèrent la question de l'autonomie du Tibet aux calendes grecques en se fondant sur l'atmosphère internationale plutôt délétère qui régnait à cette époque.

Au lieu de cela, l'Assemblée insista sur le refus des droits des personnes et l'on adopta une résolution selon laquelle les membres de l'ONU étaient « gravement préoccupés » par des rapports – y compris des déclarations faites par Sa Sainteté le dalaï-lama lui-même – selon lesquels les droits fondamentaux et la liberté du peuple tibétain lui étaient refusés. Cette résolution, pleine de componction, souligna « le respect dû aux Tibétains ainsi qu'à leur culture et à leur religion ».

Ladite résolution valait apparemment mieux que l'apathie totale à propos du Tibet, mais elle se révéla inutile puisque la Chine semblait résolument indifférente à l'opinion publique. Ce n'était évidemment pas ce que les Tibétains souhaitaient, mais la politique étant ce qu'elle est, il ne leur restait plus qu'à dire merci et à endurer leur sort.

L'aide du dalaï-lama à son peuple déraciné

De retour à Mussoorie, le dalaï-lama continua à accorder ses audiences hebdomadaires et à envoyer ses frères dans les camps de réfugiés pour essayer d'améliorer le bien-être de ces derniers. Thubten Jigme Norbu se rendit également en Suisse afin de mettre en application un plan, mis au point par le dalaï-lama, pour transporter des enfants réfugiés au village d'enfants Pestalozzi réservé aux orphelins de guerre et fondé durant la Seconde Guerre mondiale. D'autres villages Pestalozzi existaient en France, en Grande-Bretagne et en Allemagne. Thubten Jigme Norbu les visita aussi pour élargir le spectre des possibilités d'hébergement.

Pour aider les réfugiés de Darjeeling, l'épouse de Gyalo Thondup mit sur pied un centre d'entraide tibétain. Les ateliers de cette organisation permettaient aux artisans tibétains de perpétuer leurs arts traditionnels et de gagner leur vie. Tout comme ceux qui œuvraient à l'entretien des routes, les réfugiés de Darjeeling pouvaient, grâce à cette initiative, travailler et rehausser leur estime de soi. Tout en faisant vivre leurs familles, ces activités contribuaient à préserver la culture tibétaine, et nombre de centres du genre se multiplièrent dans les régions de l'Inde où habitaient des Tibétains.

Entre-temps, le dalaï-lama resta bouleversé face à son impuissance à améliorer les conditions des camps de réfugiés. Entre Missamari et Buxa Duar, c'était encore ce dernier camp qui était le plus insalubre. Ses occupants étaient des moines et des lamas, logés dans des bâtiments de béton entourés par des clôtures de fil de fer barbelé. Les conditions de vie étant malsaines, nombreux furent les moines qui périrent de choléra, de dysenterie, de malaria et d'hépatite. Sans électricité, ils devaient utiliser des lampes à pétrole d'origine douteuse pour lire les Écritures saintes. Les moines respiraient donc les émanations méphitiques de ces éclairages fumeux. Plusieurs d'entre eux contractèrent la tuberculose et en moururent.

Vu la situation précaire des Tibétains en Inde, le dalaï-lama avait fort bien compris qu'il n'y aurait pas de sitôt un retour au Tibet. Il avait accepté cette réalité et avait compris que les réfugiés préféraient souffrir en exil plutôt que de rentrer dans un pays sous domination chinoise.

Les conseillers du dalaï-lama recherchaient des donateurs et négociaient la question des exilés. La stratégie à long terme exigeait beaucoup d'efforts de la part du jeune dirigeant. Ce dernier étant considéré comme un sage et un érudit, tous les intervenants insistaient pour faire affaire personnellement avec lui. Son nom prestigieux était essentiel pour créer des liens de bonne volonté entre les nations et les entités philanthropiques. Il travaillait sans relâche pour informer le monde à propos du Tibet dans l'espoir d'attirer l'attention de ceux qui étaient prêts à soutenir la lutte de son pays contre le géant chinois. Il désirait fonder plus tard un gouvernement non traditionnel une fois son pays libéré.

Une nouvelle orientation

Malgré le fait qu'il ait tenté sincèrement d'appliquer les principes du marxisme et du socialisme dans son pays, le dalaï-lama en vint à la conclusion qu'aussi imparfaite que pût être la démocratie, dont il constatait l'application en Inde, elle constituait une option supérieure aux diktats des régimes communistes. Il était d'avis que la démocratie était la clé de la survie dans le monde moderne et il insista pour que l'on établisse une constitution pour le Tibet.

Il opta pour un système présidentiel au sein duquel le dalaï-lama devait être le chef de l'État. Un cabinet devait être nommé. Ce dernier devait être libre d'interpeller le congrès, mais n'avait pas de droit de vote. Le dalaï-lama recommandait que le congrès puisse destituer un ministre et reconnaissait le droit de la Cour suprême d'intervenir advenant le cas où le dalaï-lama et le congrès éprouvaient des différends. Ce premier projet fit face à de l'opposition mais pas autant qu'un second, qui se heurtait au conservatisme des anciennes structures politiques tibétaines. On y déclarait en substance : « Dans le meilleur intérêt de l'État, le dalaï-lama lui-même peut être démis de ses pouvoirs grâce aux dispositions législatives et judiciaires prévues dans la Constitution[3]. » Outrés par cette proposition, les conseillers du monarque firent des pieds et des mains pour qu'elle ne soit pas incluse dans la Constitution tibétaine. Engoncés dans un traditionalisme sclérosé, ces conservateurs refusaient d'évoluer, mais le dalaï-lama était fermement décidé à modifier leur point de vue, comme bien des traditions de son peuple d'ailleurs.

En décembre 1959, le dalaï-lama rendit visite à ses compatriotes exilés afin de les préparer aux changements qu'il désirait effectuer. Il savait que le Tibet avait eu des problèmes avec la Chine non seulement à cause de son isolationnisme, mais aussi à cause de son incapacité à évoluer. En modifiant l'attitude des gouvernants et du peuple tibétain en exil, le dalaï-lama avait la certitude que son projet était porteur d'espoir et donnerait aux réfugiés le courage de s'adapter à leur pays d'accueil.

Il dispensait son enseignement dans des sanctuaires bouddhistes. Dans un monastère tibétain à portée de vue de l'arbre de la Bodhi, sous le feuillage duquel le Bouddha connut l'Éveil, il rencontra une soixantaine de réfugiés qui promirent de continuer à lutter pour la liberté et l'indépendance de leur pays. Puis, pour la première fois de sa vie, il ordonna 162 moines. Il s'agissait du premier acte sacramentel qu'il ait posé en Inde.

202

À Sarnath, dans le parc aux gazelles où Bouddha avait récité son premier sermon, le dalaï-lama adressa la parole à 2 000 réfugiés récemment arrivés en Inde par le Népal. Ils campaient sous les arbres et dressaient des éventaires où ils vendaient leurs vêtements et quelques maigres biens qu'ils possédaient, mais surtout du thé. Le dalaï-lama fut touché par la capacité dont ils faisaient preuve afin de survivre dans l'adversité.

Pendant deux semaines, il prêcha à ses sujets venus des quatre coins du Tibet. Il recourait à la manière traditionnelle, qui est de s'asseoir en hauteur sur un trône, puis de manière plus démocratique, en se plaçant au niveau du peuple, comme il souhaitait le faire à l'avenir. Il présenta des plans à long terme pour la reconstruction de la vie tibétaine en Inde ainsi que pour la lutte devant mener à la récupération de leur patrie perdue, et montrait comment ces objectifs pouvaient se combiner. « Pour le moment, le soleil et la lune du Tibet souffrent d'une éclipse, leur expliqua-t-il, mais un jour nous retrouverons notre pays. Vous ne devez pas désespérer. La grande tâche qui nous attend actuellement consiste d'abord à préserver notre religion et notre culture[4]. » Il leur rappela les paroles du Bouddha qui enseignait à ses disciples que la souffrance était le premier pas vers la libération ; un vieil adage tibétain veut d'ailleurs qu'on mesure le plaisir à l'aune de la peine.

Envers et malgré tout

Peu après son retour à Mussoorie, le dalaï-lama apprit qu'il allait déménager dans une résidence plus vaste à Dharamsala et, pour lui, ces nouvelles étaient plutôt inquiétantes. Juchée dans les montagnes comme Mussoorie,

Dharamsala était encore plus isolée et se trouvait à une journée de route de la capitale, New Delhi. Il se demandait si le gouvernement indien ne cherchait pas à le dissimuler au monde en le maintenant dans un coin perdu pour tenter de conserver des rapports harmonieux avec la Chine.

Le dalaï-lama demanda donc au gouvernement indien de permettre à un de ses représentants de se rendre en éclaireur pour voir l'état des lieux qu'on lui proposait, afin de pouvoir éventuellement refuser tout déménagement s'ils ne se révélaient pas convenables. Un membre du cabinet du dalaï-lama visita donc Dharamsala, fit un rapport très favorable et on organisa immédiatement le déménagement.

Pendant que l'on s'affairait, le dalaï-lama visita les camps des milliers de travailleurs tibétains employés dans le nord de l'Inde à la construction de routes. Il déplora le sort de tant d'hommes, de femmes, d'enfants, de moines et de religieuses s'échinant toute la journée sous une température accablante pour se retrouver le soir sous des tentes. Ces camps routiers, bien que moins suffocants que ceux de Missamari et de Buxa Duar, étaient tout de même d'une hygiène précaire et la cause du décès de bien de leurs occupants.

De plus, le travail était dangereux. La dynamite, utilisée pour aplanir les montagnes, causait beaucoup de victimes parmi les ouvriers tout comme les moustiques, porteurs de la malaria. On trouvait dans cette humanité beaucoup de malades et d'estropiés mais, malgré leurs malheurs, les Tibétains étaient solidaires de leur dalaï-lama, lui manifestaient un profond respect et faisaient preuve d'optimisme, comme il le leur avait demandé. Ayant été élevé à s'attendre à une telle ferveur, le jeune dirigeant n'en était pas moins sensible aux douleurs physiques et morales de ses sujets, compatissait sincèrement à leur sort et était bouleversé par leur fidélité.

Toutefois, le destin des enfants lui causait beaucoup de soucis. Leurs pauvres petits corps ravagés par la malnutrition s'affichaient sous ses yeux. Aussi entra-t-il en contact avec le gouvernement indien pour voir ce que celui-ci pouvait faire. New Delhi réagit immédiatement et organisa un camp affecté aux soins spéciaux accordés aux enfants tibétains. Dans l'intervalle, on envoyait une cinquantaine d'enfants à Mussoorie, où la première école tibétaine pour les jeunes exilés fut fondée.

Depuis l'arrivée du dalaï-lama en Inde, voilà moins d'un an, certains progrès avaient été accomplis. À l'occasion de l'anniversaire de son évasion, celui-ci créa un nouveau précédent en parlant publiquement de la résistance et de l'état du Tibet. Lors de cette première allocution, il mit l'accent sur le besoin pour les Tibétains vivant encore sous la férule chinoise d'envisager la lutte de leur pays comme un projet à long terme. Il demandait également aux exilés de considérer leur relocalisation et la préservation de leur culture comme des devoirs. Il maintenait leur espoir en soulignant que, grâce à la vérité, à la justice et à leur courage, le Tibet réussirait un jour à reconquérir sa liberté.

Le mois suivant, le dalaï-lama quitta Mussoorie pour sa nouvelle résidence de Dharamsala par train de nuit et caravane motorisée. En chemin, il s'émerveilla de la campagne indienne, parsemée d'arbres majestueux parmi de vertes prairies pleines de fleurs sauvages multicolores.

Quelque vingt-quatre heures plus tard, le dalaï-lama et sa suite arrivèrent à Dharamsala, où l'exilé troqua sa limousine contre une Jeep. Sa nouvelle maison était située juste au-dessus de la ville de McLeod Ganj, à quelque 2 000 mètres d'altitude et surplombait une imposante vallée.

À l'extérieur de la propriété, on avait érigé un portail de bambous avec, au-dessus, des souhaits de bienvenue en lettres dorées. Un mille terrestre plus loin, le dalaï-lama découvrit l'Ashram Swarg, connu autrefois sous le nom de Highcroft House, qui avait été la résidence du commissaire divisionnaire durant l'occupation britannique du pays. La petite maison était située dans les bois et entourée de dépendances, y compris de trois maisons d'amis permettant de recevoir les personnalités nationales et internationales. Même si le camp était plus petit que le dalaï-lama l'avait espéré, la vue imprenable qu'il avait sur le massif de l'Himalaya le rendait heureux d'avoir été relocalisé en un lieu lui rappelant le pays perdu.

Témoignage de la douleur

Deux semaines après son arrivée, le dalaï-lama ouvrit la première pouponnière pour enfants tibétains réfugiés et nomma sa sœur, Tsering Dolma, à la tête de l'établissement. L'orphelinat, qui était déjà exigu lors de son ouverture en accueillant 50 petits pensionnaires, devint ridiculement petit lorsque la population s'éleva à 500 enfants et que d'autres affluaient de toutes parts. Ils devaient dormir en travers, cinq ou six par lit, parfois 120 petits par chambre. Malgré ces conditions de vie précaires et leur état d'orphelins, le dalaï-lama n'en louait pas moins leur résilience face à leur pénible situation et adorait entendre leurs rires et les voir jouer.

Il fallut bientôt se résoudre à faire adopter ces orphelins en Europe. À cette fin, le dalaï-lama s'entretint avec le directeur des villages Pestalozzi, qui obtint du gouvernement helvétique de s'occuper immédiatement de 200 enfants. Même si ces orphelins étaient accueillis par des familles suisses, on leur garantissait le droit d'accès à leur culture et à leur identité tibétaines. Plus tard, des enfants plus âgés furent envoyés en Suisse afin de poursuivre des études, et un millier de réfugiés adultes furent accueillis par ce pays[5].

Juste avant son arrivée à Dharamsala, le dalaï-lama s'était également entretenu avec la Commission internationale de juristes (CIJ), qui l'avait invité à témoigner du martyre des Tibétains. En août 1960, un rapport fut produit par cette commission. Elle reconnaissait le bien-fondé des plaintes tibétaines et déclara ce qui suit :

« Les allégations contre la République populaire de Chine se classent en trois catégories :

1. Une non-observation évidente des termes de l'Accord en dix-sept points paraphé en 1951 ;

2. Une violation systématique des droits fondamentaux et des libertés du peuple tibétain ;

3. Le massacre gratuit de Tibétains et autres actes susceptibles de conduire à l'extinction de l'ethnie tibétaine en tant qu'entité nationale et religieuse. De tels actes sont perpétrés à un point qu'il devient nécessaire de soulever la question d'un génocide[6]. »

Les Tibétains furent encouragés par ce rapport, mais la Commission internationale de juristes ne travaillait pas uniquement pour le Tibet ou le dalaï-lama. Cette association indépendante constituée de juges, d'avocats et de professeurs de droit est appuyée par quelque 300 000 juristes de 50 pays et examine les violations systématiques des droits des individus dans les pays où elles se produisent. La Commission avait alors étudié la situation au Tibet afin de répondre au mandat que lui imposait sa charte.

Au cours de son évaluation, la CIJ prit en considération les déclarations que le dalaï-lama avait faites le 20 juin 1959 à Mussoorie et qui s'énoncent comme suit :

« Selon ce que je puis constater, l'objectif ultime des Chinois au Tibet semble de tenter d'oblitérer la culture et la religion du pays par l'extermination de l'ethnie tibétaine. Mis à part le personnel civil et militaire déjà sur place au Tibet, cinq millions de colons chinois se sont établis dans la partie est et nord-est de la région des lacs. De plus, on prévoit l'établissement de quatre millions de Chinois dans la province de l'Ü-Tsang, au centre du pays. Dans le cadre de l'absorption de l'entité ethnique tibétaine entreprise par les autorités chinoises, de nombreux Tibétains ont été déportés[7]. »

Parmi les crimes reprochés aux envahisseurs, la CIJ accusait la Chine de génocide, d'empêcher la libre pratique du bouddhisme et de tenter de supprimer radicalement cette religion. On évoquait également le recours par les occupants à la torture et aux traitements inhumains ainsi que la mise en place draconienne de l'interdiction de s'exprimer librement.

208

La promotion d'un Tibet libre

Le dalaï-lama s'attendait à une réaction plutôt apathique de la part de la communauté internationale, mais il s'aperçut que son témoignage avait eu des effets bénéfiques par la bande. Un juriste lui demanda en effet si les Tibétains en exil écoutaient les communiqués de Radio-Beijing et cet homme de loi fut interloqué d'apprendre qu'ils n'en faisaient rien. Il recommanda au dalaï-lama de se dépêcher de prêter l'oreille à ces communiqués. Le jeune monarque comprit l'importance de se tenir informé des intentions de la Chine et donna ordre à son cabinet d'être au fait des informations en provenance de Beijing.

Le dalaï-lama s'évertua également à transformer son gouvernement en exil en un appareil démocratique. Le 2 septembre, il inaugura la Commission des représentants du peuple tibétain qui devait devenir le Congrès tibétain en exil. Des députés librement élus en provenance des provinces de l'Ü-Tsang, de Kham et de l'Amdo composaient cette association. Chacune des écoles bouddhistes y siégeait aussi. Plus tard, celles de la tradition Bön se joignirent aux autres. De nombreuses personnes contestèrent les nouvelles réformes du dalaï-lama et l'accusèrent même de pratiquer un communisme pur et dur. Il demeura cependant fidèle à sa mission et, jusqu'à ce jour, se bat pour améliorer le système démocratique dont il rêve pour son peuple.

Au-dessus des préoccupations de nature gouvernementale, le dalaï-lama s'évertuait surtout à préserver le bouddhisme. Il parvint à persuader le gouvernement indien d'aider une communauté de 300 moines à Buxa Duar, où les conditions de vie continuaient à être difficiles. À part les maladies et les décès, ce camp souffrait de problèmes d'approvisionnement, car les aliments venaient de loin et arrivaient souvent avariés. Le dalaï-lama savait combien le sort de ces religieux était précaire, mais il ne pouvait le plus souvent que se contenter de leur acheminer des messages et des lettres pour soutenir leur moral[8].

Car le gouvernement tibétain en exil manquait de fonds. Le gouvernement indien s'était montré très généreux en appuyant la relocalisation et l'éducation des réfugiés, mais le dalaï-lama ne voulait pas quémander d'argent à des fins administratives. Une taxe volontaire dite « de liberté » de deux roupies par personne et par mois n'était pas suffisante pour garnir les caisses, pas plus qu'une taxe – également volontaire – de deux pour cent sur le salaire des travailleurs. Heureusement, les coffres au trésor entreposés au Sikkim depuis 1950 étaient encore intacts et, après bien des pourparlers, leur contenu fut négocié sur le marché de Calcutta pour la somme de huit millions de dollars.

Les Tibétains se lancèrent dans les investissements en espérant faire fructifier leurs avoirs, car huit millions ne suffisaient pas à financer un gouvernement. Des entrepreneurs se risquèrent dans la manufacture de tuyauteries métalliques et dans la fabrication de papier, mais certains responsables de la trésorerie détournèrent l'argent de façon ignoble et la majorité du capital fut perdu pendant que les réfugiés tibétains se démenaient pour survivre dans un environnement difficile. Même s'ils évoluaient grâce aux changements instaurés par le dalaï-lama, ils ne voyaient pas que, même dans sa sagesse, il n'avait pu prévoir tous les obstacles pouvant survenir sur leur terre d'accueil.

Pour la Chine, les conséquences de la révolte des Tibétains se soldaient par une détérioration de ses rapports avec l'Inde. Pour ce dernier pays, le soulèvement de la population tibétaine prouvait combien le grand plateau de l'Asie centrale pouvait se révéler instable et présenter un nouveau danger car, en effet, ses frontières n'étaient désormais plus contrôlées par le Tibet mais par les Chinois.

L'année 1962 vit également un changement d'attitude chez le premier ministre indien Nehru. Bien qu'il ait accepté la suzeraineté de la Chine sur le Tibet et encouragé le dalaï-lama à poursuivre ses négociations avec Beijing, il s'aperçut à un moment donné que ces négociations ne donnaient rien et que l'on ne pouvait blâmer les Tibétains pour les événements de 1959.

Vers 1962, l'Inde commença à s'inquiéter des concentrations d'effectifs de l'Armée populaire de libération près de ses frontières. La Chine considérait en effet l'aide que l'Inde apportait aux réfugiés tibétains et au dalaï-lama comme de la collusion. Les relations diplomatiques entre les deux pays se détériorèrent sur plusieurs fronts, tout spécialement sur la ligne de démarcation entre l'Inde et ce qui avait été le Tibet. Lorsque les affaires se corsèrent, des troupes indiennes furent envoyées à la frontière où elles eurent à contrer des escarmouches sporadiques avec les forces chinoises pendant une dizaine de mois. Le 20 octobre, des contingents chinois traversèrent la ligne McMahon (nommée en l'honneur du négociateur britannique durant la conférence de Simla, en 1945, lorsque la frontière fut établie entre l'Inde et le Tibet). Au cours de ce bref conflit, l'armée indienne, inexpérimentée, fut défaite. Lorsque l'Inde fit appel aux États-Unis, les

Chinois demandèrent unilatéralement un cessez-le-feu le 21 novembre.

Le président américain John F. Kennedy s'étant empressé d'offrir un soutien militaire, c'est alors que l'Inde apprit que les Américains avaient aidé les Tibétains. Nehru reconnut le bien-fondé d'héberger le dalaï-lama et les réfugiés tibétains, et son attitude envers ceux-ci changea radicalement. Le gouvernement indien adopta un programme d'appui au gouvernement du dalaï-lama en exil, mit davantage d'espaces à sa disposition et augmenta l'aide que l'Inde consacrait à la réinsertion des réfugiés.

L'Inde et les États-Unis approuvèrent également un projet commun pour maintenir une base militaire au Mustang, une principauté du Népal, où des guérilléros entraînés par la CIA se préparaient à des opérations ponctuelles au Tibet – largement sous les auspices de Gyalo Thondup. Cet arrangement fonctionna jusqu'en 1963, lorsque l'attention de l'Inde et des États-Unis se détourna vers d'autres problèmes.

Pour l'Inde, les exilés tibétains représentaient une force militaire potentielle plus importante en cas d'incursions chinoises. D'un autre côté, la CIA ne considérait plus la Chine comme une menace envers ses intérêts en Extrême-Orient. C'était désormais l'URSS qui lui causait des soucis dus au fait que Cuba avait choisi de se placer dans le camp communiste et que cette île se trouvait à seulement 150 kilomètres de Key West, sur les côtes de la Floride.

Cependant, il faut avouer que, dès 1961, les États-Unis manifestaient déjà moins d'intérêt pour la question tibétaine. Un mémo de l'ambassadeur des États-Unis en Inde au sous-secrétaire d'État aux affaires économiques le laissait entendre en termes éloquents :

« Nous avons cru à un certain moment que les opérations empêcheraient les Chinois de consolider leur emprise sur le Tibet. Malheureusement, ce ne fut pas le cas [...] Cependant, en maintenant la résistance en vie, l'agression chinoise envers le Tibet se trouve exposée devant l'opinion mondiale. [...] La vérité est que l'opération se poursuit surtout parce qu'elle a commencé. Cette argumentation peut être soutenue par le fait qu'il nous faut appuyer et poursuivre fidèlement les erreurs de l'Administration précédente[9]. »

C'est à partir de ce moment que la coopération que les États-Unis apportaient pour ce projet déclina. Au milieu de 1960, la CIA assuma seulement une fraction de ce qu'elle appelait l'opération « Mustang ». En 1965, le gouvernement américain annonça aux Tibétains qu'il continuerait à réduire son aide et, par la suite, cette aide prit fin en 1968.

Pour le dalaï-lama, l'opération « Mustang » se présenta comme une situation plutôt embarrassante. Le roi du Népal mourut en 1972 et, bien qu'il eût toujours fait mine d'ignorer les activités des Tibétains dans son pays, son fils, qui lui succédait, tenait à se ménager les bonnes grâces des Chinois et trouvait intolérable que les Tibétains ne soient pas de son avis. En 1973, le gouvernement népalais ordonna aux Tibétains de déposer les armes et de dissoudre leur base du Mustang. Ces guerriers refusèrent d'obtempérer car, après tant d'années de lutte, ils n'abdiqueraient pas aussi facile-ment ; ils consentaient toutefois à se désarmer par étapes, sur une période de trois ans.

Étant donné la politique de non-violence du dalaï-lama, qui s'était fait respecter internationalement pour ses politiques, celui-ci considéra ce refus de la part des résis-tants tibétains comme négatif pour l'image mondiale de son pays martyr. Aussi enregistra-t-il un message que son premier ministre fit parvenir aux rebelles. Ceux-ci, dévoués corps et âme au dalaï-lama, saisirent alors qu'ils n'avaient d'autre choix que de rendre les armes.

Hélas ! La sympathie que l'opinion publique mondiale éprouvait au début pour le sort du Tibet ne tarda pas à se transmuer en une morne apathie vers 1973. Le fait que le dragon chinois ait imposé sa loi au Tibet depuis 22 ans avait transformé l'image de cette tragédie. Il ne s'agissait plus du résultat d'une agression internationale, mais de celui d'une guerre interne survenant dans une province bien chinoise – une guerre civile en somme, provoquée évidemment, selon Beijing, par les pays occidentaux. Cela n'empêcha pas le dalaï-lama de prêcher la liberté de son pays et de mainte-nir bien vivant son gouvernement en exil. Bien qu'il présen-tât ses pérégrinations en Occident comme des activités religieuses, il avait d'autres idées en tête.

Notes

1. Terme utilisé pour se référer à la période de tensions idéologiques et politiques entre les pays du bloc communiste et ceux des pays

dits capitalistes. Cette appellation eut cours du milieu des années 1940 jusqu'à l'implosion de l'URSS, en 1991.

2. Assemblée générale des Nations Unies, Résolution 1353, vol. XIV, 1959, <http ://tibet.com/Resolution/un59.html>.

3. Le dalaï-lama du Tibet, *My Land and My People*, p. 194.

4. Cité dans John F. Avedon, *In Exile from the Land of Snows*, p. 82.

5. Le dalaï-lama se montra extrêmement reconnaissant envers le gouvernement helvétique. Lorsque les conditions s'améliorèrent en Inde, il fit en sorte d'éviter de solliciter les Suisses.

6. Commission internationale de juristes, *La question du Tibet*, Genève, 1959.

7. *Ibid.*

8. Les survivants de Buxa Duar formèrent par la suite une forte communauté religieuse.

9. Département d'État, *Foreign Relations of the United States, 1961-1963*, vol. XXII, China, Korea, Japan (Washington, D.C., Government Printing Office).

CHAPITRE 10

EN MISSION DE CHARME

Avant que les différends entre les guérilléros tibétains et le gouvernement népalais n'atteignent leur paroxysme en 1973, nombreux furent les événements qui changèrent le mode de vie des réfugiés et du dalaï-lama en Inde. L'un de ces changements majeurs pour ce dernier survint lorsqu'il se proposa comme ambassadeur de bonne volonté du gouvernement tibétain en exil, principalement pour faire passer le message concernant les malheurs de son pays, phagocyté par son géant voisin.

Afin de se présenter, le dalaï-lama commença par publier son autobiographie, *My Land and My People* (« Mon pays et mon peuple – Mémoires ») en 1962. Dans cet aperçu de sa vie au Tibet, le dalaï-lama évoque l'occupation chinoise et son exil. Cet ouvrage contribua à placer sous les projecteurs de l'opinion publique l'annihilation de son peuple et de son pays.

Les Nord-Américains se montraient particulièrement intéressés par le bouddhisme. La *Beat Generation* des années 1950 y sembla particulièrement sensible, comme certains de ses représentants, le poète Allen Ginsberg ou l'auteur Jack Kerouac. Cela ajouta à une certaine mystique évoquant un « Shangri-La » imaginaire et un engouement pour un pays et un peuple méconnus. Sans compter l'intérêt considérable que causèrent, notamment chez les adeptes du « Nouvel Âge », entre les années 1950 et 1975, les ouvrages de l'écrivain anglais Cyril Henry Hoskin, mieux connu sous le nom de Lobsang Rampa, qui soutenait être la réincarnation d'un lama tibétain. Malgré la controverse que son œuvre provoqua, elle n'en contribua pas moins à attirer l'attention sur une culture des plus mystérieuses et des plus originales. Grâce à son livre, le dalaï-lama espérait effacer les idées reçues sur le Tibet et désirait montrer pourquoi son peuple devait être aidé par le reste du monde.

Ses idéaux politiques bien définis, le 10 mars 1963 on présenta la version préliminaire de la Constitution du gouvernement tibétain en exil aux réfugiés afin qu'ils puissent en discuter. Dans 77 articles, la forte section exécutive, dirigée par le dalaï-lama, se trouvait rééquilibrée par le Congrès et la branche exécutive du gouvernement en exil. Parmi ces articles, on mentionnait le droit à l'égalité de tous les citoyens devant la loi, le suffrage universel, le droit à la vie, à la liberté, y compris celle de religion et de parole. Bien que ces idéaux fussent démocratiques, la Constitution comprenait également des objectifs s'inspirant du socialisme, comme la propriété du sol par l'État et l'interdiction d'amasser des richesses ou de fabriquer des produits au détriment du « bien commun ». Cette constitution fut adoptée par référendum général.

Au début des années 1960, on comptait une vingtaine de colonies de réfugiés tibétains, surtout dans le sud de l'Inde, ce qui permettait de soustraire bon nombre de personnes aux travaux routiers et de leur redonner une autosuffisance matérielle. S'habituer au climat suffocant de cette région n'était pas facile pour ces personnes déplacées, mais le dalaï-lama se souciait de leur sort en leur rendant visite fréquemment et en les exhortant à s'acclimater. Il leur expliquait que le Tibet dépendait de leur résilience et de leur ténacité, et leur faisait comprendre que la seule manière de préserver leur culture et leur religion résidait dans l'établissement de communautés fortes, dans une bonne éducation pour leurs enfants et dans le rétablissement du mariage et de la procréation comme parties intégrantes de leur vie.

Soutenus par leur chef spirituel et temporel, les Tibétains de certaines colonies s'adaptèrent non seulement en Inde mais prospérèrent également. D'autres colonies eurent moins de chance. Certaines virent leurs récoltes dévastées par des éléphants sauvages et par des sangliers, d'autres leurs maisons démolies par l'irruption de ces bêtes, sans compter les personnes piétinées à mort. Les Tibétains ne trouvaient pas de solution à ces calamités jusqu'à ce que le dalaï-lama découvre en Suisse, plusieurs années plus tard, les mérites des clôtures électroniques. Lorsqu'il apprit que les clôtures électrifiées s'avéraient efficaces contre les éléphants, il s'arrangea pour en faire expédier en Inde. Cependant, les dilemmes matériels n'étaient pas les seuls qui affectaient les Tibétains.

Ainsi, dans une autre colonie, les agriculteurs hésitaient à se servir du feu pour déboiser le terrain. Beaucoup de petites créatures des sous-bois périssaient dans ce genre d'opération, ce qui était contraire aux principes bouddhiques. De nombreux colons s'opposaient donc à cette pratique. Faute de solution de rechange, il fallut pourtant la poursuivre pour le bien-être de l'ensemble des colonies concernées.

Toutes les tentatives d'établissement d'élevages avicoles ou porcins sous l'auspice d'organisations internationales d'entraide se soldèrent par des échecs, car les Tibétains n'avaient pas l'habitude de faire boucherie, même s'ils pouvaient consommer de la viande. Dans le Tibet urbain, il y avait une prospère communauté musulmane parmi les bouddhistes. L'abattage d'animaux n'étant pas interdit par l'islam, les musulmans pouvaient donc être bouchers. Malheureusement, il n'en existait pas dans les colonies.

« Dans les régions rurales, les gardiens de troupeaux recourent souvent à des subterfuges comme obturer la gueule et les narines des animaux avec de la boue afin de les étouffer. Lorsque les Tibétains arrivent quelques heures plus tard pour constater, par exemple, que leur yack est mort, les gardiens n'ont pas de mal à les persuader d'en manger la viande plutôt que de la laisser se perdre[1]. »

Cette manière de procéder, finalement cruelle, n'étant pas possible sur une grande échelle, toute tentative d'élevage tourna court. Malgré cela, les Tibétains continuaient à travailler vaillamment pour réussir leur intégration et ils essayaient d'envisager leurs mésaventures comme faisant partie de leur existence karmique.

Mort et souffrance

De retour à Dharamsala, en novembre 1964, une perte personnelle causa beaucoup de tristesse au dalaï-lama, mais aussi à sa famille : celle de sa sœur Tsering Dolma, morte d'un cancer à l'âge de 45 ans. Le dalaï-lama s'empressa de la remplacer par Jetsun Pema, âgée de 23 ans, qui aidait sa sœur aînée disparue à administrer le Village d'enfants tibétains. Jetsun Pema considéra cette nomination comme une responsabilité de taille, mais également comme un gage d'amour de la part de ses aînés.

« Tsering Dolma a consacré sa vie aux enfants exilés, déclara-t-elle. Elle a créé à partir de rien les structures qui ont permis de sauver des centaines d'enfants d'une mort certaine et, après les traitements médicaux les plus urgents, de recevoir graduellement une bonne éducation dans un climat d'amour, de tendresse et de compréhension[2]. »

En 1964, un autre décès devait également avoir des répercussions sur la situation du Tibet. Lorsque le premier ministre Nehru disparut en mai, il fut remplacé par Lal Bahadur Shastri. Bien qu'attristé par la mort de son mentor récalcitrant, le dalaï-lama envisagea ce changement de garde à New Delhi sous un jour positif. Il avait rencontré Shastri à plusieurs reprises et le respectait beaucoup. L'un des avantages de cet homme d'État était qu'il se montrerait un meilleur allié politique que celui auquel il succédait. Il était en effet plus sensible à la cause tibétaine et ménageait moins les prétentions des Chinois.

Le premier ministre Shastri afficha sa fidélité en 1965 lorsque la Chine nomma officiellement les parties occidentale et centrale du Tibet « Région autonome » et que les Nations Unies discutèrent lors de leur Assemblée générale du sort du pays tombé sous la coupe de ses occupants. Shastri insista pour que l'Inde prenne le parti du Tibet, de concert avec la Thaïlande, les Philippines, Malte, l'Irlande, le Nicaragua, El Salvador et la Malaisie. Malheureusement, les autres pays considérèrent la conquête chinoise du Tibet comme un fait accompli. Si le geste de Shastri ne donna guère de résultats, il apporta à tout le moins au dalaï-lama l'assurance que le gouvernement indien pourrait éventuellement lui venir en aide dans l'arène internationale, et qu'il pourrait bientôt reconnaître le gouvernement du Tibet en exil.

L'intérêt que l'Inde portait à la cause tibétaine fut quelque peu détourné lorsqu'en 1965 ce pays entra en conflit avec le Pakistan pour la seconde fois, par suite du contentieux cachemiri. Ce qui commença par une série d'escarmouches frontalières se termina par des frappes aériennes. Dharamsala étant située à moins de 160 kilomètres de la frontière indo-pakistanaise, les combats risquaient de nuire à la sécurité de la retraite du dalaï-lama. Ce ne fut toutefois pas le cas, car son emploi du temps lui imposait la fréquente visite des colonies tibétaines disséminées sur le territoire indien, loin de Dharamsala.

À son arrivée, le dalaï-lama fut heureux de constater que les conditions s'étaient améliorées là où les opérations de déboisage avaient provoqué la controverse. La communauté comprenait maintenant 3 200 personnes. On avait construit des maisons en brique, creusé des puits et aménagé finalement des terrains pour l'agriculture. Grâce à la Croix-Rouge internationale, des soins médicaux étaient disponibles. On avait donné une acre de terre (environ 4 000 m²) à chaque résidant. Les colons préféraient cultiver les champs en collectivité, quitte à conserver leur acre de terre pour leur potager familial. Le dalaï-lama vit là un signe de détermination prouvant que, même si la vie était très difficile pour les colons, l'espoir demeurait toujours inébranlable chez eux.

Après avoir passé quelque temps avec ses compatriotes, le dalaï-lama fut invité à entreprendre la brève tournée de trois villes indiennes, puis à se diriger vers Thiruvanantha-puram – ou Trivandrum –, la capitale de l'État indien du Kerala. Là, on lui fit les honneurs de la résidence du gouverneur. La chambre du dalaï-lama donnant sur les cuisines, c'est en apercevant un cuisinier tordre le cou à un poulet que l'incarnation vivante du Tibet fit le vœu de devenir végétarien.

La plupart des Tibétains ne pouvaient se permettre ce genre de régime à cause d'un sol aride peu propice à la croissance de nombre de cultures vivrières. En somme, les légumes étaient rares au Tibet. Avec la tsampa, la viande avait toujours joué un rôle important dans la nutrition de ce pays. En Inde, où les plantes potagères étaient abondantes, le dalaï-lama pouvait se passer de viande, d'œufs et de poisson. Ce changement de régime n'était pas exclusivement physique puisque le végétarisme constitue une interprétation stricte des lois du bouddhisme mahayana et le dalaï-lama trouvait une forme d'épanouissement en en suivant les prescriptions alimentaires.

Le 10 juillet 1966, la guerre indo-pakistanaise prenait fin mais, quelques heures avant la signature du traité de paix, le premier ministre Shastri disparaissait. Ce deuil attrista le dalaï-lama qui considérait le défunt comme un dirigeant actif et décidé. La possibilité de la reconnaissance par l'Inde de son gouvernement en exil demeurait une fois de plus dans l'incertitude et rien ne garantissait que le nouveau premier ministre adopterait la même attitude que son prédécesseur.

Deux semaines plus tard, la situation prit une tournure positive lorsqu'Indira Gandhi – dont le mari n'avait aucun lien de parenté avec son homonyme, le célèbre mahatma – fut assermentée première ministre. Cette dame et le dalaï-lama entretenaient des rapports cordiaux durant les années de Jawaharlal Nehru au gouvernement, puisqu'elle n'était nulle autre que la fille unique de cet homme d'État. Le dalaï-lama se réjouit de cette nomination, car Mme Gandhi avait toujours défendu la cause tibétaine au fil des ans et avait été même membre de la Tibetan Home Foundation, un centre professionnel situé à Mussoorie s'occupant de former de jeunes Tibétains aux techniques artistiques et artisanales de leur pays afin non seulement de pouvoir gagner un peu d'argent, mais également de préserver leurs traditions. Le dalaï-lama était persuadé qu'Indira Gandhi serait une alliée. D'ailleurs, au fil de ses déplacements, il découvrit que les conditions des exilés tibétains s'étaient améliorées à maints égards.

De retour à Dharamsala en 1966, le dalaï-lama prit ses résolutions de végétarisme très au sérieux. Ses cuisiniers, peu familiers avec la cuisine végétarienne, durent en quelque sorte se recycler, mais leur maître ne tarda pas à se montrer satisfait de leurs efforts et de leurs nouvelles recettes. Vu le manque de protéines dans le régime végétarien, on conseilla au dalaï-lama de consommer du lait, des amandes, des noix, ce qu'il fit, peut-être avec un peu trop d'enthousiasme.

Malgré ces suppléments alimentaires, il contracta une jaunisse. Pour ajouter aux séquelles de cette maladie, il perdit complètement l'appétit et se retrouva épuisé. Souffrant en plus d'hépatite B, on le soigna à l'aide d'une foule de remèdes de la pharmacopée tibétaine. Ses médecins lui recommandèrent d'abandonner toute nourriture grasse, de cesser son régime massif à base de noix et de recommencer à manger de la viande. Ils craignaient que son foie n'ait subi des dommages permanents et que tout ceci n'ait abrégé ses jours. Le dalaï-lama n'eut d'autre choix que de renoncer à sa décision et de retourner à une alimentation omnivore.

Voyageur international et... immobile

En 1967, le dalaï-lama devint un globe-trotter en commençant par des voyages au Japon et en Thaïlande durant l'automne. En 1968, il déménagea d'Ashram Swarg à Bryn Cottage, sur les terrains de McLeod Ganj. Bryn Cottage n'était pas plus vaste qu'Ashram Swarg, mais cette nouvelle habitation comportait un bureau pour le dalaï-lama, une salle d'audience, le bureau privé du gouvernement en exil et le Bureau de la sécurité indienne. Par la même occasion, sa mère emménagea dans une maison bien à elle, ce qui permettait au dalaï-lama de vivre une fois de plus sa vie de moine solitaire.

Son nouveau lieu de résidence lui plaisait. Il aimait son nouveau jardin privé et s'empressa d'y planter plusieurs espèces d'arbres et de fleurs. De plus, ce jardin attirait des animaux ainsi que des oiseaux, qu'il avait toujours aimés.

Il construisit un petit perchoir à l'extérieur de la fenêtre de son bureau et le protégea à l'aide de filets pour éloigner les volatiles de grande taille ainsi que les oiseaux de proie. Bon tireur (il s'était entraîné pendant des années avec les fusils du treizième dalaï-lama au Potala), il refusait toutefois de blesser les importuns en se contentant de les effrayer.

À Bryn Cottage, le dalaï-lama fut capable de s'installer dans ses obligations courantes comme de visiter annuellement les colonies de réfugiés, d'enseigner et de poursuivre ses études religieuses. Il reprit également de l'intérêt pour la photographie. À l'âge de quatorze ans, il s'était captivé pour cette activité et avait même construit une chambre noire au Norbulingka, où un haut fonctionnaire tibétain lui avait appris à développer des films.

Il remit aussi à profit ses dons de bricoleur, aménagea un petit atelier et se procura des outils pour travailler sur des mécanismes d'horlogerie. Bien que très doué, il regretta de ne pas avoir pu réparer une montre appartenant à un membre du gouvernement et de l'avoir rendue… en pièces détachées à son propriétaire.

Lorsqu'il se trouvait à Bryn Cottage, le dalaï-lama s'intéressait vivement aux chats. Il aimait particulièrement une chatte noire et blanche très bonne chasseresse de souris, ce qui n'est pas une qualité pour un animal appartenant à un prêtre bouddhiste ! Aussi devait-il contrarier la nature du félin qui, un jour que le dalaï-lama le rappelait à l'ordre, fit une malencontreuse chute et ne survécut pas à cet accident.

Il recueillit également une petite chatte abandonnée dans son jardin. Paralysée des pattes arrière, son maître la soigna. Elle devint la meilleure compagne d'un des deux chiens du dalaï-lama, un Lhassa Apso, et se blottissait dans l'abondante fourrure de ce dernier. Lorsque cette chatte et les deux chiens moururent, le dalaï-lama décida de ne plus avoir d'animal domestique, car il s'aperçut, aux termes de ses convictions, qu'il ne pouvait favoriser certains animaux personnels alors qu'il se sentait responsable pour tous les êtres vivants de la Création.

Dans cet esprit, la plupart du temps le dalaï-lama s'occupait de son gouvernement et du bien-être de ses compatriotes réfugiés en Inde. En 1969, il contribua à la création de la Bibliothèque et des archives des œuvres tibétaines qui contenait plus de 40 000 volumes. Cette institution, édifiée selon les traditions, publiait des livres en tibétain et en anglais, et comprenait de nombreux livres anciens fournis par des réfugiés qui les avaient apportés en Inde.

En 1970, des articles sacrés furent placés dans un nouveau temple. Namgyal, le monastère du dalaï-lama, fut rétabli dans un bâtiment proche de sa résidence. Près de celui-ci, on installa l'École des dialectes bouddhistes. Les fidèles pouvaient donc célébrer leurs événements religieux selon les règles. La vie monastique pouvait se poursuivre et l'art du débat demeurait bien vivant chez les moines. Le dalaï-lama insistait pour que le bouddhisme tibétain survive comme il avait survécu pendant des siècles et, bientôt, des répliques des monastères de Ganden, Sera et Drepung virent le jour en Inde.

À la recherche d'une reconnaissance internationale

Alors que les exilés tibétains essayaient tant bien que mal de reconstruire leur existence, la cause tibétaine tomba encore plus profondément dans les oubliettes de l'histoire lorsque le statut de la Chine changea. En 1971, Henry Kissinger, le secrétaire d'État américain du président

Richard Nixon, effectua une visite en Chine afin de préparer la rencontre de Nixon avec Mao Zedong et Zhou Enlai. Il en résulta une normalisation des relations entre la Chine et les États-Unis ainsi que des répercussions mondiales. Ainsi, toute velléité d'indépendance pour le Tibet disparut lorsque la CIA cessa toute opération dans cette région d'Asie. Le dalaï-lama comprit alors que ce retrait signifiait qu'en réalité les États-Unis, au lieu de combattre *pour* le Tibet, s'étaient en fait battus *contre* le communisme.

Le dalaï-lama ne s'avoua pas vaincu pour autant. Le monde entendit encore parler du Tibet lorsqu'il se rendit pour la première fois en Occident en 1973, un voyage qui dura six semaines et qui l'amena dans 11 pays.

Sa première étape fut Rome, où il rencontra le pape Paul VI. Il compara le Vatican au Potala pour la taille des bâtiments et la pérennité de l'institution. La garde suisse le dérouta à cause de ses uniformes qu'il jugea bizarres et de son rôle, plus décoratif que défensif. Le dalaï-lama eut une brève audience avec le souverain pontife avec qui il s'entretint du besoin qu'avaient les humains d'accorder plus d'importance aux questions spirituelles. Le pape ne put qu'approuver ces vœux et les deux chefs religieux se quittèrent le plus cordialement du monde.

En Scandinavie, le dalaï-lama rencontra l'aventurier Heinrich Harrer et fut heureux de constater que le sens de l'humour de son vieil ami était toujours aussi terre-à-terre et que sa santé était bonne. Il remarqua que les cheveux blonds de l'alpiniste étaient devenus blancs, signe que le dalaï-lama prenait de l'âge lui aussi. À 38 ans, c'était déjà un homme d'âge relativement avancé selon les critères tibétains, et ce voyage semblait l'épuiser.

Dans les années qui suivirent, le dalaï-lama continua à produire des livres en anglais et en tibétain. En 1968, il avait déjà publié *Opening of the Wisdom Eye* (« L'ouverture de l'œil de sagesse ») – son second livre –, tandis qu'en 1975 il lançait *The Buddhism of Tibet and the Key to the Middle Way* (« Le bouddhisme du Tibet et la clé de la voie médiane »). Avec la sortie, en 1976, de *Universal Responsibility and the Good Heart* (« Responsabilité universelle et compassion »), il exposait sa philosophie de base qu'il exprimait en ces termes : « Par ces mots, je veux parler de cette responsabilité que nous avons tous les uns envers les autres, envers tous les êtres sensibles et la nature en général[3]... »

Un an avant la publication de cet ouvrage, des événements significatifs eurent le don de changer l'atmosphère en Chine. D'abord, la mort de Zhou Enlai en janvier 1976 ; en septembre, Mao Zedong, le « Grand Timonier », le suivit dans la tombe. En 1977, le président de la République populaire de Chine, Li Xiannian, déclara que la Révolution culturelle avait eu ses bons et ses mauvais côtés, un signe que l'ère des abus d'un cacique – Mao – manipulant de jeunes et ineptes fanatiques – les « Gardes rouges », de sinistre mémoire – était chose du passé. La Chine semblait desserrer un peu son emprise sur le Tibet.

En avril de cette année-là, Ngabo Ngawang Jigme, qui était devenu un personnage important dans le gouvernement chinois, annonça que la Chine verrait d'un œil favorable le retour du dalaï-lama au Tibet ainsi que celui des personnes l'ayant suivi en exil. Des nouvelles en provenance

de Beijing faisaient état de l'ineffable bonheur que ressen-
taient les Tibétains sous l'administration chinoise et qualifiaient leur joie de « sans précédent ». Hua Guofeng,
successeur de Mao, recommandait la restauration des
coutumes tibétaines et autorisait le port des costumes
nationaux. Le dalaï-lama traduisit ces concessions comme
des signes d'une réconciliation possible et rêvait au
moment où la Chine redonnerait le Tibet à son peuple. Il
confia toutefois à des journalistes indiens qu'il ne comptait
pas revenir au Tibet, à moins que ses sujets ne se disent
« heureux et satisfaits » par les nouveaux arrangements. Il
déclara aussi, non sans humour, que, s'il rentrait chez lui
sans que les différends du pays ne soient réglés, le peuple
tibétain pourrait fort bien l'expulser.

À l'occasion du dix-neuvième anniversaire des soulèvements
au Tibet, lors d'un discours prononcé le 10 mars 1978, le
dalaï-lama demanda des concessions à la Chine, notamment
le libre accès à son pays pour les étrangers et un droit de
visite pour les exilés désireux de se rendre au Tibet pour
voir leur famille. S'attendant à un refus, il fut agréablement
surpris que ces deux requêtes soient honorées par les
Chinois, avec toutefois certaines restrictions pour les droits
de visite.

La même année, Deng Xiaoping devint le nouveau maître
de la Chine et le dalaï-lama considéra cette nomination
comme favorable pour le Tibet. Il estima que ce chef d'État
était modéré, un jugement qui se confirma lorsqu'un
dialogue put s'établir entre les deux camps, peu après la
prise de pouvoir par Deng.

En 1979, Gyalo Thondup approcha le dalaï-lama pour lui apprendre que les Chinois se déclaraient prêts à prendre contact avec lui. Pour prouver leur bonne foi, ils avaient invité Gyalo Thondup à Beijing pour discuter de la situation avec Deng Xiaoping quant aux intentions du dalaï-lama et à sa visite escomptée. Ce dernier conseilla à son frère d'entreprendre ce voyage, mais affirma qu'il n'avait pas d'offre à faire sinon d'expliquer la situation réelle des Tibétains à l'intérieur comme à l'extérieur du Tibet. Quoique toujours méfiant à l'égard de la Chine, le dalaï-lama avait la conviction que les différends qu'il éprouvait avec ses gigantesques voisins ne pouvaient être résolus que par des contacts directs et qu'écouter ce que les Chinois avaient à dire ne pouvait être que positif.

Il achemina également un message à Beijing par le truchement de l'ambassade de Chine en Inde. Il y proposait l'envoi d'une mission d'information comprenant des délégués du gouvernement tibétain en exil, mandatés pour évaluer la situation au Tibet et rapporter leurs conclusions. Il ordonna à Gyalo Thondup de poursuivre la même démarche.

Négociations sino-tibétaines

Deng Xiaoping avait clairement annoncé que des négociations sur tous les aspects de la situation tibétaine étaient possibles, à l'exception de la question de l'indépendance. En n'insistant jamais sur ce litige, le dalaï-lama en conclut qu'une solution à la question était réalisable. Aussi choisit-il soigneusement les membres de sa mission exploratoire. Il voulait envoyer des personnes ayant connu le Tibet sous son ancienne forme, avant l'invasion chinoise, et capables de faire la comparaison avec les nouvelles réalités du pays. Lobsang Samten fut l'une d'elles. À cette époque, Lobsang Samten avait renoncé à ses vœux monastiques, si bien que le dalaï-lama demeurait l'unique moine de la famille. La mission fut fixée en août, dans l'attente d'une approbation de Beijing.

Toutefois, le dalaï-lama était impatient de voir les résultats de cette ouverture et, en juin, remplit un engagement qu'il s'était donné, soit de visiter la Mongolie et l'URSS. En Mongolie, il se sentit en terrain familier à cause des liens communs que la culture de ce pays possède avec celle du Tibet. Cependant, il constata une évidente répression, sous la contrainte du régime communiste. Il échangea des écharpes cérémonielles, ou katas, avec les habitants et remarqua qu'elles étaient bleu pâle ou gris ardoise au lieu d'être blanches comme au Tibet. À Moscou, même dans le cadre du formalisme soviétique, il reçut un accueil chaleureux de la population russe, particulièrement de la part de la communauté religieuse orthodoxe.

Après avoir assisté à des réunions à Beijing, Gyalo Thondup rentra en Inde avec de bonnes nouvelles : la délégation de Tibétains en exil était acceptée. Ses membres pressentis partirent pour la Chine le 2 août 1979. Une fois dans la capitale chinoise, il leur fallut deux semaines pour préparer leur voyage au Tibet, un périple de quatre mois qui devait leur faire parcourir le pays.

Lors de leur arrivée, des foules assaillirent les délégués du gouvernement en exil, demandèrent leur bénédiction ainsi que des nouvelles du dalaï-lama et cet enthousiasme ne se départit pas tout au long du voyage. À Lhassa, des hordes de gens désobéirent aux ordres des Chinois de ne pas s'approcher des délégués et remplirent malgré tout les rues sur leur passage.

La mission rentra en Inde le 21 décembre 1979, ramenant des centaines de rouleaux de films, des heures de conversations enregistrées et plus de 7 000 lettres de membres de familles d'émigrés. Pour ceux-ci, c'était le premier courrier qu'ils avaient pu recevoir de leur pays depuis les 20 dernières années.

Malgré les espoirs que la mission avait suscités, ce qu'elle découvrit était loin d'être encourageant. Des témoins avaient évoqué les années d'effroyable disette, les exécutions publiques et les travaux forcés. La plupart des jardins du Norbulingka étaient retournés à la jungle et, dans les palais, les visiteurs virent des tas de statues fracassées. Ils rapportèrent des photos de monastères et de couvents détruits ou réduits à jouer le rôle d'entrepôts à grains, d'étables ou d'usines, et fournirent des preuves que les Chinois essayaient d'effacer toute trace de culture purement tibétaine.

S'il était exact que l'économie tibétaine avait été renforcée et que l'on trouvait des biens en abondance, ceux-ci n'étaient pas destinés aux Tibétains en général. Seuls de riches combinards et les Chinois en bénéficiaient. La production des usines filait droit vers la Chine. Une station hydroélectrique avait été construite mais elle ne desservait que le secteur chinois de Lhassa, tandis que les secteurs tibétains demeuraient dans le noir. Les membres de la délégation remarquèrent que les Chinois vivaient une vie relativement moderne au Tibet, alors que les gens de souche demeuraient dans des conditions moyenâgeuses.

Les Chinois avaient clairement expliqué à la délégation qu'ils ne toléreraient aucune remarque de leur part, pas plus que de la part des exilés se trouvant en Inde. Ils déclarèrent que les expatriés n'avaient pas voix au chapitre et que, s'ils voulaient améliorer les conditions de vie au Tibet, il leur suffisait de revenir au pays et de critiquer de l'intérieur.

Certains aspects de cette visite eurent un côté positif. Les délégués avaient lié connaissance avec de jeunes Tibétains qui étudiaient à Beijing et, en discutant avec eux, ils apprirent que cette jeune génération n'avait pas perdu son affection et son respect pour le dalaï-lama et que les misères subies par leur pays sous occupation n'avaient que renforcé leur détermination identitaire.

Ses appréhensions les plus sombres sur le Tibet actuel s'étant concrétisées, le dalaï-lama était plus que jamais décidé à porter la cause de son pays devant l'opinion publique mondiale. Aussi se proposa-t-il d'organiser plusieurs missions auprès de Beijing et de rencontrer diverses personnalités d'envergure planétaire.

Grandes rencontres et afflictions

En 1980, le dalaï-lama se prépara à se rendre au Vatican pour rencontrer le pape Jean-Paul II et pour s'entretenir avec lui. « C'est avec foi et espoir que j'anticipe ce tête-à-tête avec le Saint-Père. Je compte discuter de nos points de vue respectifs et suivre ses suggestions afin d'ouvrir la porte à une pacification progressive des peuples[4]. » Le dalaï-lama reconnut les signes d'un certain parcours commun avec le souverain pontife, ne serait-ce que par leurs modestes origines communes. Il admira la largesse d'esprit et l'attitude ouverte du pape et découvrit qu'il s'agissait d'un homme « éminemment pratique ». Au cours de son voyage, le dalaï-lama eut également un entretien avec le docteur Robert Runcie, archevêque de Canterbury. Ils parlèrent de leurs points de vue sur les plans spirituel et politique, comme leur conviction que l'obligation morale des personnes s'occupant de spiritualité était de contribuer à résoudre les problèmes du monde. Le dalaï-lama considéra ce voyage comme un vif succès en partageant une similitude de vues sur l'existence avec ses distingués interlocuteurs. Il espérait que de telles rencontres militeraient en faveur de la cause du Tibet.

En 1980, Jetsun Pema se rendit au Tibet avec une autre délégation. « Lhassa était maintenant une autre ville que celle que j'avais connue dans mon enfance, déclara-t-elle à son retour. Notre maison, avec ses fenêtres bleues, semblait sans vie. Lorsque j'ai demandé le jour suivant à qui elle servait, on m'a répondu qu'elle faisait office d'auberge pour les officiers de l'armée chinoise[5]. » Nombre de lieux de la capitale étaient méconnaissables. Seul le Potala semblait ne pas avoir changé. Elle ajouta : « Presque toute la ville avait été détruite et des bâtiments de style chinois avaient remplacé les anciens édifices[6]. »

Dans l'Amdo, une foule immense accueillit la voiture de la délégation. Les fonctionnaires chinois qui accompagnaient les visiteurs devinrent si enragés qu'ils sortirent de l'auto pour frapper ceux et celles qui étaient les plus proches pour les repousser. Dans une autre ville, Jetsun Pema rencontra un musulman qui lui confia : « Vous avez une chance que nous n'avons pas. Celle d'avoir le dalaï-lama[7]. » Hormis la détermination du peuple tibétain, qui assaillait la délégation pour faire passer des milliers de messages au dalaï-lama, tout ce que vit Jetsun Pema au Tibet sous domination chinoise la consterna.

Le 12 janvier 1981, Diki Tsering mourait. Ayant joui d'une bonne santé la majorité de son existence, la paralysie de son côté gauche qui l'affecta à la suite d'une attaque d'apoplexie en 1976 se révéla très difficile à supporter et elle ne s'en était jamais remise. Cette nouvelle affligea d'autant plus le dalaï-lama puisqu'il n'avait pas vu sa mère depuis un bon moment. Lors de leur dernière rencontre, il lui avait gentiment recommandé de ne pas craindre la mort, de se concentrer sur les images sacrées et de prier. Malgré son immense chagrin, il savait que, spirituellement, elle et lui seraient éternellement proches.

Ce ne fut pas le seul deuil que dut subir le dalaï-lama cette année-là. Il y eut aussi la disparition de Bonpo, son cuisinier et majordome, qui fut pour lui comme une mère de substitution.

« La plupart des mammifères considèrent la créature qui les a nourris comme la plus importante de leur existence et c'est le sentiment que j'entretenais à l'égard de Bonpo. Il fut ma mère, mon père, toute ma famille. Lorsque ma mère est morte, j'ai été très affecté mais je n'ai pas versé de larmes, mais lorsque Bonpo est mort, j'ai regardé sa dépouille et me suis mis à pleurer[8]. »

Quinze mois plus tard, en avril 1982, une délégation de trois hommes du gouvernement tibétain en exil se rendit par avion à Beijing pour discuter de l'avenir du Tibet avec les représentants du gouvernement de la République populaire de Chine. Ils rappelèrent aux nouveaux mandarins qu'aux termes de l'Accord en dix-sept points la position de la Chine vis-à-vis du Tibet devait être fondée sur la suzeraineté et non sur l'autocratie. Ils firent part à leurs interlocuteurs de leurs inquiétudes quant au sort lamentable qui affligeait les Tibétains, et ce, malgré la propagande chinoise claironnant que tout allait pour le mieux dans le meilleur des mondes. Ils demandèrent également ce que Beijing comptait faire pour résoudre la question à la satisfaction de tous.

Le gouvernement chinois se montra très peu réceptif à ces revendications. Ses représentants accusèrent le gouvernement tibétain en exil de se servir de ses missions exploratoires pour « fabriquer un tissu de mensonges ». L'objectif principal de la Chine étant de ramener le dalaï-lama au Tibet, les représentants chinois soumirent une déclaration comportant cinq clauses conditionnelles à son retour au Tibet. Il devait notamment cesser d'« ergoter » sur les événements de 1959. De plus, le dalaï-lama et ses adeptes devaient contribuer à l'unité chinoise. On ne le forçait pas à demeurer au Tibet ; il pouvait donc aller et venir comme bon lui semblait, mais devait annoncer à la presse internationale qu'il était d'accord avec les clauses de la déclaration.

Le dalaï-lama se montra surpris que les Chinois puissent penser qu'il se préoccupait autant de son statut personnel alors qu'il se souciait depuis toujours des droits et du bien-être de son peuple. Convaincu du fait que le plus grand talent humain, la créativité, ne peut s'exercer que dans la liberté, il refusa de retourner au Tibet à moins que son peuple ne soit pleinement libre. Il espérait se rendre dans son pays en 1984, mais cette visite ne se matérialisa jamais.

Cette année-là, il perdit son frère Lobsang Samten, qui n'avait que 54 ans. Souffrant d'une influenza qui s'aggrava en pneumonie, affligé en plus d'une jaunisse, il tomba dans le coma et mourut 12 jours plus tard.

Le dalaï-lama en fut profondément affecté, car les deux frères avaient toujours été proches. Le décès de Lobsang Samten ne le surprit pas. « Ses expériences en tant que membre de la première mission exploratoire l'avaient profondément épuisé et, ensuite, il fut soumis à de longues périodes de dépression[9]. » Le dalaï-lama pense que son frère est mort le cœur brisé.

L'appui international en faveur du Tibet

Une forme d'encouragement se manifesta en 1984 lorsque 91 députés du Congrès américain envoyèrent une lettre au président chinois Li Xiannian pour solliciter la tenue de pourparlers entre le gouvernement chinois et le gouvernement du Tibet en exil. La lettre demandait au président Li Xiannian d'« accorder toute son attention pour satisfaire les aspirations raisonnables et légitimes de Sa Sainteté le dalaï-lama et de son peuple[10]. »

Le dalaï-lama se montra ravi de voir que la cause tibétaine recevait enfin une attention internationale. D'autres signes laissaient également entendre que des pays abondaient dans ce sens et il semblait que la situation du Tibet ait soulevé un vif intérêt autour du monde. Au début de 1987, le dalaï-lama sentit un vent de changements se manifester lorsqu'on l'invita à s'adresser au Comité des droits de la personne du Congrès américain à Washington, D.C. Afin de se préparer et de s'assurer d'autres appuis, il commença par définir les objectifs de la question tibétaine en espérant les rendre publics d'un bout à l'autre de la planète.

Durant son allocution, il implora que le Tibet soit considéré comme une zone d'ahimsa, c'est-à-dire de non-violence et de bienveillance, ce qui sous-entendait le départ des troupes chinoises. Il demanda également que son pays soit transformé en un parc qui serait le plus grand du monde, avec des lois protégeant la faune et la flore ; on devait y interdire les centrales nucléaires, y promouvoir activement la paix et y encourager les organisations internationales et régionales à défendre les droits de la personne. L'idée du dalaï-lama était de neutraliser le Tibet afin d'en faire une zone tampon entre la Chine et l'Inde. Il voyait là une bonne possibilité commerciale pour les deux pays qui éviterait de masser des troupes à la frontière. En somme, cette proposition d'ahimsa permettait de conserver des relations harmonieuses entre les deux géants les plus peuplés du monde.

La Chine interpréta la proposition du dalaï-lama comme une déclaration d'indépendance, même si ce n'était pas ce qu'il prônait. Il cherchait simplement un accommodement grâce auquel Tibétains et Chinois pourraient vivre ensemble en paix. Étant donné que les Tibétains n'avaient rien à offrir, puisqu'on leur avait tout pris, il se rendit compte que la charge du compromis incombait plus lourdement aux

Chinois. Il souligna que les Tibétains pourraient contribuer à cette entente grâce à leur fortitude morale, même s'il ne leur était pas facile d'oublier ce qui s'était passé au cours des 28 dernières années.

Le dalaï-lama demandait également que l'on cesse de déverser des surplus de population chinoise sur le territoire tibétain, comme cela se faisait depuis 1959, car il considérait cette invasion comme la plus grande menace à la survie de la culture tibétaine. Il exposa des statistiques pour la province de l'Amdo, dans le Tibet historique – devenue aujourd'hui la province sinisée de Qinghai – où l'on comptait dorénavant une population chinoise de deux millions et demi de personnes par rapport à 750 000 pour les Tibétains. Ces chiffres étaient éloquents, même dans la région dite du « Tibet autonome ».

La troisième partie de la proposition portait sur la restauration des droits de la personne au Tibet. S'il est vrai que certains monastères avaient été reconstruits et que le nouvel an – ainsi que d'autres fêtes religieuses – pouvait être célébré, les Tibétains étaient encore soumis à des restrictions draconiennes. Le dalaï-lama voulait que la Chine permette aux Tibétains de se développer culturellement, spirituellement et sur le plan économique afin de pouvoir exercer leurs droits inaliénables.

La restauration de l'environnement devait commencer par la cessation de production d'armes nucléaires et par la fin du stockage sur le territoire tibétain de déchets radioactifs. Le dalaï-lama avait appris en effet que les sites d'enfouissement de déchets de ce type n'étaient pas seulement utilisés par la Chine, mais également par d'autres pays qui payaient grassement Beijing en devises fortes pour se servir du Tibet comme d'une poubelle nucléarisée. Ce pays, qui avait été un sanctuaire pour la faune, un pays où les bouddhistes respectaient toute vie humaine et animale, voyait certaines de ces régions devenir toxiques et dangereuses pour toute forme de vie ; des déserts d'où les animaux avaient complètement disparu, d'où les forêts s'étiolaient. En raison du climat aride, la restauration de la flore pourrait prendre des décennies et le dalaï-lama tenait à mettre un terme à la ruine de l'écologie dans son pays.

Une fois de plus, les Chinois jugèrent les propositions du dalaï-lama comme étant « mal préparées, agressives et visant avant tout à récupérer le Tibet afin d'y exercer son pouvoir ». En résumé, ils dénoncèrent violemment ces propositions.

À la suite de ces vitupérations chinoises, des manifestations eurent lieu au Tibet. Des Lhassais sortirent par milliers pour réclamer leur liberté, mais ce mouvement tourna court. Les Tibétains rapportèrent que les soldats de l'Armée populaire de libération firent feu sur la foule. On déplora 19 morts et un nombre beaucoup plus considérable de blessés. Les Chinois prétendirent avoir seulement tiré en l'air. Selon eux, il était donc incompréhensible qu'il y ait eu des victimes…

Ces manifestations et leur féroce répression firent les nouvelles autour du monde et ravivèrent l'intérêt pour la cause tibétaine. En 1988, le Parlement européen invita le dalaï-lama à prendre la parole à Strasbourg. Dans ce même ordre d'idées, plusieurs dirigeants occidentaux demandèrent à la Chine de rouvrir des négociations avec le gouvernement tibétain en exil.

Dans son allocution, le dalaï-lama réaffirma son opposition à la violence mais émit également une mise en garde.

« J'ai toujours exhorté mon peuple à ne pas recourir à la violence dans ses efforts pour alléger ses souffrances. Pourtant, je pense que tous les peuples ont des droits moraux. [...] Je continuerai donc à prêcher la non-violence, mais, à moins que la Chine ne renonce aux méthodes brutales qu'elle utilise, les Tibétains ne pourront être tenus responsables de la détérioration de la situation[11]. »

Le dalaï-lama profita aussi de l'occasion pour réitérer son plan de paix en cinq points, dans lequel il n'exigeait pas l'indépendance mais le droit pour les Tibétains de vivre libres. Il exposa clairement ce qu'il attendait de la Chine.

« Le gouvernement de la République populaire de Chine pourrait demeurer responsable de la politique extérieure du Tibet. Cependant, le gouvernement du Tibet devrait pouvoir maintenir et développer des relations internationales par le truchement d'un Bureau des Affaires étrangères[12]. »

Le dalaï-lama ajouta qu'il était prêt à négocier avec les Chinois et souligna que son plan en cinq points – que l'on devait surnommer plus tard la « proposition de Strasbourg » – n'était vraiment qu'une motion à débattre. Les décisions les plus cruciales demeuraient toujours du ressort du peuple tibétain. Une fois de plus, les Chinois dénoncèrent à grands cris l'allocution du dalaï-lama et réprimandèrent le Parlement européen pour avoir eu l'outrecuidance d'oser inviter un tel personnage, pour eux nul et non avenu, à prendre la parole.

Bien que le dalaï-lama se montrât optimiste pour restaurer un État tibétain, même encadré par la Chine, malgré son aspiration à voir son pays redevenir indépendant, la voie de la réconciliation était loin d'être à portée de main. Tout en continuant à espérer une résolution pacifique de cette crise afin de préserver ce qui restait de son pays et de son riche héritage, il savait pertinemment que, faute de pourparlers, rien ne pouvait être accompli, d'autant plus que les Chinois refusaient toute concession. Malgré sa légitime contrariété, le dalaï-lama poursuivait sa lutte pour le Tibet.

Notes

1. Lee Feigon, *Demystifying Tibet*, Ivan R. Dee, Elephant Paperback, Chicago, 1996, p. 49.

2. Jetsun Pema, *Tibet, My Story*, p. 106.

3. Tenzin Gyatso, *Freedom in Exile*, p. 200.

4. « The Dalai Lama's Biography », Government of Tibet in Exile, <http://tibet.com/DL/biography.html>.

5. Jetsun Pema, *ibid.*, p. 151.

6. *Idem.*

7. Cité dans *Tibet, My Story, ibid.*, p. 153.

8. Cité dans *Kundun*, de Mary Craig, p. 326.

9. Tenzin Gyatso, *ibid.*, p. 246.

10. Extraits de *Foreign Relations Authorization Act, Fiscal Years 1988 and 1989*, Washington, D.C., Government of Tibet in Exile, <http://tibet.com/Resolution/us8889.html>.

11. « Discours aux membres du Parlement européen par Sa Sainteté le dalaï-lama » (Strasbourg, le 15 juin 1988), Le gouvernement du Tibet en exil, <http://tibet.com/Proposal/strasbourg.html>.

12. *Ibid.*

CHAPITRE 11

UNE MEILLEURE PLACE
DANS LE CONCERT DES NATIONS

Vers la fin de 1980, le dalaï-lama était devenu beaucoup plus important qu'une icône religieuse et que le leader politique d'une nation en péril ; il était désormais une célébrité. Son profil international irritait au plus haut point le gouvernement chinois qui le considérait comme une épine à son pied et comme un élément embarrassant pour le prestige mondial de la Chine.

Les relations entre la Chine et les États-Unis étaient tendues depuis la prise du pouvoir par les communistes, mais une détente s'opéra en 1972 grâce à l'intervention de Richard Nixon, qui mena plus tard à la reconnaissance de la Chine par les Américains en 1979. La République populaire de Chine (RPC) ne pouvait donc risquer de ternir sa nouvelle image à cause des critiques constantes des Tibétains.

Pourtant, la Chine ne pouvait supporter l'idée d'un Tibet indépendant et ses représentants s'égosillaient à affirmer que le Tibet n'avait d'ailleurs jamais connu l'indépendance. Par conséquent, ils considéraient leur mainmise sur le pays en 1950 et les années suivantes comme rien de moins que des interventions justifiées pour mettre fin à la guerre civile. On ne se surprendra pas de constater que la « proposition de Strasbourg » ait été absolument inacceptable pour les Chinois.

Ces derniers tenaient cependant à en arriver à une certaine forme d'arrangement. S'ils avaient repoussé les offres du dalaï-lama, ils ne rejetaient pas l'idée de poursuivre les négociations. Le 23 septembre 1988, ils fournirent une réponse officielle aux propositions du chef spirituel des Tibétains. Elle s'énonçait en ces termes :

« Le dalaï-lama est toujours le bienvenu pour discuter avec le gouvernement central, mais à une condition : qu'aucune puissance étrangère ne s'en mêle. Nous sommes prêts à désigner un fonctionnaire d'un certain rang pour entreprendre des pourparlers avec le dalaï-lama[1]. »

Les Chinois stipulèrent également que deux points nécessitaient des éclaircissements. Ils déclarèrent ne jamais avoir reconnu le cabinet du dalaï-lama, ou kashag, et ne point accepter de délégation désignée par le gouvernement en exil. Ils ajoutaient qu'ils n'entreprendraient jamais de pourparlers fondés sur la « proposition de Strasbourg », car elle ne rejetait pas catégoriquement toute revendication indépendantiste. Ils demandèrent enfin au dalaï-lama d'abandonner toute velléité de souveraineté pour le Tibet et de réintégrer « l'accueillant giron de la mère patrie ».

Voyant que les Chinois allaient repousser son offre, le gouvernement tibétain en exil fit rapidement savoir que des pourparlers commenceraient à Genève en janvier 1989 et il fournit les noms d'une équipe de négociateurs comprenant notamment un avocat hollandais. Le dalaï-lama n'avait pas l'intention de participer aux discussions. Les Chinois se montrèrent furieux du refus catégorique de leur proposition et considérèrent l'annonce de la réunion par le dalaï-lama comme un manque flagrant de diplomatie de sa part. De toute évidence, le dalaï-lama et ses conseillers avaient renvoyé la balle dans le camp chinois.

L'ambassade de Chine à New Delhi appela sur-le-champ Gyalo Thondup et accusa les Tibétains de manquer de sincérité. Les Chinois ajoutèrent qu'avant de faire des déclarations à la presse, le dalaï-lama aurait dû discuter avec eux du lieu et de la date de la réunion. Celle-ci n'eut donc jamais lieu et le dialogue, qui se poursuivait plus ou moins régulièrement depuis une décennie, revint au point mort. De toute évidence, aucune des deux parties n'était prête à faire de concessions.

La compassion avant tout

Au Tibet, la situation demeurait délicate, car plusieurs manifestations avaient eu lieu pendant les mois précédant janvier 1989. En effet, le 28 de ce mois, le panchen-lama mourait chez lui à Shigatse, ce qui portait un autre coup aux Chinois, car son influence permettait d'atténuer la colère du peuple. Le 5 mars, la plus grande manifestation depuis 1959 eut lieu à Lhassa et elle dura trois jours au cours desquels 750 Tibétains furent massacrés lors des émeutes qui dégénérèrent en ville. Le 8 mars, les Chinois imposaient la loi martiale.

Rien n'ébranlait toutefois les convictions spirituelles du dalaï-lama. Il souhaitait que les Tibétains comprennent leurs ennemis. « C'est en effet dans la plus grande adversité que se manifeste le plus grand potentiel pour faire le bien, à soi-même comme aux autres[2] », prêchait-il.

La compassion qu'il témoignait envers tous, même ses ennemis, permit au dalaï-lama de mériter le prix Nobel en 1989. À Stockholm, lors de son discours de réception, il exposa une fois de plus sa philosophie lorsqu'il déclara :

« Je prie pour nous tous, pour nos oppresseurs comme pour nos amis, afin que nous puissions tous construire un monde meilleur grâce à la compréhension et à l'amour et que, ce faisant, nous contribuions à atténuer la souffrance et la douleur de tous les êtres doués de sensibilité[3]. »

Il renchérit en ajoutant :

« On me rappelle souvent qu'à la base nous sommes avant tout des êtres humains. Nous portons des vêtements dissemblables, la couleur de nos peaux peut varier, tout comme notre manière de nous exprimer. Cependant, ces différences ne sont que superficielles. Au fond, nous sommes les mêmes êtres et c'est cette qualité humaine qui nous unit, qui nous offre la possibilité de nous comprendre, de manifester notre amitié et de resserrer nos liens[4]. »

Le Nobel n'offrit pas seulement une tribune au dalaï-lama. Cette distinction accrut sa crédibilité sur le plan international et constitua un camouflet diplomatique pour les maîtres de Beijing. Dorénavant, le dalaï-lama serait considéré comme un émissaire de paix exilé, dont le peuple opprimé vivait sous la botte chinoise. Cette réalité avait son importance pour des questions de relations publiques et le dalaï-lama utilisa cet avantage avec sagacité.

En décembre 1989, le dalaï-lama se rendit en Allemagne et fut témoin de la chute du mur de Berlin. Alors qu'il se tenait non loin d'une ancienne tour de garde de cette enceinte concentrationnaire, une vieille dame l'approcha et lui tendit une chandelle rouge qu'il alluma. La foule se pressa près du chef religieux qui s'empressa de serrer des mains et pria pour que la compassion et la spiritualité éclairent le monde. Il déclara qu'il s'agissait là d'un moment qu'il n'oublierait jamais.

Le 11 mai 1990, des réformes furent apportées aux structures du gouvernement tibétain en exil. Cette initiative ne fut pas sans susciter des craintes pour les changements apportés à la tradition, mais était également porteuse d'espoir pour l'avenir. En effet, ce jour-là, le dalaï-lama offrit une véritable forme de démocratie aux Tibétains exilés en dissolvant son cabinet personnel, ainsi que la dixième assemblée des représentants du peuple tibétain – le Parlement, en somme. Dans une allocution à ses sujets, il déclara : « À partir de ce jour, les décisions du peuple seront finales. Je pense que le dalaï-lama ne devrait pas avoir de rôle en ces lieux. La future assemblée aura la responsabilité de nommer les ministres[5]. » Il avança également des propositions pour donner aux femmes davantage de représentation, pour la création de deux chambres au sein du corps législatif et pour établir un tribunal judiciaire susceptible de servir pleinement les besoins d'une société démocratique.

La même année, les exilés tibétains vivant en Inde ainsi que les expatriés vivant dans 33 pays différents eurent à élire les 46 membres du onzième Parlement tibétain sur la base d'un vote par personne. Le Parlement élut ensuite les membres du cabinet. La nouvelle constitution issue de cette réforme s'intitulait la Charte des Tibétains en exil. Elle ne fournissait pas seulement une assise pour les libertés fondamentales du peuple tibétain, mais traçait les contours du nouveau gouvernement tibétain en exil.

Un événement important survint en avril 1991 lorsque le dalaï-lama rencontra le président américain George Bush. Il s'agissait de la première rencontre d'un chef de la Maison-Blanche avec un dalaï-lama dans l'histoire universelle. Au cours de la conversation, les deux dirigeants discutèrent d'un « nouvel ordre mondial » fondé sur l'unité globale et la coopération. Le dalaï-lama en profita pour faire cette remarque au président : « Un nouvel ordre mondial avec de la compassion est assurément une bonne chose, mais je ne suis pas certain qu'il en soit de même lorsque celle-ci est absente[6]. » Les déclarations de Bush par lesquelles il sollicitait la Chine à adopter un comportement plus démocratique envers le Tibet encouragèrent le dalaï-lama qui se vit assurer que les États-Unis feraient tout leur possible pour mettre un terme aux politiques répressives de la Chine au Tibet.

Pressions sur la Chine

Malgré le fait que les Tibétains recevaient de plus en plus d'appuis de la part des pays occidentaux, les négociations avec la Chine n'évoluaient pas. Beijing n'avait aucun intérêt à considérer une quelconque proposition destinée à soustraire le Tibet aux lois qui régissaient les autres parties du pays, alors que les Tibétains s'évertuaient à demander une autonomie civile ainsi que la liberté culturelle et religieuse. Les concessions que les Tibétains accordaient à la représentation internationale chinoise ne suffisaient plus et ils franchirent un autre pas en septembre 1991, lorsque

Gyalo Thondup, le nouveau président élu du cabinet, déclara :

« Le 10 mars de cette année, Sa Sainteté le dalaï-lama a déclaré clairement qu'étant donné l'attitude bornée et négative adoptée par le présent gouvernement chinois, il estimait que l'engagement personnel qu'il avait pris concernant les idées émises dans la proposition de Strasbourg étaient devenues inapplicables et que, par conséquent, si les Chinois ne promulguaient pas d'autres initiatives, il se considérerait libéré de toute obligation quant aux propositions qu'il a faites lors de son allocution de Strasbourg[7]. »

Il ajouta que le dalaï-lama était toujours fermement engagé à suivre la voie de la non-violence et qu'il espérait toujours trouver une solution pour le Tibet au moyen de la négociation et de la compréhension.

Le 26 novembre 1992, les États-Unis se rangèrent du côté du Tibet lorsque la Chambre des représentants américaine posa une condition à la Chine pour qu'elle bénéficie de la clause de la nation la plus favorisée (NPF), conformément aux dispositions de l'Organisation mondiale du commerce (OMC), qui garantit à une nation exportatrice (dans ce cas la Chine) qu'aucune de ses marchandises exportées ne sera défavorisée par rapport aux exportations d'une autre nation par un droit de douane plus élevé. Ce privilège avait été accordé en 1980 à la Chine sous condition de révision annuelle, alors que d'autres pays en bénéficient à perpétuité. La Chambre décréta en 1992 que le statut de la Chine en tant que NPF serait révoqué en juillet 1993, à moins que le président Bill Clinton ne présente un rapport au Congrès certifiant que ce pays avait satisfait

250

plusieurs exigences, dont l'une était la libération de prison-niers incarcérés pour avoir exprimé de manière non violente leurs convictions religieuses. Le Congrès attendait égale-ment de la Chine qu'elle vérifie les progrès accomplis en matière de droits civiques, tout particulièrement dans la prévention de la violation grossière des droits de la personne au Tibet.

Lorsque le président Clinton émit son décret-loi n° EO12850 le 28 mai 1993, ce document contenait une clause restrictive stipulant que le secrétaire d'État devait déterminer si la Chine avait réalisé des progrès dans le domaine des droits de la personne. Le Congrès avait insisté sur le fait que l'héritage culturel et religieux propre au Tibet soit protégé[8]. Pour la première fois, le bien-être économique de la Chine était lié directement aux agisse-ments de ce pays au Tibet.

Peu après, le président Clinton et le vice-président Al Gore invitèrent le dalaï-lama à la Maison-Blanche en 1994. En fait, Bill Clinton rencontra le dalaï-lama à cinq reprises, sous le prétexte de le « saluer de manière décontractée » chaque fois qu'il rencontrait des personnalités officielles de second plan. En effet, les États-Unis n'avaient pas l'inten-tion de se brouiller avec la Chine ou ses alliés en traitant le dalaï-lama comme un chef d'État. Au cours de ces rencon-tres, le dalaï-lama exhorta les dirigeants américains à poursuivre leurs pourparlers avec Beijing et à inciter le pays le plus peuplé du monde à adopter des institutions démocratiques. Il déclara notamment à des journalistes : « Le monde libre et tout particulièrement les États-Unis ont la responsabilité d'encourager l'avènement de la démocratie en Chine[9]. »

Il faut dire que les sentiments américains envers la question tibétaine et le dalaï-lama étaient partagés. Si le sort des malheureux Tibétains sous la férule chinoise attirait la sympathie des personnes bien intentionnées, les intérêts commerciaux ne tardaient pas à prendre le dessus et imposaient de ne pas se mettre la Chine à dos. Évoquant les visites du dalaï-lama aux grands de ce monde, le *People's Daily* chinois le critiquait d'un ton acrimonieux.

« Cet homme est demeuré longtemps loin de la Chine et s'est rendu aux confins du globe dans l'intention de séparer le Tibet de la mère patrie. Cet homme n'a rien de religieusement pur. Le discours politique ainsi que les actes du dalaï-lama ont depuis longtemps effiloché sa tunique religieuse[10]. »

Pourtant, parmi les protestations de la Chine, le gouvernement des États-Unis reconnaissait le Tibet comme étant une région autonome sous administration chinoise, et le dalaï-lama comme étant son chef politique et spirituel. Pour sa part, le dalaï-lama considère les Américains comme des amis. « Dans le passé, les deux Chambres [du Congrès] m'ont manifesté un appui constant. Il s'agit, je pense, de l'une de mes grandes sources d'espoir et d'encouragement[11]. »

Mais le dalaï-lama avait d'autres soucis que ceux que lui donnaient les Chinois, et son statut de personnage international ne faisait rien pour atténuer les frictions existant entre les membres de la tribu des Gaddis – des semi-nomades vivant dans la région de Dharamsala – et les exilés tibétains. Le 23 avril 1994, une émeute éclata dans les rues à cause de la mort d'un Gaddi imputable, apparemment, à un Tibétain. Des groupes d'Indiens exigeaient le départ des réfugiés et défilaient en scandant des slogans hostiles au dalaï-lama.

Lorsque ces événements survinrent, le dalaï-lama se trouvait aux États-Unis. Dès son retour, il émit une déclaration exprimant ses plus vifs regrets pour cette tragédie, ainsi qu'un communiqué traduisant sa consternation. « Ce fut un incident des plus regrettables, commenta-t-il, et cela m'a profondément peiné[12]. » Il déplora les dégâts causés à la communauté tibétaine et promit d'y remédier. Le dalaï-lama offrit également de quitter Dharamsala et demanda au gouvernement indien l'autorisation de déménager ses pénates à Bangalore, dans le sud du pays, dans l'espoir de réduire la concentration de Tibétains au même endroit ainsi que le nombre de visiteurs des quatre coins de la planète qui affluaient en son nom.

Après avoir considéré sa requête, la communauté indienne de Dharamsala envoya plusieurs délégués chez le dalaï-lama pour le convaincre de rester. Ces groupes comprenaient même des représentants de la tribu des Gaddis, des membres du Lyons Club et de plusieurs organisations commerciales, ainsi que les chefs des villages limitrophes de Dharamsala. Toutes ces personnes s'engagèrent à empêcher les politiciens locaux de vociférer en exploitant les incidents interethniques pour servir leurs intérêts. Devant cette réaction, le dalaï-lama retira sa demande de déménagement du gouvernement tibétain en exil et demeura à Dharamsala.

L'affaire du panchen-lama

L'année qui suivit les émeutes vit se développer un autre conflit touchant le chef spirituel tibétain. Depuis 1989, lorsque le panchen-lama mourut, le dalaï-lama et ses adjoints se mirent à la recherche de sa réincarnation, et ce, sans mandat des autorités d'occupation chinoises. Au départ, le dalaï-lama avait proposé d'envoyer une délégation religieuse de 10 membres au Tibet afin de célébrer la cérémonie du Kalachakra – ou de la « Roue du temps » — pour le panchen-lama disparu et de commencer les recherches. Les autorités chinoises rejetèrent la demande en alléguant qu'ils ne voulaient pas que des « étrangers » se mêlent de cette nouvelle nomination. Or, pour tous les bouddhistes tibétains, il n'était pas question de désigner un panchen-lama sans la collaboration du dalaï-lama.

En 1991, le dalaï-lama demanda au gouvernement chinois que la permission soit accordée à de grands lamas de se rendre au lac Lhamo Lhatso pour y prophétiser, tout comme Reting Rinpoché l'avait fait pour le quatorzième dalaï-lama. Trois mois passèrent. Les Chinois répondirent qu'ils n'avaient pas besoin de l'intervention d'étrangers.

En 1993, un membre du monastère de Tashilhunpho, le siège du panchen-lama, fut désigné d'office par les Chinois pour trouver la réincarnation du deuxième plus haut chef du bouddhisme Gelugpa. Le mois suivant, le gouvernement en exil invita le religieux en Inde pour discuter de sa recherche. Les exilés n'eurent jamais de réponse.

En 1995, sans s'occuper du gouvernement chinois, le dalaï-lama proclama publiquement l'avènement du onzième panchen-lama, un enfant de six ans né quatre mois après la mort du dixième panchen dans une famille de semi-nomades du nord-est du Tibet. Le dalaï-lama déclara : « Je lui ai donné comme nom Tenzin Gedhun Yeshe Trinley Phuntsog Pal Sangpo et ai composé une prière de longue vie intitulée *Exaucement spontané des vœux*[13]. » Il considérait en effet l'intronisation d'un nouveau panchen-lama comme une question religieuse plutôt que comme un acte politique et il exprima le souhait que le gouvernement chinois se montre coopératif.

Non seulement les Chinois n'approuvèrent pas la décision, mais fulminèrent contre celle-ci et refusèrent le choix du dalaï-lama. Ils s'en tinrent à un ancien tirage au hasard dit de l'« urne dorée » et décidèrent que toutes les réincarnations devaient être confirmées par le gouvernement central de la République populaire de Chine. Ils prétendirent que tous les dalaï-lamas et panchen-lamas avaient été choisis de cette manière depuis 1792. Un communiqué d'une agence de presse chinoise datant de 1995 cite le porte-parole du Bureau chinois des Affaires religieuses en ces termes :

« Au mépris des conventions historiques et des rituels religieux, bouleversant le processus normal de recherches, faisant fi de l'autorité du gouvernement central pour la question concernant la réincarnation du panchen-lama, le dalaï-lama a été jusqu'à commettre l'affront d'annoncer de l'étranger la réincarnation du panchen-lama dans le corps d'un enfant. Il s'agit là d'un acte totalement illégal et invalide[14]. »

Pour les Chinois, oser réclamer une prérogative religieuse équivalait pour le dalaï-lama à revendiquer la sécession du

Tibet. Le porte-parole des Affaires religieuses déclara aux représentants de l'agence Reuters :

« On voit là clairement une tentative de coup d'État politique ourdi par le dalaï-lama et sa clique en conformité avec leurs manigances sécessionnistes. Après avoir, sans succès, posé des actes destinés à faire éclater la mère patrie, ils utilisent à cette fin la réincarnation du panchen-lama[15]. »

Ce geste du dalaï-lama enragea les autorités chinoises. Leurs fonctionnaires avaient espéré pouvoir annoncer la réincarnation du panchen-lama à l'occasion du trentième anniversaire de l'établissement du Tibet dit « autonome », afin de montrer au monde que la liberté religieuse était bien vivante dans ce pays. Le dalaï-lama avait peut-être réussi là une opération de relations publiques, mais son gouvernement s'était mis une fois de plus les Chinois à dos en sabordant toute possibilité de négociations portant sur la question tibétaine.

Lorsque les États-Unis soutinrent le choix du dalaï-lama dans l'affaire du panchen-lama, la situation ne fit que s'empirer. Un porte-parole du département d'État déclara :

« Nous craignons que les mésententes et controverses entourant la réincarnation du panchen-lama ne soulèvent des doutes supplémentaires quant aux engagements du gouvernement chinois visant à respecter les croyances et pratiques religieuses des bouddhistes tibétains[16]. »

Les Chinois ripostèrent.

Avant la fin mai, l'homme choisi par la RPC pour découvrir le nouveau panchen-lama ainsi que le candidat pressenti par le dalaï-lama furent séquestrés à Beijing et tenus au secret. Le gouvernement chinois suspecta qu'à l'occasion de l'annonce du candidat son représentant avait collaboré avec le dalaï-lama par le truchement de filières secrètes. À Lhassa, pour dénoncer les déclarations du dalaï-lama, il était nécessaire que les fonctionnaires chinois ainsi que les lamas de haut rang se rencontrent. Toutefois, les Tibétains refusaient tout candidat non approuvé par le dalaï-lama en personne.

Le 16 juin, le dalaï-lama accusa les autorités chinoises d'avoir kidnappé le panchen-lama et ses parents, mais celles-ci nièrent catégoriquement le fait. En octobre, elles dévoilèrent leur intention de trouver un remplaçant au candidat du dalaï-lama, ce qu'elles firent le mois suivant lorsqu'un autre garçon de six ans fut choisi selon la méthode de l'« urne dorée ». Le Sénat américain ne fut pas long à réagir à la décision des Chinois et adopta à l'unanimité une résolution demandant à leur gouvernement d'accepter le choix du dalaï-lama.

Des appuis et une bataille perdue

Les rumeurs qui se répandaient à travers le monde à propos de l'intervention chinoise dans les rituels bouddhistes tibétains ne faisaient rien pour calmer la colère de Beijing à l'égard du dalaï-lama. Le 5 avril 1996, le *Xizang Ribao*, un journal tibétain d'allégeance chinoise, déclarait dans le langage imagé de l'époque :

« Dernièrement, la clique séparatiste du dalaï-lama a intensifié au Tibet ses manœuvres de division, d'infiltration et de rébellion. En collusion avec des éléments séditieux locaux et étrangers, elle diffuse insidieusement de la propagande réactionnaire dans les cercles et les centres religieux[17]. »

L'article citait également des documents chinois qui exigeaient la disparition du portrait du dalaï-lama dans les temples en précisant que ce dernier ne pouvait plus apporter le bonheur à son peuple. L'agence Inter Press Service rapportait que des policiers en civil perquisitionnaient dans les hôtels et les restaurants de Lhassa pour enlever les portraits du leader exilé. Ce geste suivait la suppression, en juillet 1994, de toute photo du dalaï-lama dans les bureaux du gouvernement. Il s'agissait là d'une tentative musclée pour faire disparaître le chef spirituel de sa position dominante dans le bouddhisme tibétain. La grogne se manifesta à Lhassa, car les habitants ne pouvaient renoncer facilement à honorer le dalaï-lama.

Ce dernier déclara à cette époque au magazine *Asiaweek* : « En vérité, si les Chinois avaient traité les Tibétains en frères, le dalaï-lama ne serait pas aussi populaire. Tout le crédit de cette popularité revient donc aux autorités chinoises[18]. »

En 1996, la renommée du dalaï-lama avait fait le tour du monde et de nombreuses célébrités, comme les artistes américains Richard Gere, Tim Robbins, Steven Seagal, Suzan Sarandon, Meg Ryan ou Oliver Stone, s'intéressaient à lui. Deux films sur le dalaï-lama furent lancés en 1997 : *Kundun* racontait sa vie depuis sa petite enfance, lorsqu'il fut découvert, jusqu'à son évasion en Inde, tandis que *Sept ans au Tibet* s'inspirait de l'expérience de l'aventurier et alpiniste Heinrich Harrer dans la Cité interdite de

Lhassa. Ce film, mettant en vedette Brad Pitt, fut celui qui remporta le plus de succès.

Melissa Mathison, la scénariste de *Kundun*, aurait déclaré :

« Le dalaï-lama m'a demandé si je pensais que les gens seraient intéressés par sa vie, si elle les inspirerait. Il voyait là une belle occasion de montrer au monde ce qu'était vraiment le Tibet et de préserver partiellement l'histoire de ce pays. Il considérait qu'il devait le faire pour son peuple[19]. »

En 1998, le dalaï-lama dut affronter une sérieuse opposition à la « voie médiane » qu'il préconisait pour l'autonomie de son pays. Un groupe d'exilés jusqu'au-boutistes organisèrent un « jeûne jusqu'à ce que mort s'ensuive » au début de l'année. Lorsque six d'entre eux furent hospitalisés dans un hôpital de New Delhi, un autre activiste s'immola par le feu en signe de protestation. Cette malheureuse affaire poussa le dalaï-lama à admettre qu'au fil de la lutte qu'il menait pour libérer son peuple il avait réussi à éviter la violence, mais que celle-ci n'en affichait pas moins son visage hideux[20]. Bien qu'il eût prédit cette éventualité dans son allocution au Parlement européen en 1988, il n'en était pas moins découragé.

Quelles que fussent les initiatives que le dalaï-lama pouvait entreprendre pour engager des pourparlers avec le gouvernement central chinois, celui-ci fermait la porte à toute négociation et se montrait allergique à la moindre idée d'indépendance de pensée pour les Tibétains. Un rapport de l'agence de presse *Xinhua* (« Chine nouvelle ») daté de mars 1998 se lit comme suit : « Lorsqu'il pensait que l'opinion internationale était en sa faveur, le dalaï-lama a suspendu tout contact avec le gouvernement central. Maintenant que la situation se retourne contre lui, il demande à négocier. » Ce rapport justifiait son ton virulent par le fait que le dalaï-lama avait rejeté les trois conditions posées par Jiang Zemin, qui était président en 1989. Celui-ci demandait en effet que l'on considère le Tibet comme une partie inaliénable de la Chine, que les Tibétains abandonnent quelque velléité d'indépendance que ce soit et la cessation de toute activité ayant pour but, selon lui, de « faire éclater la mère patrie ».

Peu après, les rênes du pouvoir chinois furent reprises par un nouveau dirigeant, le premier ministre Zhu Rongji, que le dalaï-lama pensait plus ouvert au dialogue que ses prédécesseurs. Malheureusement, il se trompait. Rien n'avait changé. Un porte-parole du ministère chinois des Affaires étrangères déclara à la presse : « Le haut niveau d'autonomie préconisé par le dalaï-lama est en réalité une stratégie en deux étapes pour obtenir l'indépendance du Tibet. L'objectif final de cet homme est de manipuler l'opinion internationale[21]. »

Le dalaï-lama ne perdait toutefois pas espoir. Aussi affirma-t-il face à cette diatribe : « Si j'en juge par les changements globaux qui s'opèrent en Chine, je pense qu'à un moment donné nous pourrons en arriver à un compromis[22]. »

Cependant, les dissidents tibétains considéraient cette philosophie d'un œil dubitatif. Ils estimaient que le dalaï-lama s'était détourné de son objectif, c'est-à-dire la libération de son pays, et ils en avaient assez de ses principes de non-violence. Aussi firent-ils des grèves de la faim et s'immolèrent-ils par le feu au début de l'année, ce qui plaça le dalaï-lama devant un dilemme. Il l'admit de bonne grâce, mais renoncer à la non-violence était contraire à ses convictions. Il constata que la voie médiane n'était pas aussi efficace qu'il le pensait pour redonner la liberté aux Tibétains, mais ne voyait pas d'autre moyen que de conserver ouverts les canaux de communication avec la Chine.

Des promesses, mais point de progrès

En juin de cette année-là, le dalaï-lama déclara conserver des contacts non officiels avec Beijing par le truchement de divers canaux de communication. Le président chinois Jiang Zemin le confirma ouvertement. En octobre, un rapport fut publié dans la presse française selon lequel le dalaï-lama aurait préparé une déclaration sur le statut politique du Tibet, qu'il devait soumettre à Jiang Zemin à l'occasion d'une réunion avec ce dernier. Le dalaï-lama espérait rencontrer le président chinois davantage à titre de religieux qu'à titre de politicien. Les Tibétains pensèrent qu'il s'agissait là de la meilleure occasion de franchir une étape décisive depuis 1988.

Cet espoir vola toutefois en éclats lorsque les Chinois accusèrent le dalaï-lama de manque de sincérité et d'ignorer les canaux de communication officiels. Ils proclamèrent qu'aucune discussion n'aurait lieu, à moins que le dalaï-lama ne reconnaisse publiquement la souveraineté indiscutée de la Chine sur le Tibet. En novembre, tous les projets de rencontres tombèrent à l'eau.

Le Tibet continue à être une province chinoise, tandis que le dalaï-lama et Beijing flirtent encore avec l'idée élusive de pourparlers. Le dalaï-lama insiste pour ne réclamer qu'une certaine autonomie à la Chine, et non l'indépendance, et espère toujours que le dialogue permettra de restituer son pays à son peuple. Pendant ce temps, les Chinois l'accusent de ne pas être un simple moine, mais un politicien dissimulé sous une tunique bouddhiste, un personnage douteux dont l'intention est de faire exploser la mère patrie par ses menées sécessionnistes.

Le dalaï-lama continue à parcourir le monde en exhortant les dirigeants des plus importantes nations à trouver une brèche dans la grande muraille de l'obstination chinoise afin de pouvoir éventuellement redonner une certaine autonomie à son peuple.

Il prend également ses dispositions pour que le gouvernement du Tibet en exil puisse fonctionner harmonieusement sans sa présence. Pour la première fois, le président du cabinet a été élu par le peuple plutôt que nommé par le dalaï-lama, comme cela se faisait depuis des siècles.

« La lutte que poursuit le Tibet ne se fait pas pour défendre le dalaï-lama ou quelque autre personne. […] Elle se fait pour notre nation. Les individus passent. La lutte continue. Tôt ou tard je mourrai et, au moment de ma mort, nous subirons peut-être d'autres revers. Notre organisation doit donc poursuivre son œuvre comme si le dalaï-lama n'existait pas[23]. »

Le 22 février 2010, le dalaï-lama devait déclarer à la radio publique américaine (NPR), à Los Angeles : « Si une majorité de Tibétains a le sentiment que l'institution du

262

dalaï-lama n'a plus de sens, alors cette institution doit cesser d'exister, il n'y a aucun problème. » Il avait ajouté en souriant : « Il semblerait que les Chinois soient plus inquiets pour cette institution que moi. »

Déjà, en 1990, par souci d'amorcer une démocratisation du régime, il avait cessé de désigner les membres du cabinet, désignés depuis par le Parlement. Puis, en 2001, il avait décidé de modifier la Constitution : le gouvernement devenait dirigé par un premier ministre élu par les Tibétains en exil, soit près de 150 000 personnes – vote auquel ne participaient pas les six millions de Tibétains de Chine. Le rôle politique du dalaï-lama se voyait alors restreint à des fonctions honorifiques, telles qu'un rôle de représentation sur la scène internationale ou la nomination de trois des 43 députés du Parlement.

Dans cet esprit, en mars 2011, le quatorzième dalaï-lama devait amorcer progressivement une démocratisation du régime. Il demanda au Parlement tibétain en exil un amendement constitutionnel permettant de mettre en œuvre sa retraite politique. Pour lui, l'institution des dalaï-lamas est dépassée et doit laisser place à la démocratie.

Notes

1. Cité dans *The Dragon in the Land of Snows*, de Tsering Shakya, p.425-426.

2. Tenzin Gyatso, *Freedom in Exile*, p. 261.

3. « His Holiness the Dalai Lama Acceptance Speech for the Nobel Prize for Peace » (Discours du dalaï-lama à l'occasion de la remise du prix Nobel), Université d'Aula, Oslo, 10 décembre 1989.

4. Allocution prononcée par Tenzin Gyatso dans le cadre de la remise de son prix Nobel, 11 décembre 1989.

5. Tibetan Parliamentary and Policy Research Centre, « Tibet's Parliament in Exile », TibetNet, <http://tibet.net/eng/atpd/progress> (1999).

6. « His Holiness the Fourteenth Dalai Lama », *Dimensions of Spirituality* (Somerville, MA, Wisdom Publications, 1995), <http://wisdompubs.org/booklets/dimensions.html>.

7. International Committee of Lawyers for Tibet, « Strasbourg Proposal No Longer Binding (1991) », 2 septembre 1991, <http://tibetjustice.org/materials/tibet/tibet5.html>.

8. William J. Clinton, Décret-loi n° EO12850 en date du 28 mai 1993.

9. Sarah Jackson-Han, « Dalai Lama urges US to press China toward democracy », *Agence France-Presse*, 12 septembre 1995.

10. Cité dans *Kyodo News International,* dans « People's daily blasts Clinton's visit with Dalai Lama », 21 septembre 1995.

11. « U.S. – China relations stressed. Dalai Lama: for Tibet's sake, Washington, Beijing must talk », *Washington Times*, 16 septembre 1995.

12. Comité Canada-Tibet, World Tibet Network, « Statement of His Holiness the Dalai Lama », 3 mai 1994, <http://tibet.ca/wtnarchives/1994/5/3– 2_1.html>.

13. Clarence Fernandez, « Dalai Lama proclaims Tibet's 11th Panchen Lama », *Reuters*, mai 1995.

14. « Dalai Lama's confirmation of reincarnation invalid », *Agence Chine-Nouvelle*, 17 mai 1995.

15. Jane MacCartney, « China rejects Dalai Lama on monk reincarnation », *Reuters*, 17 mai 1995.

16. Cité au Comité Canada-Tibet, World Tibet Network, « State Department Spokesman Response to Question on Chinese Rejection of New Panchen Lama », 17 mai 1995.

17. Feng Yongfeng, « Tibet bans pictures of Dalai Lama », *Xizang Ribao*, Lhassa, 5 avril 1996.

18. Cité par John Christensen dans l'article « Dalai Lama : Man of peace takes center stage », *CNN Interactive*, 1999, <http://cnn.com/SPECIALS/1999china.50/inside.china/profiles/dalai.lama/>.

19. Natasha Stoynoff, « Spiritual homecoming », *Toronto Sun*, 4 janvier 1998, <http://acmi.canoe.ca/JamMoviesFeaturesK/kundun_1.html>.

20. « Dalai Lama admits failure », *Associated Press*, 29 avril 1998.

21. « China lays down hard line on Tibet's Dalai Lama », *Reuters*, 30 avril 1998.

21. « Dalai Lama wants China dialogue », *Associated Press*, 30 avril 1998.

22. Saraf Pushp, « Dalai Lama plans a future without him », *Border Affairs*, oct.-déc. 2001.

LA VIE QUOTIDIENNE DU DALAÏ-LAMA

La vie du dalaï-lama gravite autour de la lutte qu'il mène pour pouvoir donner un peu de liberté à son peuple, mais il a une vie privée comme tout le monde. Il ne s'est jamais considéré comme un dieu-roi, mais simplement comme un moine ayant une vie d'ascète.

La majeure partie de la journée du dalaï-lama se passe en méditation. Il se lève à 4 heures et commence par réciter des mantras, des prières qui ont le don de calmer l'esprit. Ensuite, il consomme, accompagnées d'eau chaude, des herbes de la phytothérapie tibétaine, un peu comme les Occidentaux absorbent des vitamines, puis se prosterne devant le Bouddha. Après sa toilette, il marche jusqu'à son petit-déjeuner vers 5 h 15 et, pendant celui-ci, lit des écritures bouddhiques.

Après le petit-déjeuner, le dalaï-lama médite jusqu'à 8 heures puis prend une pause pour écouter les nouvelles radiophoniques de la British Broadcasting Corporation (BBC). Il estime que la méditation aiguise le raisonnement qui, à son tour, provoque un état d'esprit positif permettant de surmonter les attitudes, pensées et émotions causant la souffrance et l'insatisfaction[1].

Le reste de la matinée, il étudie la philosophie bouddhiste. À midi, il consulte des documents administratifs ou lit les journaux avant de déjeuner, une demi-heure plus tard. Puis, il se remet à la lecture de textes sacrés.

Le travail concernant le gouvernement tibétain en exil commence à 13 heures. Le dalaï-lama s'occupe de problèmes de gestion puis accorde des audiences. À 17 heures, il rentre dans ses quartiers et se met à prier et à méditer pendant quelque temps. Il regarde ensuite la télévision jusqu'à l'heure du thé, à 18 heures. Il aime particulièrement les vieilles reprises de la série satyrique américaine *M*A*S*H*. Après le thé, que les Occidentaux appelleraient souper, il lit encore des textes bouddhiques et prie jusqu'à 20 h 30 ou 21 heures avant de sombrer dans un profond sommeil.

Pour varier la routine, il peut participer à des cérémonies, enseigner, écrire ou voyager. Cependant, même en voyage, il essaie de consacrer chaque jour au moins cinq heures à la prière, à la méditation ou à l'étude. L'une des ses prières favorites est la suivante :

Tant que l'espace existera
Et que vivront des êtres
Puissé-je me consacrer
À combattre la misère du monde[2].

Le Bureau privé s'occupe des revenus et des dépenses du dalaï-lama. Ce dernier ne manipule que rarement l'argent. Il touche une subvention du gouvernement indien de quelque 20 roupies par jour, c'est-à-dire un peu plus de 40 cents américains, somme censée couvrir ses vivres et son habillement. Toutefois, en 1989, lorsqu'il a remporté le prix Nobel de 300 000 couronnes suédoises (approximativement 480 000 dollars américains), il fut capable de gérer personnellement ce montant.

Impressions de voyage

Afin d'étendre son influence politique, le dalaï-lama a visité plusieurs pays. En 1967, son premier voyage à l'extérieur de l'Inde fut de se rendre au Japon puis en Thaïlande. Il vit à Tokyo des signes de ce qu'il trouve de meilleur dans la nature humaine. Il fut ébahi par l'ordre et la propreté qui régnaient dans cette ville à un degré inimaginable. Il apprécia aussi les aliments, merveilleusement présentés. Si la circulation très dense le surprit, il fut encore plus étonné que les progrès techniques et matériels accomplis par les Japonais n'aient pas fait obstacle à leur désir de préserver leur culture et leurs valeurs morales. Il constata également le potentiel de la technologie moderne.

En Thaïlande, il trouva le peuple très accueillant, mais fut déçu par le besoin qu'avaient les Thaïs de se montrer distants et de considérer toute familiarité ou preuve de simplicité comme taboue. Il eut du mal à s'habituer à cette attitude. Lorsqu'il tendait la main pour offrir une kata à ses admirateurs, au-delà des coutumes thaïes, il obtenait d'étranges réactions.

La température du pays lui parut aussi plus suffocante que dans le sud de l'Inde. De plus, les moustiques lui rendaient le sommeil très difficile. Il rencontra des moines bouddhistes d'un certain âge qui le surprirent par leurs connaissances de la religion et découvrit que les pratiques tibétaines étaient similaires à celles ayant cours en Thaïlande. Il comprit alors que le bouddhisme tibétain est une forme de foi possédant des valeurs universelles.

Durant son voyage de 1973, qui le conduisit en Europe et en Scandinavie, le dalaï-lama fit escale en Suisse pour rendre visite aux quelque 200 orphelins tibétains adoptés par des familles helvètes. Il fut enchanté de constater qu'elles traitaient les enfants avec amour et que ces derniers grandissaient heureux.

Il passa également 10 jours au Royaume-Uni et cela confirma sa conviction que c'est encore l'Angleterre qui entretenait les meilleurs rapports avec le Tibet. Il croisa même des Anglais âgés parlant le tibétain – un souvenir de l'époque coloniale, lorsque Britannia régnait sur les flots et qu'on appelait alors ce territoire « les Indes ». Il rencontra également Hugh E. Richardson, diplomate et tibétologue, ancien chef de mission commerciale britannique et auteur de sept livres sur le Tibet. Ces vieux amis mis à part, le dalaï-lama trouva les Britanniques réservés et protocolaires.

Mais le dalaï-lama avait hâte de visiter les États-Unis, un pays qu'il considérait comme étant le plus riche et le plus ouvert du monde. Il fut finalement capable de s'y rendre en 1979.

À son arrivée à New York, il fut charmé par les gens qui semblaient cordiaux, décontractés et libérés, mais fut surpris par la saleté de certains quartiers défavorisés et par le désarroi des sans-abris trouvant refuge sous les porches et faisant la manche. Il fut surtout étonné du nombre de ces malheureux dans un pays où régnait l'abondance, et complètement décontenancé par l'ignorance quasi totale du grand public à propos du drame que vivait le peuple tibétain. Il en déduisit que le milieu politique américain ne pratiquait guère les grands principes qu'il préconisait.

Cela ne l'empêcha pas d'apprécier sa visite et de trouver en Amérique de puissants appuis, notamment parmi l'intelligentsia universitaire et estudiantine. Le dalaï-lama parlait un anglais hésitant, mais la gentillesse avec laquelle tout le monde le traita lui permit de surmonter ses réticences à prendre la parole en public.

Le dalaï-lama est revenu souvent dans ces pays depuis ses premières visites. Il constata très tôt que l'être humain est similaire à peu de choses près à travers le monde. Il en a conclu que chacun recherche le bonheur, l'affection, l'amitié, la compréhension, et se rend compte que, sur ces points, il est possible de mieux établir des rapports avec les personnes.

Une responsabilité universelle

Cette capacité de partager le monde avec tous les êtres a confirmé chez le dalaï-lama la conviction qu'il existe une philosophie de la responsabilité universelle. Étant donné que nous sommes tous frères et sœurs, il estime qu'il est important que chacun de nous puisse assumer sa propre part de responsabilité universelle. Ainsi, à mesure que s'accroîtra le nombre d'individus concernés et réfléchis – des dizaines, des centaines, puis des milliers et même des centaines de milliers –, l'atmosphère générale s'en trouvera améliorée. En 1993, il déclara à Vienne, lors de la Conférence mondiale sur les droits de l'homme, patronnée par l'ONU :

« La question du droit de l'Homme avec un grand H – qui englobe l'humanité dans son ensemble – est si fondamentalement importante que nous ne devrions pas faire preuve de divergences de vues sur cette question. Nous devons par conséquent rechercher un consensus global, non seulement pour respecter les droits des personnes à travers le monde, mais, de manière plus importante, pour définir ces droits[3]. »

Le dalaï-lama continue, bien sûr, à rechercher un consensus, non seulement pour les Tibétains mais pour tous les peuples qui souffrent sur cette terre, et considère cette quête comme étant une partie intrinsèque de sa nature d'homme et de sa personnalité spirituelle.

Si la vie du dalaï-lama est profondément marquée par sa foi, il se garde bien de faire preuve de prosélytisme. Il affirme prendre connaissance de toutes les disciplines spirituelles et encourage celles et ceux qui seraient attirés par le bouddhisme d'en intégrer les enseignements dans leur vie sans renoncer à la religion qu'ils professent. Il considère en effet le sectarisme comme un poison qui pourrit l'âme.

Le récent engouement pour le bouddhisme en Occident l'inquiète, car il pense que de trop nombreux Occidentaux n'ont aucune idée de ce qu'est en réalité cette religion. Il décourage les démarches du genre voyage *freak* ou *people* en Inde ou au Tibet, que certains qui se disent branchés entreprennent en Orient chez des gourous autoproclamés et remarque : « Si vous cherchez la bienveillance aux confins du monde, vous serez sûr de ne pas la trouver[4]. »

Le dalaï-lama essaie de vivre selon ce qu'il appelle l'idéal du bodhisattva (de *sattva* « être » et *bodhi* « éveillé ») et le désir de se montrer plein de compassion tout en pratiquant le plus possible la sagesse. Il respecte trois vœux : ne pas tuer, ne pas voler ou ne pas mentir et demeurer célibataire. Si un moine en rompt un seul, il se trouve déchu de son titre de religieux.

Le célibat est souvent considéré par les laïcs comme archaïque et non nécessaire. Pour le dalaï-lama, le vœu de célibat n'est point vu comme une répression des désirs sexuels, mais comme leur remplacement par des moyens alternatifs. Il comprend fort bien les pulsions humaines, mais les transcende par la raison. Pour lui, le désir sexuel n'est pas une décision intellectuelle et sa satisfaction n'est que transitoire.

La non-violence est un autre principe inaliénable de ses convictions religieuses et il continue à défendre cette éthique tout en luttant pour la liberté de son peuple. Il a de grosses difficultés à concevoir et à accepter le terrorisme. Après les événements du 11 septembre 2001 – la destruction des tours jumelles du World Trade Center et d'un bâtiment du Pentagone –, il envoya une lettre au président George W. Bush pour exprimer ses condoléances ainsi que celles du peuple tibétain en se demandant si la prise de mesures de rétorsion était une bonne solution. Il déclara notamment :

« Cela peut sembler présomptueux de ma part, mais je crois personnellement qu'il faut que nous nous demandions sérieusement si une action violente constitue une bonne chose et si elle peut servir à la longue les intérêts suprêmes d'une nation et de son peuple. Je crois que la violence ne risque que d'engendrer un cycle de même type. Mais comment traiter la haine et la colère, qui sont souvent à la base d'une brutalité aussi insensée[5] ? »

Il termina en affirmant qu'il était certain que le résident prendrait une bonne décision.

Lorsque la guerre commença en Afghanistan, le dalaï-lama prit une position qui surprit beaucoup de gens. En octobre 2001, lors d'une conférence de presse suivant une allocution devant le Parlement européen, il déclara : « Je pense que le côté américain prend un maximum de précautions en ce qui concerne les pertes subies dans la population civile[6]. » Il jugeait ce souci d'éviter les « dommages collatéraux » comme un signe de civilisation.

Relations personnelles

Le dalaï-lama a fréquenté nombre de personnalités dans sa vie. L'une des premières fut l'écrivain et poète cistercien Thomas Merton, en 1968. Après cet entretien, dans une lettre à son supérieur, le père Merton mentionna avoir rarement rencontré de personne avec laquelle il s'entendait si bien. Le dalaï-lama déclara se trouver sur la même longueur d'onde que le prêtre catholique. Il fut frappé par l'humilité de ce dernier et sa profonde spiritualité, et soutient que c'est cet homme de Dieu qui lui a fait comprendre la vraie signification du christianisme. En 1996, le dalaï-lama se recueillit sur la tombe de Thomas Merton pour la première fois et affirma à cette occasion : « Maintenant, nos esprits ne font qu'un ; je suis en paix[7]. »

Dans le même ordre d'idées, le dalaï-lama manifeste un immense respect pour la bienheureuse mère Teresa, qu'il considère comme un exemple d'humilité. Pour lui, d'un point de vue bouddhiste, elle serait un « bodhisattva ». Après sa mort, il annonça : « Elle fut un exemple vivant de la capacité humaine de générer l'amour infini, la compassion et l'altruisme[8]. » Pour lui, elle était l'incarnation même d'une profonde spiritualité.

Lorsque le dalaï-lama rencontra l'ancien premier ministre britannique Edward Heath, ses sentiments furent partagés. Il eut l'impression que Heath, tout comme Nehru avant lui, n'écoutait ses propos que d'une oreille distraite. Ils eurent toutefois de franches discussions sur la situation au Tibet. Sir Edward Heath était d'avis que la Chine devait réussir dans son rôle administratif, tout particulièrement dans le domaine de l'agriculture. Ayant récemment visité le Tibet, il indiqua au dalaï-lama que bien des changements étaient survenus dans ce pays et nota que l'engouement pour sa personne semblait se dissiper, surtout chez les jeunes.

Lors d'un débat en 1995 à la Chambre des communes, Sir Edward Heath affirma ce qui suit :

« Il se pourrait fort bien que la grande majorité du peuple tibétain ne souhaite guère le retour du dalaï-lama, mais s'il tient à tout prix à revenir dans son pays, je signale qu'il y a 10 ans on lui a déjà dit qu'il pouvait rentrer chez lui en qualité de leader spirituel de ses ouailles. Il n'a donc pas à se plaindre, mais il n'est jamais revenu au Tibet pour discuter de la chose[9]... »

Il ne fut pas le seul premier ministre à penser ainsi. Margaret Thatcher refusa carrément de rencontrer le dalaï-lama et déclara sans ambiguïté « qu'il fallait qu'elle tienne compte des intérêts de Hong Kong[10] ».

Malgré ces affronts, le président de la République tchèque, Václav Havel, choisit le dalaï-lama comme l'un des premiers dignitaires à visiter son pays récemment libéré. Pendant ce séjour, le chef spirituel du Tibet conduisit une séance de méditation pour le nouveau président ainsi que pour ses ministres. Le dalaï-lama fut très honoré d'avoir été un des premiers invités de celui que Milan Kundera a appelé le « président-philosophe ». Il le trouva aimable, honnête, humble et plein d'humour, et retourna souvent en République tchèque depuis lors.

Le dalaï-lama considère également l'ex-président américain Bill Clinton comme un vieil ami qui a toujours appuyé le Tibet. Depuis une conférence de presse ayant eu lieu le 27 juin 1998 avec le président chinois Jiang Zemin, Clinton déclara :

« Permettez-moi de dire quelque chose qui ne fera peut-être pas l'affaire de tout le monde. J'ai passé pas mal de temps avec le dalaï-lama. Je crois qu'il s'agit d'un homme sincère et suis persuadé que, s'il avait une conversation avec le président Jiang, ces deux personnes s'apprécieraient certainement beaucoup[11]. »

Honneurs et avenir

Au fil des ans, l'affabilité et le travail acharné du dalaï-lama pour son peuple lui ont valu plusieurs distinctions et prix, dont un doctorat ès lettres honorifique de l'Université hindoue de Bénarès, en Inde, en 1957. En fait, il est détenteur de 11 doctorats *honoris causa* en tout, dont ceux des universités américaines de Columbia et de Berkeley en 1994 ; de San Francisco, en 2003 ; de Liverpool, en 2004 ; de Buffalo, New York, en 2006 ; de Münster, en 2007 ; de Washington et de la London University, en 2008. En plus du Nobel, il a remporté le prix humanitaire Albert-Schweitzer en 1987, le prix Raoul-Wallenberg en 1989 et un prix pour l'ensemble de son œuvre de la part de l'Organisation sioniste des femmes de la Hadassah à Jérusalem, en 1999. Lorsqu'il lui remit le prix Wallenberg, le député américain Tom Lentos déclara : « Grâce à son courageux combat, Sa Sainteté le dalaï-lama s'est distingué en qualité de partisan indéfectible des droits de la personne et de la paix mondiale[12]. » En 2003, il mérita le prix Alexandra-Tolstoï. Il a obtenu également six prix pour la paix et la liberté, l'environnement et la religion.

En 2006, il était déclaré citoyen canadien d'honneur par le gouverneur général du Canada et recevait la Médaille d'or du Congrès américain. Il est également citoyen d'honneur de l'Ukraine, des villes de Varsovie et de Wroclaw, en Pologne ; de Rome, en Italie ; de Paris, en France. Malgré les célébrités qu'il a rencontrées, les prix et les doctorats qu'il a reçus, le dalaï-lama se considère toujours comme un humble moine et non comme un « Bouddha vivant ». Toutefois, il vit une vie qui a ses limites. Pour une majorité de Tibétains, il n'est rien de moins qu'un dieu, et même ceux qui parlent couramment anglais craignent de faire office de traducteurs pour lui. Son personnel est inexpérimenté hors des champs de compétence de l'ancienne tradition et peu importe combien le dalaï-lama s'efforce de promouvoir la démocratie, la communauté tibétaine le révère toujours et le prend pour un autocrate.

Contrairement à ce que l'on pourrait penser, le dalaï-lama n'a pas l'air d'un personnage évanescent. Il est de grande taille et a 76 ans au moment où ces lignes sont écrites. Enrobé à une époque de sa vie, il est aujourd'hui plus mince. Il a la tête rasée et ses tempes sont grisonnantes. Il chausse de grosses lunettes cerclées de métal, que l'on considérait comme très peu tibétaines jusqu'à ce qu'il ait décidé de les arborer. Il porte toujours ses tuniques de moine de couleur cramoisie et jaune et on peut parfois voir des bottes de travail sous l'ourlet de celles-ci.

En effet, il choisit des chaussures pratiques. Dépeignant la personnalité publique du dalaï-lama, le critique pigiste Chris Colin, qui publie parfois dans le *New York Times*, la décrit en termes plus ou moins irrévérencieux lorsqu'il dit de lui : « C'est la rencontre de Gandhi et de P.T. Barnum – les éléphants en moins[13]… » Peu importe les lazzis, le dalaï-lama attire toujours une foule, un auditoire, et il ne déçoit jamais. Son charisme est illimité et il se fait des amis partout où il va.

Il veut toujours connaître la vérité en ce qui concerne notre existence collective et il est véritablement fasciné par les sciences. Bien que se prétendant nul en informatique, il estime qu'Internet est un formidable outil de communication entre les humains et que cette technique peut fort bien servir sa philosophie de responsabilité universelle. « J'admire vraiment ces grands scientifiques, dit-il. J'aime vraiment étudier, tout spécialement la physique quantique. Je crois en comprendre les grands principes, mais dès que la leçon est terminée, je ne me souviens plus de rien[14]. »

Il s'intéresse aussi à la cosmologie et à la physique des particules. Il s'entretient avec des neurochirurgiens, des mathématiciens et des astronomes pour tenter de rechercher un point de concordance possible entre le mysticisme oriental et la science occidentale. Il croit aux extraterrestres et ne craint pas se tromper lorsqu'il affirme : « Des formes de vie sensibles similaires aux êtres humains existent sur d'autres planètes. Non nécessairement dans notre système solaire, mais au-delà de celui-ci. J'en suis convaincu[15]. »

Chez lui, le dalaï-lama adore jardiner. Il utilise un vélo d'appartement et fait de la marche rapide en guise d'exercice. Il voudrait bien se distraire davantage en pratiquant de tels passe-temps et oublier complètement la politique. Il affirme que, si jamais le Tibet retrouvait son autonomie, il rentrerait dans son pays en qualité de simple citoyen.

Il continue également à écrire. Depuis son premier ouvrage paru en 1962, il a publié plus de 70 livres ! Qu'on nous permette de rappeler quelques titres publiés chez des éditeurs francophones : *L'art du bonheur* (Laffont, 1999) ; *Sagesse humaine, monde moderne* (Fayard, 1999) ; *Le yoga de la sagesse* (Presses du Châtelet, 1999) ; *Paix des âmes, paix des cœurs* (L'Archipel, 2001) ; *Le sens de la vie, La voie de la lumière, L'art du bonheur* (3 volumes, Poche, 2001) ; *Vaincre la mort et vivre une vie meilleure* (Plon, 2003 et J'ai lu, 2006) ; *Comment pratiquer le bouddhisme* (Pocket, 2004) ; *Le pouvoir de l'esprit* (Pocket, 2006) ; *Tout l'univers dans un atome* (Laffont, 2006) ; *Les chemins de la félicité* (Pocket, 2007) ; *365 méditations quotidiennes* (Éditions 365, 2007) ; *Sur la voie de l'Éveil* (Presses du Châtelet, 2007) ; *L'art de la sagesse* (L'Archipel, 2008) ; *Trouver le réconfort de l'esprit* (La Table ronde, 2008) ; *L'esprit en éveil* (L'Archipel, 2009).

L'avenir de la fonction de dalaï-lama est incertain. Si le Tibet ne retrouve jamais son indépendance et que la Chine ne desserre pas son emprise – ce qui est fort probable, estiment les observateurs –, le dalaï-lama croit que, pour la première fois dans l'histoire, il faudra rechercher sa réincarnation à l'extérieur du territoire sous contrôle chinois. Avec plus de 100 000 Tibétains en exil, cette possibilité n'est pas exclue. Toutefois, si le dalaï-lama le désire, la fonction elle-même pourrait fort bien disparaître. Il souhaite avant tout un gouvernement tibétain démocratique, que ce soit au Tibet ou en exil. Il considère son rôle politique comme étant archaïque et contre-productif dans le monde moderne. Vu que le dalaï-lama se réincarne seulement à l'endroit et au moment qu'il décide, il serait fort possible qu'aucun candidat à cette charge spirituelle n'émerge de cette recherche de l'enfant-roi.

Les Tibétains étant toujours en quête d'une figure paternelle, peut-être reste-t-il encore de beaux jours pour la fonction de lama suprême. Citons comme exemple le seizième karmapa, chef de l'école Karma Kagyu du bouddhisme tibétain. En juin 1992, Orgyen Trinley Dorje est proposé au Tibet[1] par le douzième Taï Sitou Rinpoché et sera reconnu par le quatorzième dalaï-lama et le gouvernement chinois. En décembre 1999, il s'enfuit du Tibet à l'âge de 15 ans et arrive à Dharamsala le 5 janvier 2000. Malgré la controverse de sa nomination (un autre lama requiert son titre), Orgyen Trinley Dorje est favorablement connu au Tibet et dans le monde, et l'on voit en lui une promesse d'unité pour le bouddhisme tibétain et le Tibet, du fait de ses rapports politiques privilégiés avec le dalaï-lama. Représente-t-il la relève ? Un nouveau dalaï-lama surgira-t-il pour revendiquer ses droits ?

Nous avons vu qu'en mars 2011 le quatorzième dalaï-lama a demandé au Parlement tibétain en exil un amendement constitutionnel permettant de préparer sa retraite politique, ce qui ne l'empêcherait pas de poursuivre une œuvre qui le place parmi les 100 citoyens les plus influents du monde.

Défiant les avertissements de Beijing, le président Barack Obama a reçu le 16 juillet 2011, à la Maison-Blanche, le dalaï-lama qu'il a assuré de son « soutien appuyé » en faveur de la culture, de la religion et des traditions tibétaines au Tibet et dans le reste du monde. Soulignant l'importance de la protection des droits de l'homme pour les Tibétains en Chine, le président a pris toutes les précautions diplomatiques pour éviter de froisser les Chinois en précisant notamment qu'il ne soutenait pas l'indépendance du « Toit du monde ».

À la mi-août 2011, le dalaï-lama remettait ses pouvoirs temporels à son nouveau premier ministre, Lobsang Sangay. Il a déclaré qu'il revenait au peuple tibétain de décider de la poursuite de l'institution du dalaï-lama et qu'il était le seul à décider de sa réincarnation. Il a également demandé poliment à la Chine de ne pas se mêler de cette affaire spirituelle puisque de toute façon son gouvernement est athée et que, pour ce dernier, le dalaï-lama est un démon. « Il est plutôt curieux, voire absurde, de rechercher la réincarnation d'un démon dans lequel on ne croit pas », a-t-il conclu en plaisantant.

Notes

1. Cité dans Howard C. Cutler, « The Mindful Monk », *Psychology Today*, mai-juin 2000, p. 34.

2. « The Dalai Lama's Biography », 9 septembre 1997, <http://tibet.com>.

3. « Human Rights and Universal Responsibility », Allocution prononcée par le dalaï-lama à Vienne lors de la Conférence mondiale sur les droits de la personne, 15 août 1993, <http://freetibet.org/info/file6.htm>.

4. Chris Colin, « The Dalai Lama », *Salon.com*, 28 novembre 2000, <http://salon.com/people/bc/2000/11/28/dalai/index.html>.

5. Lettre du dalaï-lama au président Bush, 12 septembre 2001, <http://web.mit.edu/cms/reconstructions/expressions/dalai.html>.

6. « Le dalaï-lama affirme que la guerre que les Américains mènent en Afghanistan est "civilisée" ». Cité dans le *Times* de l'Hindoustan le 24 octobre 2001, <http://hindustan-times.com/nonfram/241001/dLAMES58.asp>.

7. Murray Bodo, O.F.M., « The Dalai Lama visits Gethsemani », *Catholic Messenger*, janvier 1997, <http://americancatholic.org>.

8. « Déclaration du dalaï-lama à l'occasion du décès de mère Teresa », *World Tibet Network News*, 6 septembre 1997, <http://tibet.ca/wtnarchive/1997/9/6_1.hmtl>.

9. Hansard Parliamentary Debates du 27 avril 1995, Stationery Office of the United Kingdom, <http://parliament,the-stationery-office.co.uk/pa/cm199495/cmhansrd/1995-04-27/Debate-3.html>.

10. Catronia Bass, « The Dalai Lama and the playright », *New Internationalist*, septembre 1990, <http://oneworld.org/ni/issue211/lama.htm>.

11. William Clinton, Conférence de presse à la suite de sa rencontre avec le président Jiang Zemin ayant eu lieu à Beijing le 27 juin 1998, <http://zpub.com/un/china27.html>.

12. *The Dalai Lama's Biography*, Government of Tibet in Exile, <http://tibet.com/DL/biography.html>.

13. Colin, « The Dalai Lama ».

14. « The Dalai Lama discusses science and spirituality », interviewé par Larry King sur le plateau *Larry King Live*, CNN, 26 juin 2000, <http://cnn.com/transcript/006/26/lkl.oo.hmtl>.

15. Cité dans Jeff Greenwald, « Beam me up Dalai », *Salon.com*, <http://salon.com./feb97/21st/startrek970227.html>.

CHRONOLOGIE

6 juillet 1935
Naissance de Lhamo Dhondup, le futur dalaï-lama.

21 juillet 1939
Quitte la province de l'Amdo pour Lhassa.

22 février 1940
Accession au trône du Lion. Devient le quatorzième dalaï-lama du Tibet.

15 janvier 1946
L'arrivée à Lhassa d'Heinrich Harrer et de Peter Aufschnaiter, respectivement explorateur et agronome autrichiens évadés d'un camp de prisonniers en Inde, dont les travaux furent d'une grande utilité pour les Tibétains malgré le passé controversé de Harrer.

1947
Décès de Choekyong Tsering, père du dalaï-lama.

1948
Admission officielle du dalaï-lama aux monastères de Ganden, Drepung et Sera.

1er janvier 1950
Les communistes annoncent leur plan de « libération » du Tibet.

284

15 août 1950
Un tremblement de terre de magnitude 8,6 secoue l'Assam et a des répercussions au Tibet.

7 octobre 1950
L'armée chinoise envahit la province de Kham.

17 novembre 1950
L'armée chinoise assume le contrôle temporel du pays.

19 décembre 1950
Le dalaï-lama se dirige vers le district de Yadong, près de la frontière indienne, afin d'échapper aux Chinois. Il envoie des boîtes pleines d'objets précieux au Sikkim.

4 janvier 1951
Il atteint Yadong.

23 mai 1951
L'Accord des dix-sept points est signé à Beijing par des hommes de paille tibétains ne détenant aucune autorité.

Juin 1951
Le dalaï-lama prend connaissance de l'Accord des dix-sept points en écoutant Radio-Beijing.

18 août 1951
Il rentre à Lhassa pour essayer d'améliorer les relations avec la République populaire de Chine.

22 mai 1952
Sous la pression des Chinois, il demande aux premiers ministres de présenter leur démission.

11 juillet 1954
Quitte Lhassa pour Beijing.

5 septembre 1954
Arrive à Beijing avec le panchen-lama.

12 septembre 1954
Mao Zedong leur souhaite la bienvenue.

29 juin 1955
Revient à Lhassa après avoir effectué une tournée en Chine.

22 avril 1956
Le Comité préparatoire pour la région autonome du Tibet ouvre ses assises à Lhassa. Le dalaï-lama en assume la présidence.

1er octobre 1956
Nehru télégraphie un message à Beijing pour demander la permission d'inviter le dalaï-lama et le panchen-lama en Inde pour fêter le Bouddha Jayanti ou anniversaire du Bouddha.

12 novembre 1956
Le dalaï-lama et le panchen-lama quittent le Tibet pour assister aux fêtes du Bouddha Jayanti.

1er avril 1957
Retour en Inde.

4 juillet 1957
Consécration du « Trône doré ».

1er mars 1959
Invité à assister à un festival de danse dans un camp chinois. Passe ses examens finaux et obtient un doctorat en métaphysique.

4 mars 1959
On lui demande d'assister une fois de plus à des manifestations chorégraphiques et il accepte de s'y rendre le 10 mars.

10 mars 1959
Est obligé de se désister car des citoyens tibétains encerclent le Norbulingka ou palais d'été du dalaï-lama.

17 mars 1959
Le dalaï-lama, sa famille et ses proches conseillers quittent Lhassa.

20 mars 1959
Les Chinois bombardent le Norbulingka.

30 mars 1959
Le dalaï-lama et sa suite franchissent la frontière indienne.

19 avril 1959
En exil, il s'installe à Birla House, à Mussoorie, en Inde.

20 juin 1959
Témoigne devant la Commission internationale de juristes.

29 avril 1960
S'installe dans ses nouveaux foyers à Dharamsala, en Inde.

1962
Publication de *Mon pays et mon peuple*, son autobiographie.

Novembre 1964
Décès de Tsering Dolma, sœur du dalaï-lama.

25 septembre 1967
Visite au Japon et en Thaïlande.

1968
Le moine et réputé intellectuel religieux Thomas Merton rend visite au dalaï-lama en Inde.

29 septembre 1973
Arrive à Rome pour une tournée de six semaines en Europe et en Scandinavie. Rencontre le pape Paul VI.

1980
Rencontre le pape Jean-Paul II.

12 janvier 1981
Décès de Diki Tsering, la mère du dalaï-lama.

1982
Décès de Lobsang Samten, frère du dalaï-lama.

28 février 1987
Reçoit le prix humanitaire Albert-Schweitzer.

21 juillet 1989
Reçoit le prix Raoul-Wallenberg, le diplomate suédois et travailleur humanitaire, qui mourut dans des circonstances mystérieuses aux mains des Soviétiques en 1945.

10 décembre 1989
Reçoit le prix Nobel de la paix.

1990
Publication de *Freedom in Exile* («Au loin la liberté»), une autre autobiographie.

2 février 1990
Rencontre le président de la Tchécoslovaquie, Václav Havel.

16 avril 1991
Rencontre avec George Bush. Il s'agit de la première visite du dalaï-lama chez un président des États-Unis.

24 avril 1994
Rencontre le président américain Bill Clinton ainsi que le vice-président Al Gore.

27 avril 1994
Reçoit un doctorat honorifique en sciences humaines et en lettres de l'Université Columbia et de l'Université Berkeley.

Juillet 1994
Les Chinois bannissent toutes les photos du dalaï-lama des bureaux du gouvernement.

14 mai 1995
Le dalaï-lama proclame le onzième panchen-lama.

16 juin 1995
Accuse la Chine de s'approprier le choix de proclamation du panchen-lama.

Décembre 1997
Sortie aux États-Unis des films *Kundun* et *Sept ans au Tibet*.

26 décembre 1997
Le réseau de télévision Arts & Entertainment diffuse *The Dalai Lama : The Soul of Tibet*.

28 avril 1998
Admet sa défaite pour ne pas avoir réussi à faire accepter sa « voie médiane » à la Chine.

13 mai 1998
S'adresse à l'Assemblée de l'État du Wisconsin.

5 avril 1999
Début d'un voyage en Amérique du Sud.

24 novembre 1999
Reçoit un prix de l'Association féminine sioniste Hadassah pour l'ensemble de son œuvre.

24 août 2000
Sous la pression du gouvernement chinois, le dalaï-lama est évincé du Millenium World Peace Summit, une assemblée de leaders spirituels, aux Nations Unies. Il leur adresse toutefois une communication écrite.

4 décembre 2000
Célèbre ses 50 ans de leadership comme chef de l'État tibétain.

Mai 2001
Visite six villes américaines : Madison, au Wisconsin ; Los Angeles ; San Francisco ; San José ; Salt Lake City et Minneapolis.

23 mai 2001
Rencontre le président George W. Bush et le secrétaire d'État Colin Powell à la Maison-Blanche.

29 octobre 2007
Rencontre Stephen Harper, premier ministre du Canada.

24 juillet 2008
Rencontre le sénateur américain John McCain.

290

6 décembre 2008
Rencontre avec le président français Nicolas Sarkozy malgré les protestations des autorités chinoises.

Mars 2009
L'Afrique du Sud cède aux pressions de Beijing en n'accordant pas de visa au dalaï-lama invité à une conférence. La ministre de la Santé de ce pays, Barbara Hogan, ainsi que les prix Nobel de la paix Frederik de Klerk et Desmond Tutu protestent avec véhémence, et la conférence est reportée *sine die*.

Mars 2009
Une équipe de chercheurs canadiens découvre que l'ordinateur du dalaï-lama et près de 1300 autres de son organisation ainsi que ceux d'agences gouvernementales de différents pays sont piratés par des cyberespions d'une organisation appelée GhostNet, domiciliée en Chine. On ne peut prouver que le gouvernement de Beijing aurait été à l'origine de ces intrusions.

Février 2010
Il déclare que, si une majorité de Tibétains avaient le sentiment que l'institution du dalaï-lama était une chose dépassée, alors cette institution devrait cesser d'exister.

Mars 2010
Il demande au Parlement tibétain en exil un amendement constitutionnel permettant de prendre acte de sa retraite politique. Il estime que l'institution des dalaï-lamas est dépassée et doit laisser place à la démocratie.

GLOSSAIRE

Ahimsa – Doctrine bouddhiste et hindoue de la non-violence.

Amban – Représentant de la Chine.

Bardo thödol – État spirituel entre la mort et la réincarnation.

Bodhisattvas – Ceux qui ont atteint le nirvana spirituel, mais qui choisissent de revenir sur Terre afin d'aider les autres à atteindre l'Éveil.

Bouddhéité – État d'éveil spirituel.

Chang – Bière tibétaine.

Chorten – Structures généralement en forme de dôme utilisées comme oratoires bouddhistes. Elles sont également connues sous le nom de « stupas ».

Chubas – Sortes de kimonos portés par les hommes ainsi que par les femmes.

Damaru – Petit tambour rituel.

Dharma – Les enseignements sacrés du Bouddha.

Dzomos – Bovidés résultant d'un croisement entre des yacks et des vaches.

Dzong – Forteresse, fortin.

Geshe – Docteur en métaphysique.

Kalachakra (rituel de) – Rite au cours duquel un mandala sacré (Roue du temps) est construit puis déconstruit pour assurer la paix individuelle et dans le monde, ainsi que l'équilibre physique.

Kang – Espace creux pour dormir, aménagé sur un socle de terre glaise rempli de sable et de foin. Il est généralement chauffé.

Karmapa – Troisième lama en importance au Tibet.

Karmas – Causes et effets.

Kashag – Le cabinet du dalaï-lama.

Kata – Écharpe cérémonielle.

Lampes à beurre – Petits bols de beurre rance dans lesquels on a planté une mèche pour servir d'éclairage. Ce sont des symboles de clarté.

Mandala – Dessin géométrique circulaire symbolisant l'univers dans la tradition bouddhiste et hindoue.

Mantra – Prière répétée verbalement.

Mendel Tensum – Triple offrande de vénération et d'hommage.

Momos – Boulettes de viande.

Nirvana – Dans le bouddhisme, libération de l'asservissement imposé par la condition humaine et la « Roue du temps ». Il est la finalité de la pratique bouddhique, c'est-à-dire l'Éveil, un état que l'on pourrait décrire en gros comme la fin de l'ignorance engendrée par les « trois soifs » : les désirs des sens, celui d'exister et celui de s'annihiler.

Nyohogs – Travailleurs agricoles supplémentaires durant la saison des semailles et de la moisson.

Palanquin – Litière couverte portée par quatre porteurs ou plus.

Panchen-lama – Le second lama le plus important du Tibet.

Patu – Robe des femmes de Lhassa.

Rinpoché – Titre de respect signifiant « Le Précieux ».

Rosaire ou chapelet – Enfilade de grains que l'on fait passer entre ses doigts pour compter les prières.

Suzeraineté – Domination d'une grande puissance sur le gouvernement d'un pays moins important.

Thé au beurre de yack – Boisson faite de feuilles de thé noir et de beurre de yacks.

Thulkpa – Soupe faite avec de grosses nouilles de millet.

Treljam – Palanquin suspendu à des poteaux portés par des mulets.

Tsampa – Bouillie d'orge grillée constituant la base de l'alimentation des Tibétains.

Tulkus – Esprits capables de choisir le lieu et l'heure de leur réincarnation.

Yuleg – Travailleur agricole fixe.

TABLE DES MATIÈRES

Introduction 5

CHAPITRE 1
La naissance de Lhamo Dhondup 7

CHAPITRE 2
À la recherche d'un quatorzième maître 23

CHAPITRE 3
La route de Lhassa 43

CHAPITRE 4
La vie monastique 53

CHAPITRE 5
L'invasion chinoise 73

CHAPITRE 6
Les affaires de la mère patrie 101

CHAPITRE 7
Des relations difficultueuses 131

CHAPITRE 8
Évasion en Inde 161

CHAPITRE 9
Un foyer plus stable 189

CHAPITRE 10
En mission de charme 207

CHAPITRE 11
Une meilleure place
dans le concert des nations 235

CHAPITRE 12
La vie quotidienne du dalaï-lama 257

Chronologie 275

Glossaire 283

Marquis imprimeur inc.

Québec, Canada
2012